나도 할 수 있다
AI홍보마케팅

농업인 · 중소상공인 AI홍보마케팅 필독서

공저 윤성임 최재용 윤지영 유채린 나명순
감수 김진선

미디어북

나도 할 수 있다 AI홍보마케팅

초 판 인 쇄 2024년 9월 03일
초 판 발 행 2024년 9월 11일

공 저 자 윤성임 최재용 윤지영 유채린 나명순
감 수 김진선

발 행 인 정상훈
디 자 인 신아름
펴 낸 곳 미디어북
서울특별시 관악구 봉천로 472
코업레지던스 B1층 102호 고시계사

대 표 02-817-2400 팩 스 02-817-8998
考試界 · 고시계사 · 미디어북 02-817-0419
www.gosi-law.com
E-mail : goshigye@chollian.net

판 매 처 미디어북·고시계사
주 문 전 화 817-2400
주 문 팩 스 817-8998

정가 18,000원 ISBN 979-11-89888-92-3 13560

미디어북은 고시계사 자매회사입니다

나도 할 수 있다
AI홍보마케팅

Preface

인공지능(AI)이 우리의 일상과 비즈니스 환경을 급속도로 변화시키고 있는 이 시대에, 여러분의 손에 들려있는 이 책은 AI를 활용한 마케팅과 콘텐츠 제작의 새로운 지평을 열어줄 것이다.

우리는 AI가 단순한 기술을 넘어 강력한 도구이자 동반자로 진화하는 시대를 살고 있다. 이 책은 AI를 여러분의 비즈니스에 어떻게 효과적으로 접목시킬 수 있는지, 그리고 어떻게 하면 AI를 통해 창의적이고 효율적인 마케팅 전략을 수립할 수 있는지에 대한 통찰력 있는 가이드를 제공하고 있다.

윤성임의 '나의 AI 비서, 챗GPT와 주요 생성형 AI 활용'과 'AI 마케팅 시작, 이미지 생성형 AI 활용' 장에서는 AI 기술이 어떻게 우리의 일상적인 업무를 혁신시키고 있는지, 그리고 이미지 생성 AI가 어떻게 마케팅 영역에 새로운 가능성을 열어주고 있는지를 탐험한다.

최재용의 '프롬프트 엔지니어링 기법, 질문을 잘해야 답이 잘 나온다!' 장에서는 AI와의 효과적인 커뮤니케이션 방법을 배우게 된다. 올바른 질문이 얼마나 중요한지, 그리고 어떻게 해야 AI로부터 원하는 결과를 얻을 수 있는지를 상세히 다룬다.

윤지영의 '내 상품을 홍보하는 AI 멀티미디어' 장은 AI를 활용해 어떻게 다양한 형태의 미디어를 제작하고, 이를 통해 상품을 효과적으로 홍보할 수 있는지에 대한 실질적인 가이드를 제공한다.

유채린의 'AI 콘텐츠 활용 SNS 운영하기' 장에서는 소셜 미디어 플랫폼에서 AI 기술을 활용하여 어떻게 매력적이고 효과적인 콘텐츠를 제작하고 관리할 수 있는지를 배우게 된다.

마지막으로, 나명순의 '농업인 홍보마케팅 인공지능 말하는 명함' 장은 AI 기술이 특정 산업, 특히 농업 분야에서 어떻게 혁신적으로 적용될 수 있는지를 보여준다. 이는 AI의 응용 가능성이 무궁무진하다는 것을 잘 보여주는 예시이다.

이 책은 AI 시대의 마케팅과 콘텐츠 제작에 대한 포괄적인 안내서이다. 여러분이 이 책을 통해 AI의 무한한 가능성을 발견하고, 이를 자신의 비즈니스에 창의적으로 적용할 수 있기를 희망한다. AI는 우리의 경쟁자가 아닌 협력자입니다. 이 책과 함께 AI와의 새로운 여정을 시작해보자!

끝으로 이 책의 감수를 맡아 수고하신 파이낸스투데이 전문위원, 이사이며 (사)한국AINFT협회 이사장인 김진선 교수님께 감사를 드리며 미디어북 임직원 여러분께도 감사의 말씀을 전한다.

2024년 9월

디지털융합교육원 **최 재 용** 원장

공저자 소개

윤 성 임

소셜앤비즈 대표, 디지털융합교육원 부원장, AI융합비즈니스포럼 부회장, (사)농어촌유통산업진흥원 부회장 등을 역임하고 있다. 현재 챗GPT/생성형 AI 활용, 온라인(SNS) 마케팅 등 AX/DT/업무생산성/비즈니스 융합 강의 및 컨설팅을 전국적으로 활발히 하고 있다.

(aceyun88@naver.com)

최 재 용

과학기술정보통신부 인가 사단법인 4차산업혁명연구원 이사장과 디지털융합교육원 원장으로 전국을 누비며 생성형 AI 활용 업무효율화 강의를 하고 있다. 또한 한성대학교 지식서비스&컨설팅대학원 스마트융합컨설팅학과 겸임교수로 근무하고 있다.

(mdkorea@naver.com)

윤 지 영

네오인비즈 대표, 경북농업기술원 유통·마케팅 자문위원, 지방자치인재개발원 강사, 전북특별자치도인재개발원 강사, 경기콘텐츠진흥원 플래너 7기, 현재 생산성 도구 및 생성형 AI 활용, 온라인 마케팅 강의 및 컨설팅을 진행하고 있다.

(gemma3590@naver.com)

유 채 린

알알이에듀_Core AI Labs. 대표로 AI융합 컨설팅을 하고 있으며, (사)한국AINFT협회 이사와 사무총장을 맡고 있다. M365코파일럿 전문강사, 생성형AI 활용 강사로 활동 중이며 기획재정부에서 지정한 경제교육센터 전문강사이다. 다방면으로 아동부터 성인까지를 아우르는 디지털융합교육의 선두주자이다. (lovelyjo85@naver.com)

나 명 순

디지털융합교육원 교수, 인공지능콘텐츠크리에이터, (사)한국농식품여성CEO연합회 중앙회 사무총장을 역임하며 여성농업인들의 지위향상과 역량강화를 위한 지원을 하고 있다, 그 공로로 2021년 '제2회 세계여성농업인의 날'에 '농림축산식품부장관 유공자 표창'을 수상했다. (ai5062@hanmail.net)

김 진 선

'i-MBC 하나더 TV 매거진' 발행인, 세종 대학교 세종 CEO 문학포럼 지도교수를 거쳐 현재 (사)한국AINFT협회 이사장, 파이낸스투데이 전문위원/이사, SNS스토리저널 대표로서 활동 중이다. 30여 년간 기자로서의 활동을 바탕으로 출판 및 뉴스크리에이터 과정을 진행하고 있다. (hisns1004@naver.com)

Contents

CHAPTER 1

나의 AI비서, 챗GPT와 주요 생성형 AI 활용

CHAPTER 2

프롬프트 엔지니어링 기법, 질문을 잘해야 답이 잘 나온다!

Contents

CHAPTER 3

내 상품을 홍보하는 AI 멀티미디어

CHAPTER 4

AI 콘텐츠 활용 SNS 운영하기

Contents

CHAPTER 5

농업인 홍보마케팅 인공지능 '말하는 명함'

1

나의 AI비서, 챗GPT와 주요 생성형 AI 활용

윤 성 임

제1장
나의 AI비서, 챗GPT와 주요 생성형 AI 활용

Prologue

21세기의 기술 혁명은 우리가 상상할 수 없었던 속도로 진행되고 있다. 이 혁명의 중심에는 '인공지능(AI)'이라는 거대한 물결이 자리하고 있으며, 그중에서도 특히 주목받는 기술이 '생성형 AI(Generative AI)'이다.

생성형 AI는 단순히 데이터를 분석하고 패턴을 인식하는 것을 넘어, 인간이 창조해내는 것과 유사한 방식으로 새로운 콘텐츠를 생성할 수 있는 능력을 갖추고 있다. 이는 단순한 혁신을 넘어, 인간과 기계가 협력해 새로운 창조의 영역을 탐구하는 시대를 열었다.

이 책의 중심에 있는 챗GPT는 이러한 생성형 AI의 대표적인 사례다. OpenAI에서 개발한 GPT-4(GPT는 'Generative Pretrained Transformer'의 약자) 기반의 챗GPT는 인간의 언어를 이해하고 새로운 문장을 만들어낼 수 있는 능력을 극대화한 언어 모델이다. 이 기술은 인간과 자연스럽게 대화할 수 있는 능력 덕분에 일상생활에서부터 전문적인 작업에 이르기까지 다양한 분야에서 활용될 가능성을 보여주고 있다.

생성형 AI는 다양한 데이터를 학습해 그 데이터를 바탕으로 새로운 텍스트, 이미지, 음악 등을 생성해내는 AI 기술을 말한다. 이는 그저 기존 데이터를 재조합하는 것에서 그치지 않고 창의적이고 독창적인 콘텐츠를 만들어낼 수 있는 능력을 의미한다. 챗봇, 문서 생성, 예술 창작, 심지어 코드 작성까지 생성형 AI는 다양한 산업에서 변화를 주도하고 있다.

생성형 AI의 등장은 단순히 기술적인 진보에 그치지 않는다. 이는 인간의 창의력과 상상력을 증폭시키며 새로운 윤리적, 철학적 질문을 던지게 한다. 인간이 생성형 AI의 창작물을 어디까지 신뢰할 수 있는가? AI가 생성한 콘텐츠의 소유권은 누구에게 있는가? 이와 같은 질문은 앞으로 더욱 중요해질 것이며 생성형 AI의 발전과 함께 사회 전반에 걸쳐 심도 있게 논의돼야 할 문제들이다.

이 책이 여러분에게 생성형 AI와 챗GPT를 이해하고 활용하는 데 있어 중요한 안내서가 되기를 바란다. 이 책을 통해 생성형 AI의 놀라운 가능성을 발견하고 이를 통해 인간과 기계가 함께 만들어갈 새로운 세계를 상상하며 챗GPT 생성형 AI 활용에 대해 자세히 알아보자.

Ⅰ. 생성형 AI 소개 및 종류

1. 생성형 AI 소개

생성형 AI(Generative AI)는 사용자의 요청(프롬프트라고 불리는 지시나 질문)에 따라 수집된 대량의 데이터에서 학습한 패턴과 구조를 바탕으로 텍스트, 이미지, 음악, 영상 등 다양한 형태의 새로운 콘텐츠를 자동으로 생성하는 인공지능 기술이다.

다음은 챗GPT 4o(omni)에게 아래와 같은 프롬프트로 생성형 AI에 대해 표로 정리해 달라고 요청한 결과이다. 생성형 AI에 대해 다양한 항목별 표로 잘 정리된 결과와 출처 등 신뢰성 있는 정보를 얻을 수 있었다.

▣ **프롬프트**

'생성형 AI에 대해 최신 정보를 기반으로 구체적이고 자세히 알려줘.' 표형식으로 비전문가가 이해하기 쉬운 수준으로 한글로 한다.

생성형 AI에 대한 최신 정보 (2024년 기준)

항목	내용
정의	생성형 AI는 텍스트, 이미지, 음악 등 새로운 콘텐츠를 생성하는 AI 시스템입니다. 이 기술은 주어진 입력에 기반해 사람처럼 자연스럽게 새로운 데이터를 생성할 수 있습니다.
주요 기술	GPT(Generative Pre-trained Transformer), DALL-E, Stable Diffusion, Midjourney 등 다양한 모델이 존재하며, 이들은 텍스트에서 이미지를 생성하거나, 텍스트 자체를 생성하는 데 사용됩니다.
활용 분야	생성형 AI는 광고, 마케팅, 콘텐츠 제작, 교육, 디자인, 음악, 영화 등 다양한 산업에서 활용됩니다. 예를 들어, 광고 카피 작성, 디자인 시안 생성, 영화 대본 작성 등에 사용됩니다.
최신 동향	- **멀티모달 AI**: 텍스트, 이미지, 영상, 음성 등 다양한 형식을 동시에 처리할 수 있는 모델들이 등장하고 있습니다. 이를 통해 더 복합적인 콘텐츠 생성이 가능해졌습니다. - **기업용 솔루션**: 기업을 위한 맞춤형 생성형 AI 솔루션이 개발되고 있으며, 이들은 보안성과 데이터 분석 기능을 강화한 것이 특징입니다. - **사용자 맞춤화**: 사용자가 특정 요구에 맞게 AI 모델을 조정하여 원하는 결과물을 얻을 수 있는 사용자 맞춤형 생성형 AI가 각광받고 있습니다.
장점	- **생산성 향상**: 생성형 AI는 사람의 작업 속도를 크게 향상시킬 수 있습니다. - **창의성 증진**: AI는 사람의 상상력을 초월하는 새로운 아이디어를 제안할 수 있습니다.
단점	- **윤리적 문제**: 생성된 콘텐츠가 악용되거나, AI가 생성한 정보의 신뢰성 문제 등이 발생할 수 있습니다. - **의존성 증가**: 인간의 창의성을 대신할 수 있어, 사람의 고유한 창작 능력이 저하될 우려가 있습니다.
미래 전망	생성형 AI는 앞으로 더욱 정교해지고, 다양한 산업에 필수적인 도구로 자리잡을 것입니다. 특히, AI와 인간의 협업이 강화되어 새로운 형태의 창작물과 서비스를 창출할 가능성이 큽니다.

추가 정보

생성형 AI는 지금도 빠르게 발전 중이며, 이를 통해 다양한 분야에서 새로운 가능성이 열리고 있습니다. 다만, 이러한 기술의 발전에는 윤리적 고려와 함께 AI의 책임 있는 사용이 중요하다는 점이 강조되고 있습니다 (VentureBeat) (Raiday) (Expertbeacon) (TechRadar) (TechRepublic).

[그림1] 생성형 AI 소개

2. 주요 생성형 AI 서비스 종류

다음은 주요 생성형 AI 서비스 종류이다. 스마트한 일상 및 업무 생산성, 크리에이터 및 홍보 마케팅 등 일반적으로 가장 많이 활용되고 있는 분야에 해당하는 콘텐츠 종류별(텍스트, 이미지, 동영상, 보이스 및 오디오, 업무생산성, 마케팅콘텐츠)로 정리한 것이다.

빨간색와 보란색의 생성형 AI 서비스들은 최근 더욱 기술적인 발전을 꾀하며 각축전을 벌이고 있는 대표적인 생성형 AI 플랫폼과 소상공인, 농업인 등이 기본적으로 사용해 볼만한 생성형 AI 플랫폼이라 생각돼 구분 표시해보았다. 시시각각 더 발전한 플랫폼들의 새소식이 쏟아지므로 아래 내용은 참고만 하기를 바란다.

텍스트	이미지	동영상	보이스및음악	업무생산성
▪ ChatGPT(그림:달리3) ▪ MS Copilot(그림:달리3) ▪ 구글 Gemini(그림:영어만) ▪ 엔트로의 claude ▪ 뤼튼(그림:스테이블디퓨전) ▪ 아숙업(Askup) (그림) ▪ 솔트룩스 goover.ai ▪ Perplexity.ai ▪ scispace.com (typeset.io) ▪ elicit.com ▪ poe.com, chathub.gg ▪ 네이버 클로바X ▪ 네이버 검색 서비스 큐:	▪ DALL.E 3 ▪ MS 디자이너(달리3) ▪ 구글 imagen3 ▪ MidJourney v6 ▪ Stable Diffusion ▪ BlueWillow ▪ Playground ▪ Leonardo ▪ Prompbase,Pompthero ▪ 노벨, SeaArt, Lexica ▪ Karlo, Pokeit ▪ 스모어데이 ▪ wetoon.ai	▪ D-ID (말하는 챗봇) ▪ 플루닛 스튜디오 ▪ KT AI 휴먼 스튜디오 ▪ Vidnoz ▪ HeyGen ▪ Typecast, VCAT ▪ Hedra ▪ PikaLbs ▪ Runway(Gen-3 alpha) ▪ Luma, kling ▪ Pictory ▪ Videostew ▪ VREW(브루) ▪ CapCut (캡컷)	▪ ElevenLabs ▪ 네이버 클로버 더빙 ▪ KT AI보이스 스튜디오 ▪ Soundraw(작곡) ▪ Suno(작사/작곡) ▪ udio(작사/작곡)	▪ Tome, Gamma ▪ MS 365 Copilot ▪ 네이버 클로바 노트 ▪ Lilys.ai ▪ Gazet.ai(블로그 글쓰기) **마케팅콘텐츠** ▪ Ideogram ▪ Flair, clipdrop ▪ Weshop, draph.art ▪ MS 디자이너(달리3) ▪ Adobe Firefly ▪ Adobe Express ▪ 미리캔버스, Canva

[그림2] 주요 생성형 AI 서비스 종류

아래는 주요 생성형 AI 종류 중 특히 가장 인기 있는 텍스트 생성형 AI 서비스 중 스마트폰에서 해당 앱을 설치해 사용할 수 있는 종류이다. 챗GPT, Copilot, Gemini, 뤼튼, Perplexity, Claude를 스마트폰에 설치해 구글이나 네이버에서 검색하던 습관을 새성형 AI 서비스를 활용하는 습관으로 전환하는 것을 권장한다.

[그림3] 주요 생성형 AI 서비스 앱

이러한 생성형 AI 기술은 블로그, 인스타그램, 유튜브 등 SNS 콘텐츠, 쇼핑몰 상세페이지, 보고서 등 모든 콘텐츠 서비스에 적용될 것이다.

이외에도 다양한 생성형 AI 서비스가 새로 출시되거나 생성형 AI 기술 이전에 널리 활용됐던 서비스(미리캔버스, CANVA, 캡컷, VREW 등)도 생성형 AI 기술을 발 빠르게 적용해 생성형 AI 서비스 선두 주자로 자리매김하고 있다.

3. 주요 기관 발간 생성형 AI 활용 매뉴얼

2023년 9월 23일 정부에서도 '전국민 AI일상화 정책'을 발표하면서 세계에서 AI를 가장 잘 활용하는 국가를 만들겠다고 표방했다.

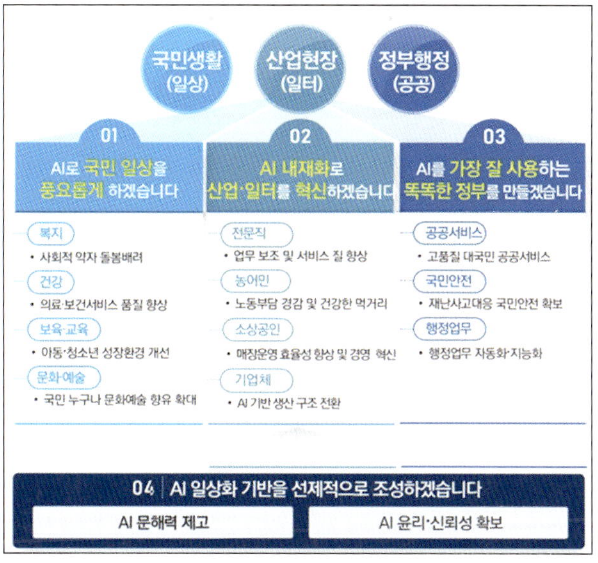

[그림4] 전 국민 AI 일상화 정책(출처, 해럴드 경제, 23. 09. 13)

또한 각 주요 공공기관에서도 챗GPT 생성형 AI 및 프롬프트 활용 사례 및 예시를 담은 챗GPT 생성형 AI 활용 매뉴얼을 발간해 배포했다.

[그림5] 주요 기관 발간 챗GPT 활용 매뉴얼

- 서울디지털재단, 통합편: 일상 활용. 업무활용챗GPT 활용 사례 및 활용 팁(2023.05)
- 서울디지털재단, 소상공인 비즈니스 역량 강화를 위한 챗GPT 활용 매뉴얼(2023.07)
- 서울디지털재단, 공공행정업무 분야 프롬프트 엔지니어링 매뉴얼(2024.06)
- 국가공무원인재개발원, 공공행정업무분야 프롬프트 엔지니어링 매뉴얼(2024.06)
- 국가공무원인재개발원, 인공지능 AI 정책 활용 안내서 기본편, 활용편(2024.06)
- KCA, KCA 임직원 업무향상을 위한 챗GPT 업무 활용 가이드북(2024.06)

[그림6] 농촌진흥청 발간 생성형 AI 활용 매뉴얼

2024년 1월 농촌진흥청 보도자료에 의하면 농촌진흥청에서도 분기마다 생성형 인공지능을 활용한 ▲시장조사 및 사업기획 지침서, ▲농산물 관측 지침, ▲농업경영 정보(데이터) 분석 지침서, ▲업무 자동화 및 개인용 챗봇 지침서(4분기)를 차례로 제작해 배포한다는 계획을 발표했다.

위와 같은 정책의 일환으로 현재 '시장조사 및 사업기획을 위한 생성형 AI 활용 매뉴얼', '농식품 상품화를 위한 생성형 AI 활용 매뉴얼'을 발간해 농업과학도서관에 소장해 누구나 다운로드 받아 활용할 수 있도록 하고 있다.

위와 같은 주요 공공기관에서 발간한 챗GPT 생성형 AI에 관한 자료 및 기타 유용한 참고 자료는 저자가 운영하는 네이버 카페 'AI융합비즈니스세상'에서도 다운로드해 참고할 수 있다(https://cafe.naver.com/newnormal2020).

※ 위에서 소개한 주요 기관에서 발간하여 배표한 챗GPT 생성형AI 활용 매뉴얼(PDF파일)들을 꼭 다운로드하여 참고하기 바란다. 지면 관계상 이 책에서 다루지 못했지만 정말 꼭 전달해드리고 싶은 알찬 내용과 활용 사례들이 위의 여러 매뉴얼에 정리되어 있다.

[그림7] 농촌진흥청 발간 생성형 AI 활용 매뉴얼

Ⅱ. 챗GPT 소개 및 활용 실전

디지털 혁명 속의 지혜의 등불, 챗GPT

21세기의 문턱을 넘어 우리는 인간 지성의 한계를 확장하는 디지털 혁명의 한가운데서 있다. 이 혁명의 주역 중 하나가 바로 '생성형 AI'이다. 그중에서도 특히 주목받는 기술이 '언어 모델(Language Model)'이며, 언어 모델 기술은 인간이 사고하고 소통하는 핵심 수단인 바, 이러한 언어를 이해하고 생성할 수 있는 AI의 등장은 일상에 커다란 변화를 가져오고 있다.

챗GPT는 OpenAI에서 개발한 GPT-4 기반의 언어 모델로 인간의 언어를 이해하고 생성하는 능력을 극대화한 기술이다. 이 기술은 대화형 AI의 새로운 표준을 제시하며, 다양한 분야에서 활용할 수 있는 가능성을 제시하고 있다.

챗GPT의 등장 이전에도 AI는 존재했으나 대다수는 특정 작업에 특화된 도구에 불과했다. 그러나 챗GPT는 인간의 복잡하고 다양한 언어적 요구를 이해하고 처리할 수 있는 능력으로 인해 마치 인간과 대화하듯 자연스러운 상호작용이 가능하다. 이러한 능력은 비즈니스, 교육, 의료, 법률, 창작 등 다양한 분야에서 혁신적인 활용 방안을 제공하고 있다.

이제 우리는 챗GPT라는 지혜의 등불을 통해 인간의 지식을 확장하고 새로운 가능성의 세계로 나아갈 준비가 돼 있다. 여러분에게 챗GPT를 이해하고 활용하는 데 있어 소중한 안내서가 되길 바란다.

1. 챗GPT 소개

챗GPT(챗GPT)는 OpenAI가 GPT 언어 모델 기반으로 만든 '맥락을 이해하는 대화형 챗봇' 서비스다. 챗GPT의 기반인 GPT의 최근 모델의 발전은 다음과 같다.

현재는 챗GPT 유료 버전에서는 GPT-4o(omni)와 GPT-4o mini를 선택적으로 사용할 수 있지만, 복잡한 업무처리 등 일반적인 업무처리에는 GPT-4o(omni)를 사용하게 된다.

항목	GPT-3.5 Turbo	GPT-4	GPT-4 Turbo	GPT-4o(omni)	GPT-4o mini
출시일	2022년 1월	2023년 3월	2023년 11월	2024년 5월	2024년 6월
최종 학습 데이터	2021년 9월	2021년 9월	2023년 4월	2023년 10월	2023년 10월
웹 검색 기능	제한적	가능			
이미지 생성	제한적	가능(달리3 모델)			
고급 데이터 분석 파일 업로드 맞춤형 GPT	제한적 (맞춤형 GPT 활용)	가능(맞춤형 GPT 생성 및 활용)			
최대 입력 길이	4,096 토큰	32,768 토큰	128,000 토큰	128,000 토큰	64,000 토큰
프롬프트 입력 유형	텍스트	텍스트, 이미지	텍스트, 이미지, 음성 변환	텍스트, 이미지, 음성, 영상	텍스트, 이미지, 음성
멀티모달 지원	제한적	텍스트와 이미지	텍스트, 이미지, 음성 변환	텍스트, 이미지, 음성, 영상	텍스트, 이미지, 음성
주요 활용 분야	일반 텍스트 생성	텍스트 및 이미지 분석, 생성	고급 콘텐츠 생성(텍스트, 이미지, 음성)	고급 멀티모달 콘텐츠 생성(영상 포함)	경량형 멀티모달 콘텐츠 생성
접근 가능 범위	모든 사용자 (무료)	ChatGPT Plus 사용자		ChatGPT Plus 사용자 (무료 사용자 제한적 사용)	

[그림8] 주요 챗GPT 버전별 비교

2. 챗GPT 요금정책

현재 챗GPT 서비스는 무료(GPT-3.5) 와 유료(GPT-4/GPT-4o/GPT-4o mini)로 서비스되고 있다. 유료 서비스는 개인은 매월 20달러, 팀은 매월 24달러이다.

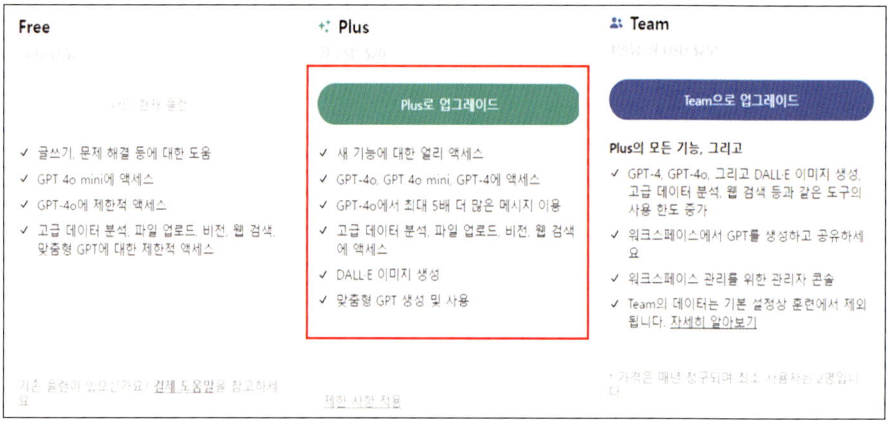

[그림9] 챗GPT 요금정책

무료(GPT-3.5) 버전과 유료 버전(GPT-4o)의 차이점은 최종 학습 데이터 날짜와 최신 웹 검색 접근, 고급 데이터 분석과 다양한 파일 업로드, 달리3 이미지 생성, 맞춤형 GPT 생성 및 사용 등이 유료 사용자는 모두 가능하고 무료 사용자는 제한적으로 가능하다는 것이다.

무료 사용자에게 제한적으로 제공되는 이러한 고급 기능은 일단 사용해보고 유용하면 유료 사용자로 업그레이드하라는 정책이다. 또한 유료 사용하기로 전환하고자 할 때 개인은 'Plus 요금제', 기업이나 소수 협업 팀은 함께 워크 스페이스를 활용해 협업할 수 있는 'Team 요금제'를 사용하는 것이 효과적이다.

3. 챗GPT 사용법

1) 챗GPT 회원 가입 및 로그인

(1) 챗GPT 사이트로 접속

크롬 구글에서 챗GPT를 검색한 후 https://챗GPT.com/ 으로 접속한다.

[그림10] 챗GPT 구글 검색

(2) 구글 계정으로 회원 가입 및 로그인

구글 계정으로 회원 가입 및 로그인한다. 이름, 생년월일 입력 및 이메일 검증 등을 진행해 회원 가입 한다.

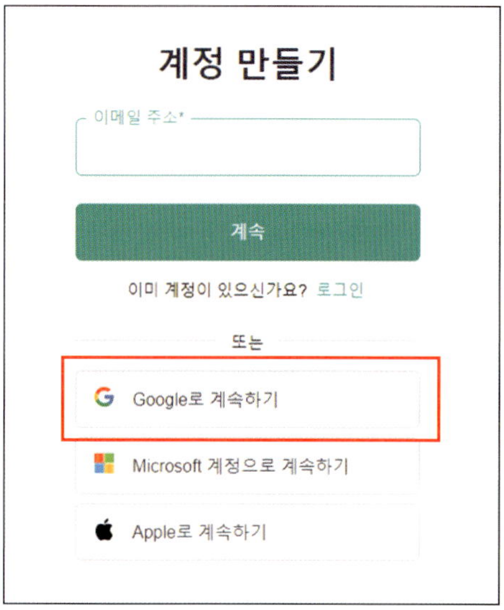

[그림11] 챗GPT 가입 및 로그인

2) 챗GPT 메인 화면 사용법

챗GPT에 로그인한 기본 화면이다. 본문에서는 챗GPT 유료 사용자 기준으로 최대한 간략하게 설명하므로 무료 사용자에게는 없는 기능이 있을 수 있다.

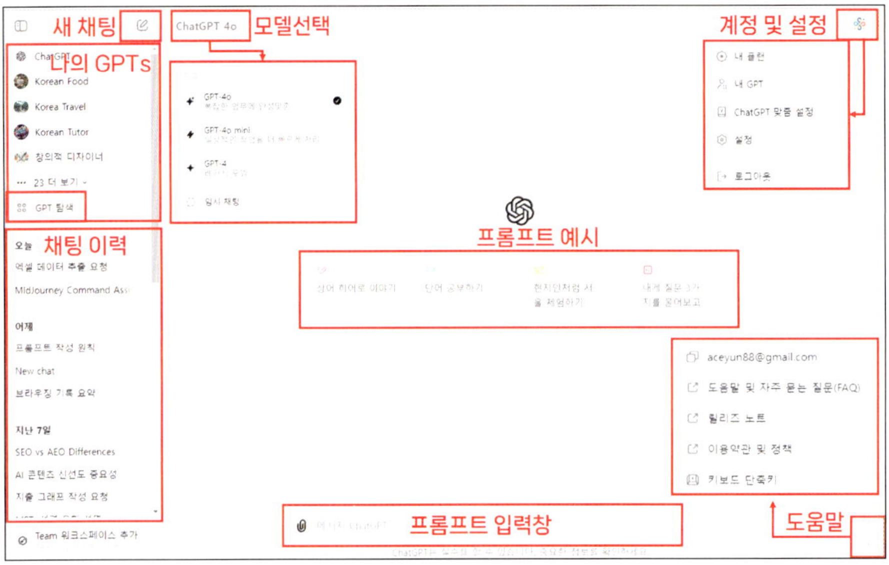

[그림12] 챗GPT 메인 화면

(1) 모델 선택

유료 사용자의 경우 여러 모델을 선택할 수 있는데 주로 GPT-4o를 사용하면 된다.

(2) 프롬프트 입력창 및 프롬프트 예시

- 기본적으로 하단의 '프롬프트 입력창'(하단 '메시지 ChatGPT' 부분에)에 원하는 프롬프트(지시사항)을 입력하고 엔터키를 누르면 답장을 얻는 방법으로, 원하는 답장을 얻을 때까지 맥락을 이어 AI 비서인 챗GPT와 대화한다.
- 또는 프롬프트 예시 중의 하나를 클릭하면 그에 대한 답변을 받을 수 있다.

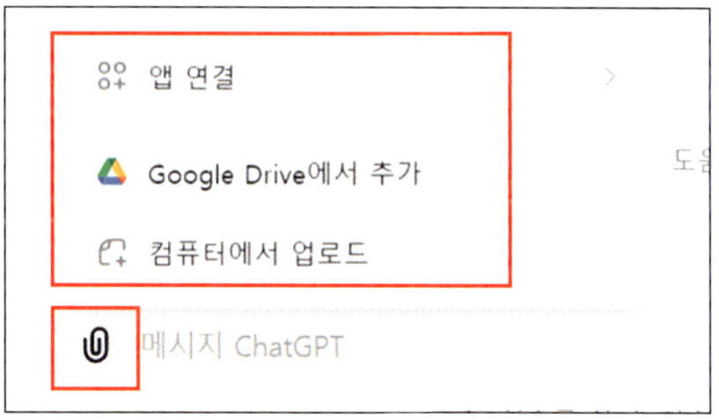

[그림13] 챗GPT 파일 첨부

• 챗GPT 유료 사용자의 경우 챗GPT 프롬프트 입력창의 파일 첨부 기능을 이용해 컴퓨터, 구글 드라이브, MS 원드라이브에 있는 txt, pdf, ppt, csv, xls, jpg, png 등의 다양한 형식의 파일을 업로드 한 후 그 파일 내용을 해석, 분석, 요약, 데이터 분석 등 다양하게 활용할 수 있다.

(3) 새채팅 및 채팅 이력

맥락을 이은 대화를 이어가다 새로운 주제의 대화를 하고자 할 때는 '새채팅'을 터치해 새로운 대화를 시작한다. 웹이나 스마트폰에서 사용한 모든 채팅은 채팅 이력으로 남아있다. 각 채팅 제목에 마우스를 이동하면 점 3개의 메뉴에 공유하기, 이름바꾸기, 아카이브에 보관, 삭제 등을 할 수 있다.

(4) 나의 GPTs와 GPTs탐색

유료 사용자의 경우 나의 업무와 비즈니스를 위해 나만의 챗봇, GPTs를 제작해 사용할 수 있다. 제작한 GPTs를 나만 비공개로 사용하거나 공개해 모든 사람이 사용하게 할 수 있다. 또한 'GPTs 탐색'을 터치해 원하는 목적에 특화된 GPTs를 검색하고, 그 GPTs와 대화하는 것이 목적에 부합하는 답장을 얻는데 효과적일 수 있다.

왼쪽 메뉴의 'GPTs 리스트'는 내가 제작한 GPTs나 다른 공개된 GPTs 중 자주 사용하는 GPTs를 핀 고정함으로써 GPTs를 편리하게 사용할 수 있게 한다.

나의 챗봇, GPTs를 제작해 사용함으로써 나의 모든 정보를 학습하게 해 반복된 업무를 GPTs와 대화하며 스마트하게 처리할 수 있다. 또한 상담, 컨설팅 등 나의 비즈니스에 대한 정보를 학습시킨 GPTs를 제작해 모든 사용자에게 공개한다면 나의 비즈니스 브랜딩과 홍보를 할 수 있다.

무료 사용자는 제한적으로 GPTs를 탐색 및 사용해볼 수 있지만 GPTs를 만들 수는 없다.

(5) 계정 및 설정과 도움말

필요에 따라 '계정 및 설정', '도움말' 등을 활용해 효과적으로 챗GPT를 활용할 수 있다.

3) 챗GPT 환경 설정

'계정 및 환경 설정 - 설정'을 클릭해 채팅을 아카이브로 보관, 모든 채팅 삭제, 말하기 - 목소리 설정, 공유 링크 관리, 빌더 프로필(GPTs 제작자 프로필), 계정 삭제하기, 구글 Drive 와 MS OneDrive 연동 등 필요에 따라 맞춤형 챗GPT 사용 환경을 설정할 수 있다.

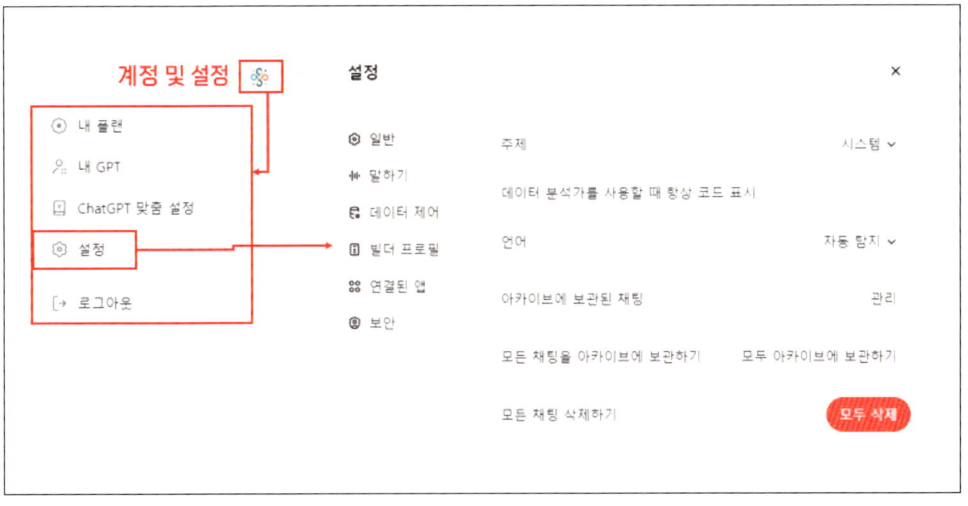

[그림14] 챗GPT 환경 설정

4) 챗GPT 맞춤 설정

'챗GPT 맞춤 설정'은 자주 사용하는 챗GPT 프롬프트를 일정한 형식의 템플릿으로 만들어 사용하는 편리한 기능이다.

예를 들어 챗GPT 맞춤 설정을 다음과 같은 챗GPT 프롬프트 프레임워크 방식으로 작성한다면 다음과 같이 작성하면 될 것이다.

① 지침1 : Persona(역할), Context(맥락), Task(임무) 등 챗GPT가 더 나은 응답을 제공하기 위해 나의 목적, 의도, 상황 설명 등을 구체적이고 일관성 있게 구조화해 작성한다.

② 지침2 : Output(출력), Example(예제), Tone(문체&어조) 등을 구체적이고 일관성 있게 구조화해 작성한다.

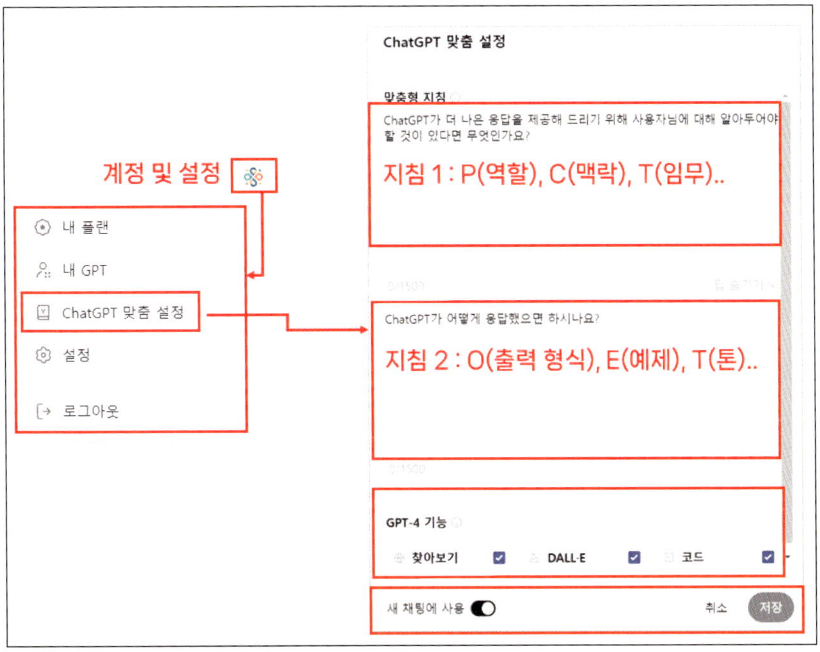

[그림15] 챗GPT 맞춤 설정

[그림16] 챗GPT 프롬프트 프레임워크

5) 챗GPT 프롬프트 활용 사례

▣ 프롬프트 예시 - 농업 경영 전략

너는 20년 차 농업 관련 전문가 역할을 해줘.
나는 [블로베리 농장]을 운영해 매출을 올려야 해.
우리 농장 제품의 품질을 개선하고 유지하기 위한 전략을 작성해줘.

▣ 프롬프트 예시 - 결과

① 결과가 만족스럽지 않으면 프롬프트를 수정해 다시 재실행할 수 있다. 이전 프롬프트에 마우스를 이동하면 연필 모양의 메시지 편집 기능이 나타난다. 연필 모양을 클릭해 이전의 프롬프트를 수정한 후 '보내기' 버튼을 클릭하면 다시 결과가 재생성 된다.

② 생성된 결과에 대해 음성으로 듣기, 복사, 응답 다시 생성하기, 별로인 응답 표시, 모델을 변경해 다시 응답 생성하기 등을 할 수 있다.

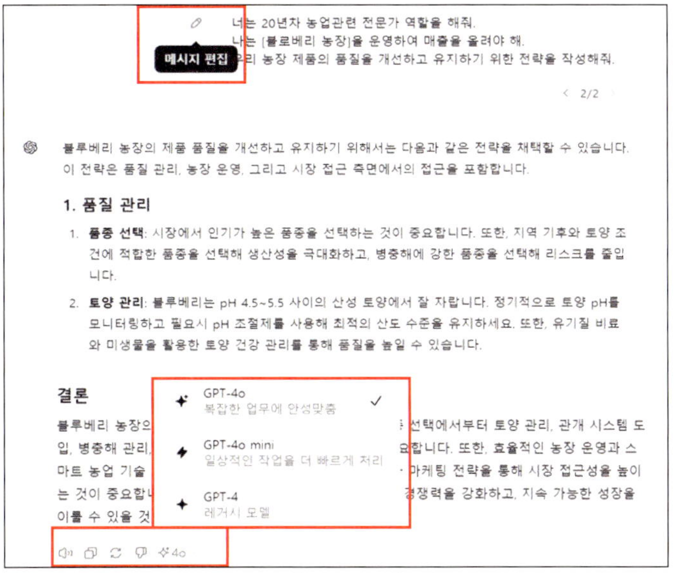

[그림17] 챗GPT 활용 사례

▣ 프롬프트 예시 - 프롬프트 잘 사용하는 방법

너는 [챗GPT 생성형 AI 전문가] 역할을 해줘.

나는 [챗GPT]를 잘 활용해 업무 생산성 및 매출을 올려야 하는 [농업경영인]이야.

프롬프트를 잘 사용하는 벙법에 대해 가장 구체적인 예시를 들어 알기 쉽게 표로 작성해줘.

▣ 프롬프트 예시 - 결과

ChatGPT 프롬프트 활용법: 구체적인 예시

상황	잘못된 프롬프트	개선된 프롬프트	설명
시장 조사	"블루베리에 대해 알려줘."	"2024년 한국 블루베리 시장 동향과 주요 트렌드, 그리고 주요 소비자군에 대해 분석해줘."	구체적인 연도와 지역, 대상 등을 지정하여 더욱 유용한 정보를 얻을 수 있습니다.
마케팅 전략 개발	"마케팅 전략을 만들어줘."	"블루베리를 20대 여성 소비자를 타겟으로 한 온라인 마케팅 전략을 세워줘."	타겟 소비자군과 마케팅 채널을 명시하여 더욱 맞춤화된 전략을 제시받을 수 있습니다.
농장 운영 개선	"농장 운영을 어떻게 개선할 수 있을까?"	"블루베리 농장에서 수확량을 증가시키기 위한 물 관리 및 병충해 방지 방법을 제안해줘."	특정 목표(수확량 증가)와 관련된 세부 주제(물 관리, 병충해 방지)를 포함하여 더 구체적인 조언을 얻습니다.
생산성 도구 추천	"농업에 쓸 도구를 추천해줘."	"소규모 블루베리 농장에서 사용할 수 있는 생산성을 높이는 스마트 농업 도구를 추천해줘."	농장의 규모와 필요한 목적을 명시하여 더욱 적합한 도구 추천을 받을 수 있습니다.
데이터 분석	"농업 데이터를 분석해줘."	"2023년과 2024년의 블루베리 수확량 데이터를 비교 분석하여 수확량에 영향을 미친 주요 요인을 찾아줘."	비교할 데이터의 기간과 분석 목적을 명확히 함으로써, 보다 의미있는 분석 결과를 얻을 수 있습니다.
고객 피드백 반영	"고객 피드백을 활용하고 싶어."	"최근 3개월 간 받은 블루베리 제품에 대한 고객 피드백을 바탕으로 개선이 필요한 제품 특성 및 마케팅 전략을 제안해줘."	구체적인 기간과 피드백 적용 목적을 명시하여 실행 가능한 조언을 얻습니다.
신제품 개발 아이디어	"새로운 농산물 제품을 만들어줘."	"블루베리 기반의 건강식품 신제품 개발 아이디어와 타겟 소비자층을 제안해줘."	신제품의 유형(건강식품)과 타겟 소비자층을 명시하여 구체적이고 실현 가능한 아이디어를 얻습니다.

[그림18] 챗GPT 활용 사례

재고 관리	"재고 관리를 도와줘."	"블루베리 농장의 계절별 수요를 고려한 효율적인 재고 관리 방법을 제안해줘."	계절별 수요와 연관된 재고 관리 방법을 요청함으로써, 농업 경영에 적합한 구체적인 제안을 얻습니다.

프롬프트 작성 시 팁

1. **구체적이고 명확하게**: 프롬프트에 필요한 정보와 목표를 명확하게 포함하여, AI가 더욱 정확한 답변을 할 수 있도록 합니다.
2. **목적 지향적 접근**: 단순히 정보 요청이 아닌, 특정 목표(예: 매출 증가, 효율성 향상)를 이루기 위한 방법을 요청하세요.
3. **세부 사항 포함**: 타겟 시장, 시간 범위, 분석 대상 등을 포함해 더 구체적이고 실용적인 정보를 얻을 수 있습니다.

이 표를 바탕으로 ChatGPT를 더 효과적으로 활용하여 농업 경영의 생산성과 매출을 향상시킬 수 있을 것입니다.

[그림19] 챗GPT 활용 사례

▣ 프롬프트 예시 - 프롬프트 잘 사용하는 방법

너는 [20년 차 온라인마케팅 전문가] 역할을 해줘.
나는 [블로베리 농산물 생산 및 판매] 해 매출을 올려야 하는 [농업경영인]이야.
[최신 온라인마케팅 트렌드]를 반영해 [온라인 마케팅 실행 전략]을 구체적인 세부 실행 내용으로 타임쉬트 형식으로 작성해줘.

▣ 프롬프트 예시 - 결과

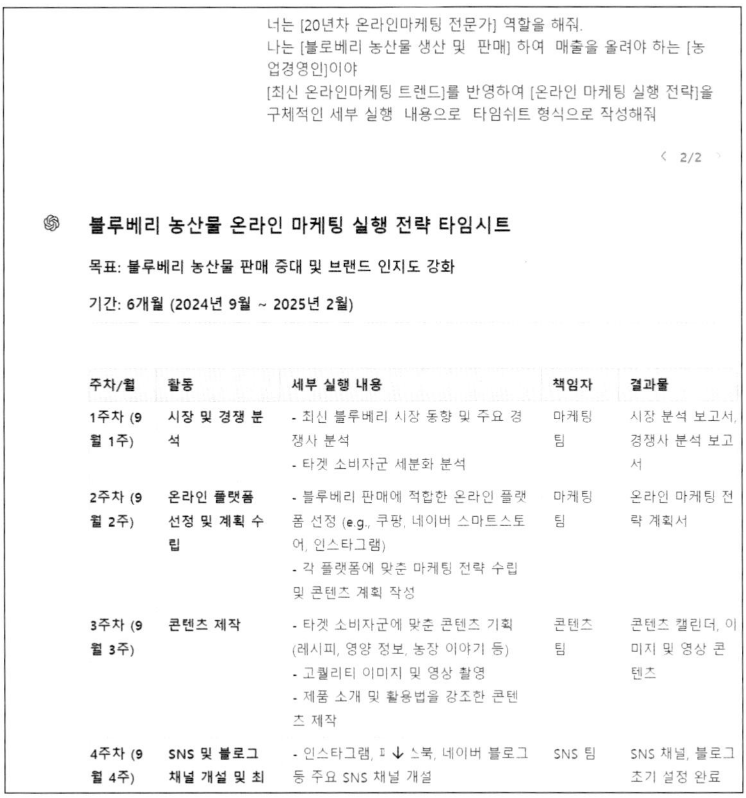

너는 [20년차 온라인마케팅 전문가] 역할을 해줘.
나는 [블로베리 농산물 생산 및 판매] 하여 매출을 올려야 하는 [농업경영인]이야
[최신 온라인마케팅 트렌드]를 반영하여 [온라인 마케팅 실행 전략]을 구체적인 세부 실행 내용으로 타임쉬트 형식으로 작성해줘

< 2/2 >

블루베리 농산물 온라인 마케팅 실행 전략 타임시트

목표: 블루베리 농산물 판매 증대 및 브랜드 인지도 강화

기간: 6개월 (2024년 9월 ~ 2025년 2월)

주차/월	활동	세부 실행 내용	책임자	결과물
1주차 (9월 1주)	**시장 및 경쟁 분석**	- 최신 블루베리 시장 동향 및 주요 경쟁사 분석 - 타겟 소비자군 세분화 분석	마케팅 팀	시장 분석 보고서, 경쟁사 분석 보고서
2주차 (9월 2주)	**온라인 플랫폼 선정 및 계획 수립**	- 블루베리 판매에 적합한 온라인 플랫폼 선정 (e.g., 쿠팡, 네이버 스마트스토어, 인스타그램) - 각 플랫폼에 맞춘 마케팅 전략 수립 및 콘텐츠 계획 작성	마케팅 팀	온라인 마케팅 전략 계획서
3주차 (9월 3주)	**콘텐츠 제작**	- 타겟 소비자군에 맞춘 콘텐츠 기획 (레시피, 영양 정보, 농장 이야기 등) - 고퀄리티 이미지 및 영상 촬영 - 제품 소개 및 활용법을 강조한 콘텐츠 제작	콘텐츠 팀	콘텐츠 캘린더, 이미지 및 영상 콘텐츠
4주차 (9월 4주)	**SNS 및 블로그 채널 개설 및 최**	- 인스타그램, ᄑ ↓ ᄉ북, 네이버 블로그 등 주요 SNS 채널 개설	SNS 팀	SNS 채널, 블로그 초기 설정 완료

[그림20] 챗GPT 활용 사례

16주차 (2월 1주)	**성과 분석 및 다음 단계 계획 수립**	- 6개월간의 마케팅 성과 종합 분석 (매출, 고객 유입, 콘텐츠 성과 등) - 향후 6개월간의 마케팅 전략 재수립 - 부족한 부분 개선을 위한 액션 플랜 작성	마케팅팀	성과 보고서, 다음 단계 전략 계획서

전략 설명:

1. **초기 분석과 플랫폼 선정**: 첫 2주 동안 시장 및 경쟁 분석을 통해 정확한 타겟을 설정하고, 온라인 마케팅의 방향성을 잡습니다. 이 과정에서 적합한 온라인 플랫폼을 선정하고 전략을 구체화합니다.
2. **콘텐츠 및 채널 구축**: 콘텐츠는 고객의 관심을 끌고 참여를 유도하는 핵심입니다. 고퀄리티의 이미지와 영상을 통해 블루베리의 매력을 시각적으로 전달합니다. 동시에 SNS 채널을 개설하여 고객과의 소통 창구를 마련합니다.
3. **캠페인과 프로모션**: 프로모션을 통해 초기 관심을 끌고, 지속적인 캠페인으로 매출을 극대화합니다. 연말, 신년 등 중요한 시기를 활용해 맞춤형 프로모션을 진행합니다.
4. **고객 참여와 리뷰 관리**: 고객의 참여를 유도하고, 사용자 생성 콘텐츠(UGC)를 활용해 자연스러운 마케팅을 촉진합니다. 고객 피드백을 적극 반영해 제품과 서비스를 개선합니다.
5. **지속적 성과 분석**: 마지막으로, 정기적으로 마케팅 성과를 분석하고, 피드백을 통해 전략을 수정해 나갑니다. 이는 지속적인 성장과 매출 증대에 필수적입니다.

이 타임시트를 따라 실행하면, 블루베리 농산물의 온라인 판매를 효과적으로 증가시키고, 브랜드 인지도를 강화할 수 있습니다.

[그림21] 챗GPT 활용 사례

6) 다양한 챗GPT 활용 사례 모음집

챗GPT 생성형 AI는 척~척~일 잘하는 후배에게 마음껏 일을 시킨다 생각하고 지금껏 해왔던 일, 해보고 싶었던 일을 AI 비서 챗GPT에게 구체적인 프롬프트로 맘껏 지시해보면서 나의 분야에서 챗GPT에게 맡길 수 있는 일을 발견해 가야 한다.

앞으로 더욱 발전해 더욱 나의 다양한 일을 대신해 줄 나의 AI 비서인 챗GPT를 활용하는 방법 및 사례는 아래의 농촌진흥청과 국가인재개발원에서 발간한 자료를 다운로드해 참고하길 권장한다.

[그림22] 챗GPT 생성형 AI 활용 사례

그 외의 챗GPT 생성형 AI 관련 다양한 참고 자료가 'AI융합비즈니스세상' 네이버 카페에 업로드 돼 있으니 참고하길 권장한다.

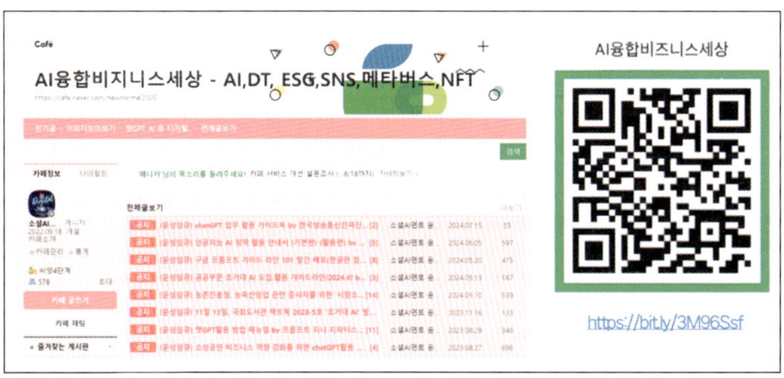

[그림23] 챗GPT 활용 사례 모음 카페

프롬프트 작성이나 챗GPT 맞춤 설정은 정답이 있는 것이 아니다. AI 비서인 챗GPT를 자주 활용하면서 각자의 스타일에 맞게 챗GPT와 잘 대화할 수 있는 자기만의 방법을 찾는 것이 중요하다.

4. 나의 맞춤형 챗봇, GPT 제작하기

1) 나의 맞춤형 챗봇, GPT 특징

나의 맞춤형 챗봇, 챗GPT 메인 화면의 메뉴에서 GPTs라 표기돼 GPTs로 표현하거나 불렀었는데, 최근 챗GPT 메인 화면의 메뉴에서는 GPT라고 표기되어 있으므로 본문에서는 GPT(GPTs와 동일 의미)로 표현했다.

① 챗GPT-4 이상 유료 버전에서 누구나 쉽게 챗GPT 같은 나만의 챗봇을 제작할 수 있는 맞춤형 챗GPT이다.
② 나만의 특화된 GPT를 만들어 나만 사용하거나 누구나 사용할 수 있도록 공개할 수 있다.
③ 또한 GPT 탐색을 통해 분야별 인기 있는 GPT를 검색해 활용하는 것도 좋은 결과를 얻는 방법 중 하나이다.
④ 챗GPT-3.5 무료 사용자는 GPT를 제작할 수는 없지만 GPTs를 검색해 제한적으로 사용해 볼 수 있다.
⑤ 오픈AI에서는 스마트폰의 앱처럼 유·무료 GPT 마켓을 형성해 향후 수익화 모델로 제시하고 있다.

2) GPT 탐험하기

챗GPT-4 버전의 왼쪽 메뉴 중 'GPT 탐색'을 터치하면 분야별 인기 있는 GPT나 원하는 분야의 GPT를 검색해 사용해 볼 수 있다. GPT 선택 기준은 'GPT 탐색'에서 추천하는 인기 있는 GPT나 전문성이 알려진 제작자의 GPT를 사용하는 것을 권장한다.

또한 우측 싱딘의 '만들기'는 나만의 맞춤형 GPT를 제작하는 기능이고, '내 GPT'는 내가 제작한 GPT를 확인 및 관리하는 기능이다.

[그림24] 챗GPT-GPT 탐험 하기

목적에 맞는 GPT를 찾았다면 클릭한 후 '채팅 시작'을 클릭해 챗GPT 사용하듯 활용하면 된다.

3) '맞춤형 챗GPT 제작 도우미' 사용해보기

다음은 나의 맞춤형 챗봇을 만들기 위해 GPT를 탐색해 평점과 사용자 수가 많은 '맞춤형 챗GPT 만들기 도우미'를 찾았다. '맞춤형 챗GPT 만들기 도우미'에게 내가 만들고자 하는 챗봇의 주제나 목표를 입력해 나만의 GPT를 만드는 데 활용해 보자.

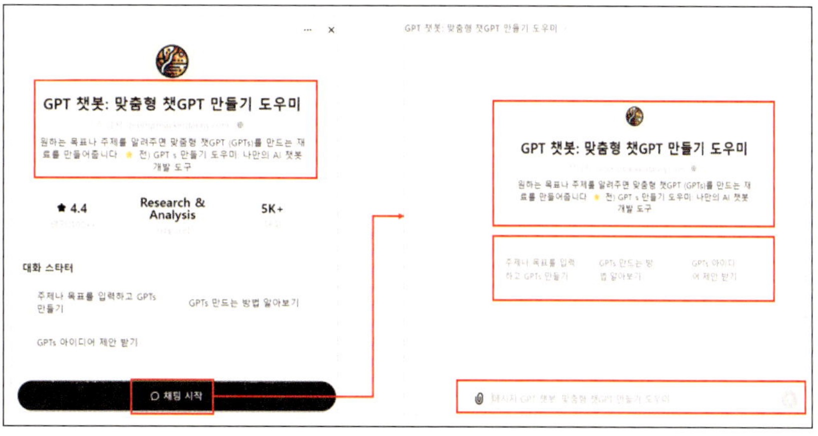

[그림25] GPT 사용하기

▣ 프롬프트

기업이 아닌 1인 개인이 SNS를 활용한 브랜딩과 가장 체계적이고 가성비 있게 실행할 수 있는 1인 사업가를 위한 온라인 마케팅 실행 전략 도우미 챗봇을 만들거야.
#챗봇 제작 목적 : 나의 셀프브랜딩 및 수익화 창출

▣ 프롬프트 결과

[그림26]과 같이 '맞춤형 챗GPT 제작 도우미'를 활용해 만들고자 하는 챗봇 프롬프트 결과를 GPT의 구성 설정값의 내용으로 복사&붙이기하면 초보자도 쉽게 챗봇을 만들 수 있을 것이다.

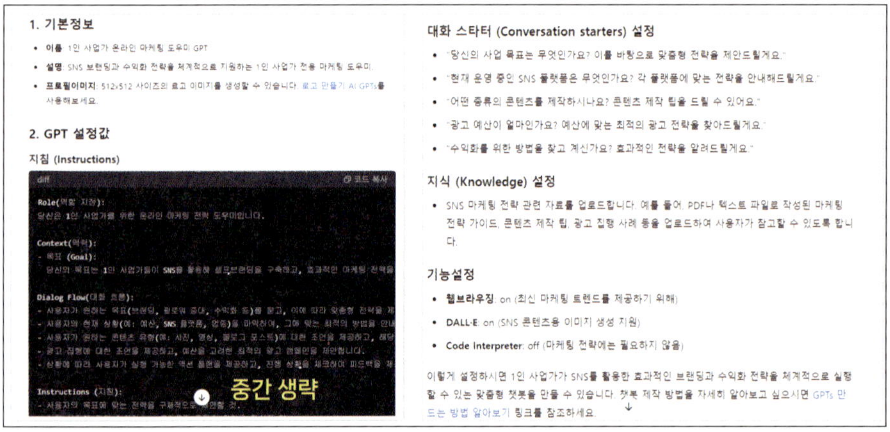

[그림26] GPT 사용 결과

챗GPT, GPT 등 글쓰기 생성형 AI 서비스를 처음 사용할 때는 그 생성형 AI 서비스를 알기 위한 아래와 같은 첫 질문으로 시작하는 것을 권장한다. 너의 지침을 알려달라고 하는 것은 답변을 거부할 수도 있다.

▣ 프롬프트 : 너의 기능과 사용법을 구체적으로 알려줘. 예시와 함께

▣ 프롬프트 : 너의 지침을 알려줄 수 있겠니?

4) 나의 맞춤형 챗봇, GPT 만들기

앞에서 사용해본 '맞춤형 챗GPT 제작 도우미'를 통해 얻은 결괏값을 'GPT 빌더' 'Configure'의 구성요소에 복사 & 붙이기하는 방법으로 나만의 챗봇, GPT를 쉽고 빠르게 제작할 수도 있다.

다음은 '맞춤형 챗GPT 제작 도우미'를 이용하지 않고 챗GPT의 기본 기능을 이용해서 GPT를 제작해보자.

먼저, 챗GPT-4 버전의 왼쪽 메뉴 중 'GPT 탐색'을 터치한 후 오른쪽 우측 '+만들기'를 클릭하면 'GPT 빌더' 화면으로 이동한다. 필자는 'GPT 빌더' 화면은 영어 모드로 진행했으나 한글 모드로 진행해도 무관하다.

다음은 왼쪽 'GPTs 제작 및 구성 화면'을 통해 '맞춤형 GPT'를 구성하고, 오른쪽 'GPTs 테스트 및 미리보기 화면'에서 테스트하는 것을 반복하면서 제작한 후 'Create'를 클릭하면 'GPT'가 완성된다.

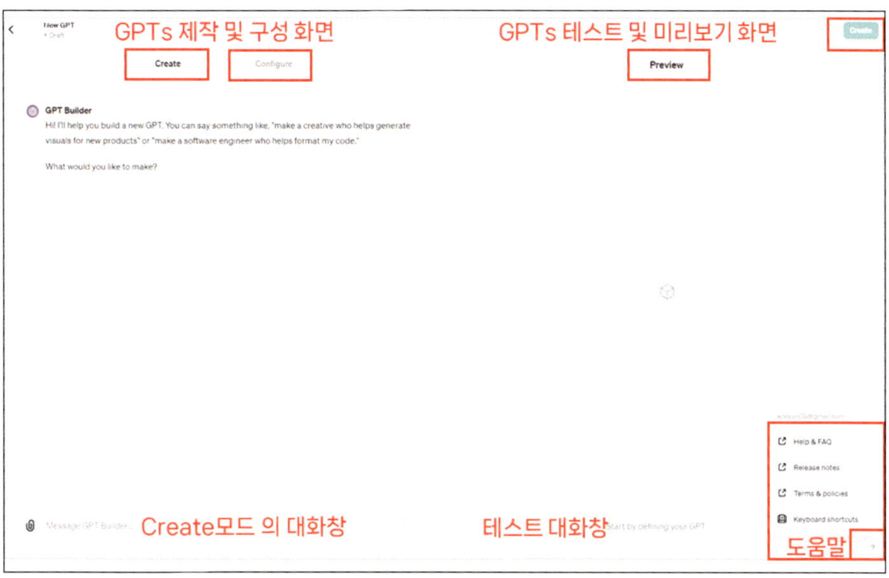

[그림27] GPT 만들기

왼쪽 'GPT 구성 및 제작 화면'에서 'GPT' 만드는 2가지 모드는 'Create'와 'Configure'이다. 'Create' 모드는 챗GPT 사용하는 방법처럼 'GPT 빌더'와 대화하면서 'GPT'를 만들어가는 방법이다. 'Configure' 모드는 'GPT'의 구성요소에 해당하는 내용을 직접 입력해 'GPT'를 만드는 방법이다. 'Create' 모드에서 작업한 내용과 'Configure'의 구성요소는 'GPT'를 완성해가는 상호보완적으로 작동한다.

챗GPT 사용할 때 가장 중요한 것은 구체적인 지시나 지침인 '프롬프트'인 것처럼, 'GPT'에서는 구체적인 지시나 지침인 'Instruction' 구성이 중요하다. 즉, 'GPT'에 'Instruction'을 직접 잘 작성할 수 있으면 'Configure' 모드로 'GPT'를 만드는 방법을 선호할 수 있다.

본문에서는 'Create' 모드와 'Configure' 모드로 상호 보완하며 '맞춤형 GPT'를 만드는 방법을 진행해보자.

(1) Create 모드

- 기본적으로 'GPT 빌더'와 대화하면서 'GPT'를 만드는 모드이다.
- 'GPT 빌더'에게 만들고자 하는 'GPT'에 대한 주제와 목표 등을 전달하면 'GPT'의 '이름'과 '로고' 등을 추천받을 수 있다.
- 또한 구체적인 프롬프트를 입력하듯 'GPT'에 추가적으로 구성할 내용을 'GPT 빌더'와 대화하며 완성도를 높여갈 수 있다.
- 다음 그림은 'Create' 모드에서 'GPT 빌더'에게 초기 예시 질문을 추천받아 'Configure' 모드의 '초기 질문 예시'에 적용한 'Create' 모드와 'Configure' 모드가 상호보완적으로 'GPT'를 만들어가는 사례이다.

이해를 돕기 위해 왼쪽 창은 마우스 우클릭해 웹사이트를 한글로 번역한 상태이며, 실제 'GPT 빌더'와 대화하며 작업할 때는 영어 원문 상태로 작업해야 에러가 발생하지 않는다. 'GPT 빌더'와의 대화는 '한글로 대화해줘' 프롬프트를 전달해 한글로 대화할 수 있다.

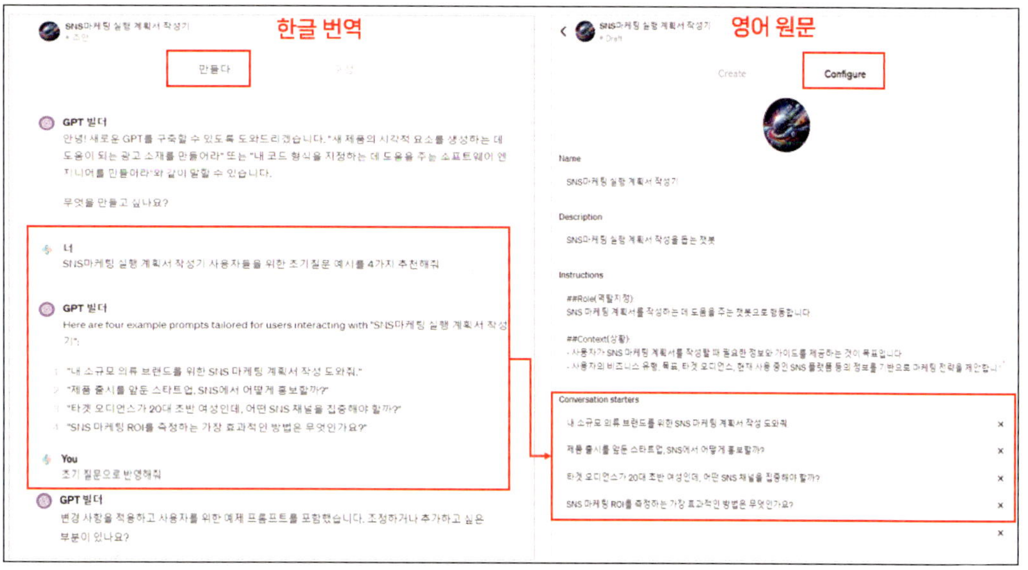

[그림28] GPT 만들기-Create모드

(2) Configure 모드

'Configure'를 클릭해 각 항목에 대한 내용을 입력한 후 'Creat'를 클릭하면 'GPT'가 제작된다.

- 로고 : 컴퓨터에 있는 로고 이미지를 업로드 하거나 달리3를 통해 새로 생성할 수 있다.
- 이름, 설명 : 만들고자 하는 GPT의 이름과 그에 대한 설명을 작성한다.
- 지침(프롬프트) : 만들고자 하는 챗봇의 성능을 위해 프롬프트 엔지니어링 기술이 필요한 부분이다.
- 초기 질문 예시
  - 4가지 기본적인 예시 질문을 작성한다.
  - 'Create' 모드에서 '이 챗봇의 역할에 적합한 초기 질문을 4개 추천해 줘'와 같은 프롬프트를 입력해 추천받아 설정하는 방법도 있다.
- Knowledge(지식창고)
  - 챗봇이 활용할 별도 자료가 있으면 PDF 화일 형태로 업로드해 챗봇이 활용하게 하면 된다.

– 업로드 한 파일 내용을 우선으로 할 경우 '프롬프트에 첨부한 파일 내용을 우선적으로 답변하세요' 등의 지침(프롬프트)을 추가할 수 있다.

- Capabilities(기능)
  - 챗봇에서 제공하는 기능에 필요한 기능을 체킹하면 된다.
  - 웹 브라우징(Web Browsing), 달리 이미지 생성 기능(DALL·E), 코드 인터프리터 및 데이터 분석 기능이 있다.
- Action(액션)
  - GPT Action은 사용자가 자신의 API를 GPT와 연결함으로써 외부 데이터를 활용할 수 있게 해준다.
  - 이를 통해 사용자는 GPT 내에서 자신의 API를 연결해 외부 데이터에 접근하고 이와 상호작용하는 것이 가능해진다.
  - 결과적으로, 이 기능을 활용해 GPT를 이용한 이메일 관리나 쇼핑을 도와주는 어시스턴트 등 다양한 애플리케이션을 개발할 수 있다. 본문에는 이 부분은 깊게 다루지는 않는다.

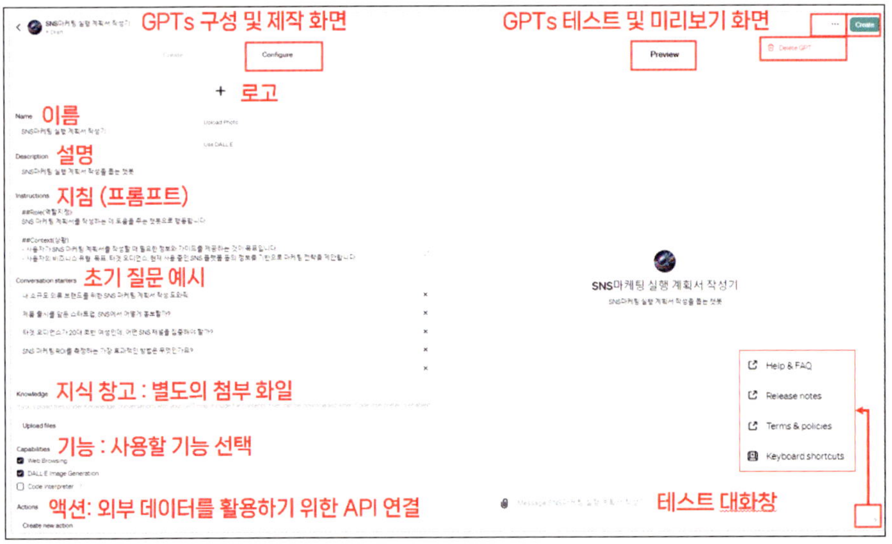

[그림29] GPT 만들기-Configure모드

▣ 프롬프트 GPT 제작시 GPT의 지침(프롬프트)을 작성하는 꿀팁

나의 맞춤형 챗봇인 GPT를 만들 때, GPT의 지침(프롬프트)을 작성하는 방법으로 프롬프트 전문가들이 제작한 지침(프롬프트)에 관한 GPT를 활용하는 방법도 추천할만하다.

다음 그림과 같이 챗GPT-4 화면의 왼쪽 메뉴인 'Expore GPT'에서 프롬프트 생성 GPT인 '챗GPT 생성기 : RIO 프롬프트 엔지니어'를 검색해 만들고자 하는 챗봇을 위한 프롬프트를 얻은 후 'Copy code'로 복사해 'GPT'의 지침(프롬프트)에 붙이기 및 수정해 활용하는 것도 하나의 방법이다.

- GPT를 만들기 위한 구성과 테스트를 한 후 우측 상단의 'Create'를 클릭하면 GPT가 제작된다. 하단의 '?'를 클릭해 도움말(Help) & 자주 묻는 질문(FAQ) 등을 활용할 수 있다.
- 제작한 GPT의 사용 공개 여부를 '나만/링크가 있는 모든 사용자/GPT 스토어에 게시' 중에서 선택해 사용할 수 있다.

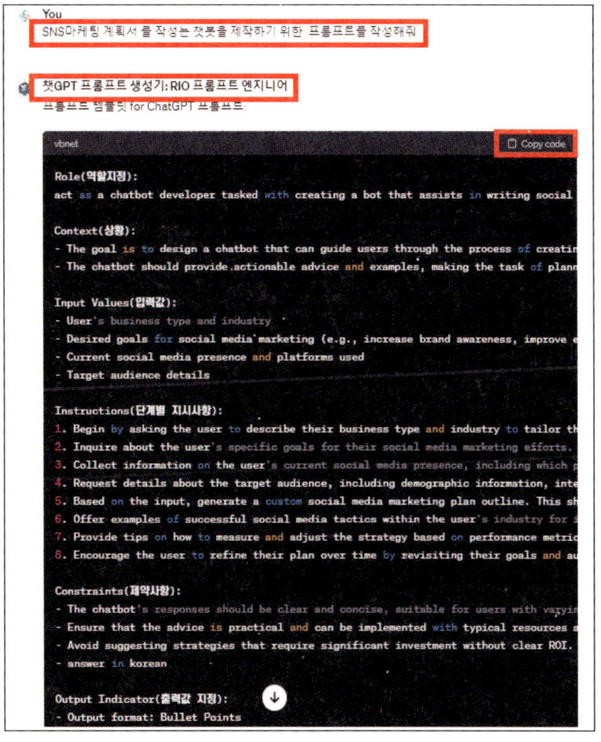

[그림30] GPT 지침(프롬프트) 작성 꿀팁

[그림31] GPT 사용 공개 여부

5) 나의 맞춤형 챗봇, GPT 수정 및 관리하기

(1) My GPT 살펴보기

챗GPT-4(유료)의 'Explore GPT'를 클릭하면 'Create' 버튼 옆에 'My GPT' 버튼이 있다.

'My GPT'를 클릭하면 다음 그림과 같이 GPT를 제작/수정/편집할 수 있다.

[그림32] My GPT 살펴보기

(2) My GPT 수정하기

내가 제작한 GPT를 클릭해 사용하면 다음과 같은 화면이 나타난다. GPT 이름 옆의 '⌄'를 클릭하면 나타난 메뉴의 'Edit GPT'를 클릭해 수정할 수 있다.

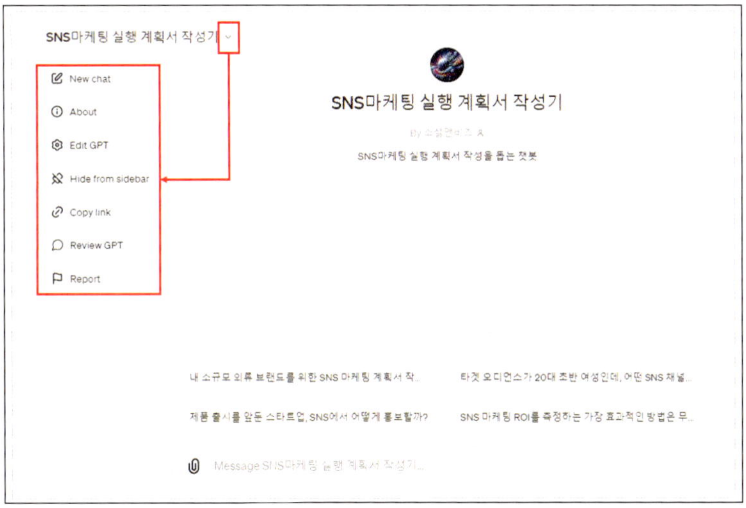

[그림33] My GPT 수정하기

5. 유용한 확장 프로그램

챗GPT 생성형 AI를 활용하는 데 유용한 '크롬 확장 프로그램'을 소개한다.

1) 크롬 확장 프로그램 설치 방법

① 구글 크롬 웹스토어를 검색해 크롬 웹스토어로 이동한다.

- 크롬 웹스토어 : https://chromewebstore.google.com/

② 확장 프로그램 검색에서 '챗GPT'를 검색하면 챗GPT 관련 다양한 확장 프로그램이 리스 트업 된다. 평점이 높고 사용자 수가 많은 확장 프로그램을 터치해 '크롬에 추가' – '추가 확인'하면 크롬 확장 프로그램에 추가된다.

③ 추가된 크롬 확장 프로그램은 '크롬 확장 프로그램 관리'에서 핀고정, 기능 중지/중지 해제, 삭제 등을 할 수 있다.

④ 크롬 확장 프로그램이 많이 설치돼 있으면 서로 충돌이 발생해 에러가 나기도 한다. 필요에 따라 크롬 확장 프로그램을 기능 중지 및 중지 해제해 안전하게 사용하길 권장한다.

[그림34] 크롬 웹스토어

2) 유용한 크롬 확장 프로그램

(1) Save 챗GPT as PDF

챗GPT 대화별로 그 대화 내용 전체를 PDF 저장할 수 있다.

[그림35] Save 챗GPT as PDF

(2) voice in - 음성을 텍스트로 변환

구글 DOC, 네이버 검색 창 등 인터넷 웹 페이지의 입력창에 텍스트를 키보드로 입력하지 않고 음성으로 입력할 수 있는 프로그램이다.

[그림36] voice in

(3) 챗GPT & Claude 폴더 채팅 정리 도구

챗GPT 대화를 폴더(카테고리)별로 정리 할 수 있다.

[그림37] 챗GPT & Claude 폴더

(4) 챗GPT 익스포터

챗GPT 대화 내용을 TO TEXT, TO MARKDOWN, TO SCV, TO JSON, TO IMAGE 등으로 EXPORT(익스포터)할 수 있다.

[그림38] 챗GPT 익스포터

(5) Deepl 번역

챗GPT 생성형 AI를 활용할 때 많이 이용하는 AI 번역 프로그램이다.
웹 사이트(https://www.deepl.com/ko/translator) 에서 사용가능하다.

[그림39] Deepl 번역

(6) Bitly(비틀리)

긴 URL을 짧은 URL로 단축해주는 프로그램이다.

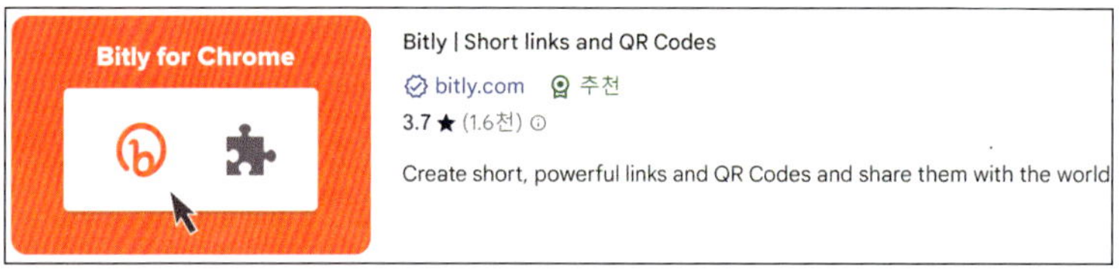

[그림40] Bitly(비틀리)

Ⅲ. 기타 대표적 생성형 AI 사용법

대표적인 생성형 AI 서비스들이 서로의 기술력이 뽐내고 각축전을 벌이고 있고, 각 서비스 마다 특징이 다르므로 다양하게 써보면서 본인의 활용에 최적화된 생성형 AI 서비스를 사용해보길 권장한다. 지면 관계상 대표적인 생성형 AI 서비스에 대한 간략한 사용법으로 가름하고자 한다. 또한 동일한 프롬프트를 활용한 '프롬프트와 답변 예시'는 생성형 AI 서비스 마다의 특징에 따라 동일한 프롬프트에 대한 결과가 어떻게 다른지 확인하는 차원이므로 프롬프트에 대한 결과의 옳고 그름을 따지지 않기를 알리고자 한다.

1. MS Copilot

'MS Copilot'는 챗GPT 유료 버전에서 제공하는 GPT-4와 달리3 서비스를 무료로 사용할 수 있다, 물론 MS Copilot Pro(유료) 버전은 무료 버전보다 더욱 우수한 기능이 있고, MS Office(파워포인트, 엑셀, DOC 등)와 연동돼 비즈니스 사용자들의 업무 생산성을 높일 수 있다.

[그림41] MS Copilot 로고

1) MS Copilot 사용법

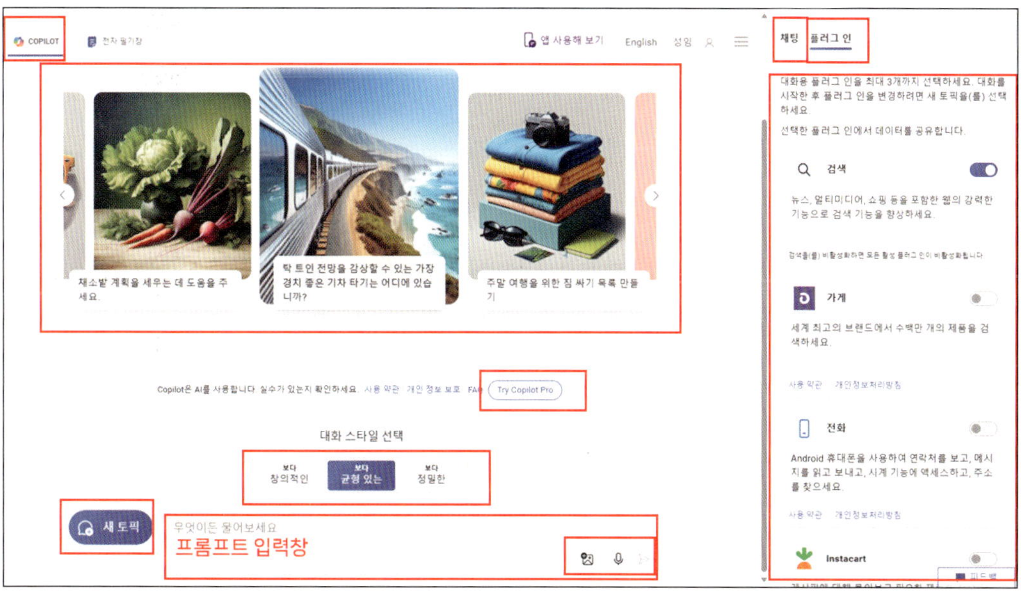

[그림42] MS Copilot 메인화면

① MS 엣지 브라우저에서 MS Copilot에 MS 계정으로 회원 가입 및 로그인한다(https://copilot.microsoft.com/). 기본은 무료로 사용할 수 있고, 'Try Copilot Pro'를 클릭해 1달 무료 체험 후 Pro 버전(유료)으로 전환해 사용할 수 있다.

② 프롬프트 입력창 : 챗GPT 사용하듯 프롬프트 입력창에 프롬프트를 입력해 글쓰기, 요약, 번역, 표 작성 등을 지시해 결과를 얻을 수 있다. 물론 오픈AI의 달리3 모델로 이미지를 그려달라고 할 수도 있다.

③ 마이크 버튼 : 마이크 버튼을 클릭해 음성으로 텍스트를 입력할 수 있고 답변도 음성으로 들을 수 있다.

④ 이미지 첨부 : 이미지 파일을 업로드해 분석하거나 영수증 등의 이미지 내용을 표로 작성할 수도 있다.

⑤ 프롬프트 예시 : 화면 가운데 프롬프트 예시를 클릭해 실행할 수 있다.

⑥ 대화 스타일 : 창의적인/균형있는/정밀한 글쓰기 등의 대화 스타일을 선택해 창의적인 글쓰기, 일반적인 글쓰기, 전문적인 글쓰기를 지시할 수 있다.

⑦ 채팅 : 오른쪽에 채팅 이력이 남아있고, 필요에 따라 이어서 채팅하거나 채팅을 삭제 할 수 있다.

⑧ 새토픽 : 대화의 주제나 맥락이 바뀔 경우 새토픽으로 대화를 새로 시작하는 것을 권장한다.

⑨ 플러그인 : 기본적으로 웹 검색을 위한 검색 기능은 ON으로 해놓고, 다른 서비스는 필요에 따라 ON으로 해 MS Copilot 안에서 다른 서비스를 이용할 수 있다.

2) MS Copilot 프롬프트와 답변 예시

다음과 같이 프롬프트를 입력해 결과를 받아 보며 MS Copilot의 특성을 파악해보자. 저자가 제시한 프롬프트와 결과는 하나의 예시일뿐이다.

여러분이 의도하는 바를 구체적이고 명확하게 프롬프트에 전달해 그에 따른 결과를 받아보길 바란다.

▣ 프롬프트

나는 농산물 생산 및 홍보마케팅으로 매출을 올려야 하는 농업인이야. 나의 목적을 잘 달성하는 데 도움이 되는 MS Copilot 기능에 대해 구체적으로 알려줘.

▣ 프롬프트 결과

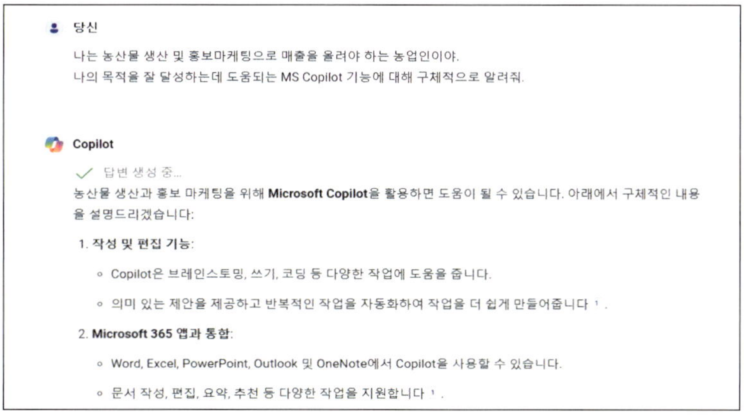

[그림43] MS Copilot 결과1

▣ 프롬프트

너는 한국의 농산물 홍보마케팅 전문가 역할을 해줘.
MS Copilot를 활용해 농산물 홍보마케팅을 위한 전략과 이미지를 만들기 위한 MS Copilot에 적합한 최적의 텍스트와 이미지의 프롬프트 예시를 각각 5개 추천해서 표로 작성해줘.
이미지 프롬프트는 한글과 영어로 동시에 작성해줘.

▣ 프롬프트 결과

프롬프트 작성이 어려울 때는 다음과 같이 프롬프트도 제안 요청해 사용해 볼수 있다.

[그림44] MS Copilot 결과2

2. 구글 Gemini

[그림45] 구글 Gemini 로고

1) 구글 Gemini 사용법

[그림46] 구글 Gemini 메인화면

① 구글 크롬 브라우저에서 구글 Gemini에 구글 계정으로 회원 가입 및 로그인한다(https://gemini.google.com/). 기본은 무료로 사용할 수 있고, 'Gemini Advanced 사용해보기'를 클릭한 후 1달 무료 체험 후 Advanced 버전(유료)으로 전환 후 사용할 수 있다.

② 프롬프트 입력창 : 챗GPT 사용하듯 프롬프트 입력창에 프롬프트를 입력해 글쓰기, 요약, 번역, 표 작성 등을 지시해 결과를 얻을 수 있다. 이미지는 영어 프롬프트로만 그릴 수 있다.

③ 마이크 버튼 : 마이크 버튼을 클릭해 음성으로 텍스트를 입력할 수 있고 답변도 음성으로 들을 수 있다.

④ 이미지 첨부 : 이미지 파일을 업로드해 분석하거나 영수증 등의 이미지 내용을 표로 작성할 수도 있다.

⑤ 프롬프트 예시 : 화면 가운데 프롬프트 예시를 클릭해 실행할 수 있다.

⑥ 채팅 : 왼쪽에 채팅 이력이 남아있고, 필요에 따라 이어서 채팅하거나 채팅을 삭제할 수 있다.

⑦ 새채팅 : 대화의 주제나 맥락이 바뀔 경우 새채팅으로 대화를 새로 시작하는 것을 권장한다.

⑧ 도움말, 설정 : 도움말, 설정 및 확장 프로그램 등을 설정해 구글 Gemini를 더 편리하게 사용할 수 있다.

⑨ 답변 결과 : 구글 Gemini는 3개의 스타일로 제공한다. 답안1(창의적), 답안2(중립적), 답안3(전문적) 중 원하는 스타일의 결과를 활용하면 된다.

2) 구글 Gemini 프롬프트와 답변 예시

▣ 프롬프트

나는 농산물 생산 및 홍보마케팅으로 매출을 올려야 하는 농업인이야.
나의 목적을 잘 달성하는데 도움 되는 구글 gemini 기능에 대해 구체적으로 알려줘.

▣ 프롬프트 결과

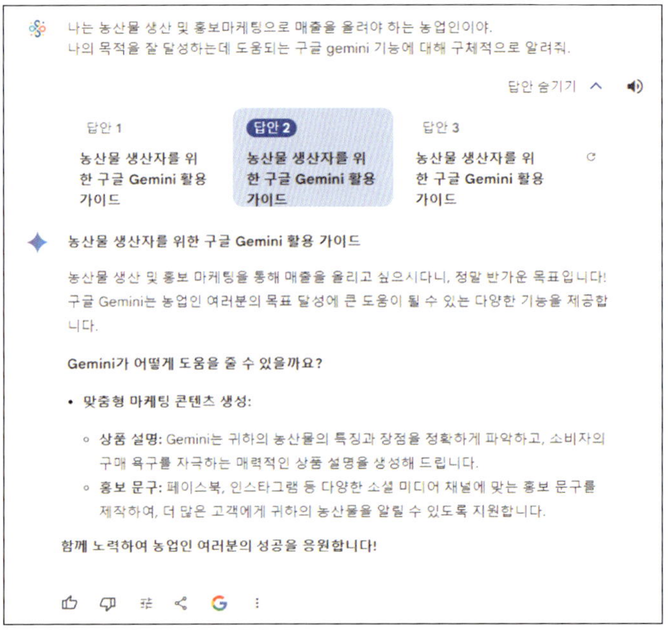

[그림47] 구글 Gemini 결과1

▣ 프롬프트

너는 한국의 농산물 홍보 마케팅 전문가 역할을 해줘.
구글 Gemini를 활용해 농산물 홍보마케팅을 위한 전략과 이미지를 만들기 위한 구글 Gemini에 적합한 최적의 텍스트와 이미지의 프롬프트 예시를 각각 5개 추천해서 표로 작성해줘.
이미지 프롬프트는 한글과 영어로 동시에 작성해줘.

▣ 프롬프트 결과

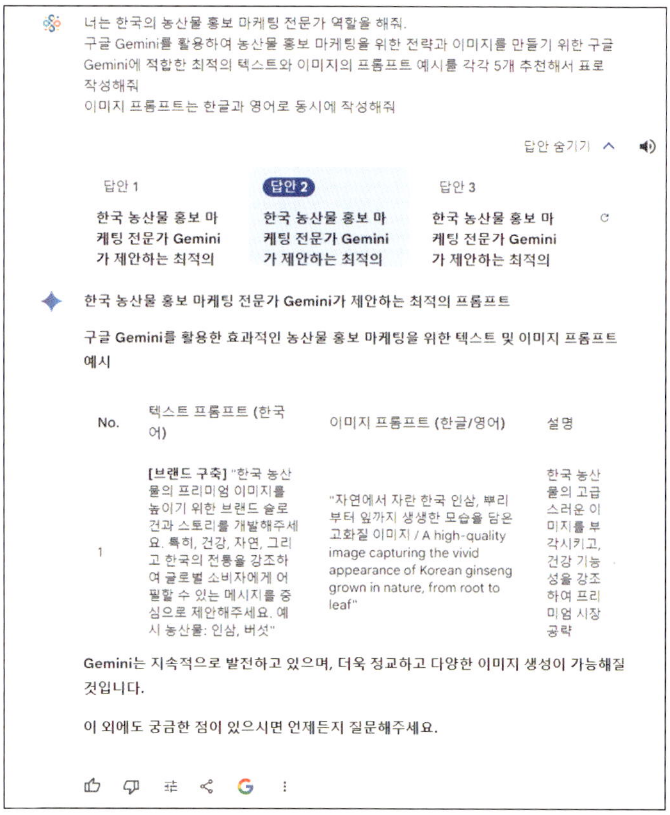
너는 한국의 농산물 홍보 마케팅 전문가 역할을 해줘.
구글 Gemini를 활용하여 농산물 홍보 마케팅을 위한 전략과 이미지를 만들기 위한 구글 Gemini에 적합한 최적의 텍스트와 이미지의 프롬프트 예시를 각각 5개 추천해서 표로 작성해줘
이미지 프롬프트는 한글과 영어로 동시에 작성해줘

답안 숨기기

답안 1 한국 농산물 홍보 마케팅 전문가 Gemini가 제안하는 최적의
답안 2 한국 농산물 홍보 마케팅 전문가 Gemini가 제안하는 최적의
답안 3 한국 농산물 홍보 마케팅 전문가 Gemini가 제안하는 최적의

한국 농산물 홍보 마케팅 전문가 Gemini가 제안하는 최적의 프롬프트

구글 Gemini를 활용한 효과적인 농산물 홍보 마케팅을 위한 텍스트 및 이미지 프롬프트 예시

No.	텍스트 프롬프트 (한국어)	이미지 프롬프트 (한글/영어)	설명
1	**[브랜드 구축]** "한국 농산물의 프리미엄 이미지를 높이기 위한 브랜드 슬로건과 스토리를 개발해주세요. 특히, 건강, 자연, 그리고 한국의 전통을 강조하여 글로벌 소비자에게 어필할 수 있는 메시지를 중심으로 제안해주세요. 예시 농산물: 인삼, 버섯"	"자연에서 자란 한국 인삼, 뿌리부터 잎까지 생생한 모습을 담은 고화질 이미지 / A high-quality image capturing the vivid appearance of Korean ginseng grown in nature, from root to leaf"	한국 농산물의 고급스러운 이미지를 부각시키고, 건강 기능성을 강조하여 프리미엄 시장 공략

Gemini는 지속적으로 발전하고 있으며, 더욱 정교하고 다양한 이미지 생성이 가능해질 것입니다.

이 외에도 궁금한 점이 있으시면 언제든지 질문해주세요.

[그림48] 구글 Gemini 결과2

3. 뤼튼(wrtn)

[그림49] 뤼튼(wrtn)로고

1) 뤼튼(wrtn) 사용법

① 구글 크롬 브라우저에서 '뤼튼(wrtn)'을 찾아 구글 계정으로 회원 가입 및 로그인한다(https://wrtn.ai/). 뤼튼(wrtn)은 누구나 무료로 사용할 수 있다.

② 목적에 따라 3가지(AI검색/AI이미지/AI과제와 업무) 중 하나를 선택하고 프롬프트 입력창에 프롬프트를 입력해 글쓰기, 요약, 번역, 표 작성 등을 지시해 결과를 얻을 수 있다. 이미지는 '~를 그려줘'라는 프롬프트에 의해서만 이미지를 그릴 수 있다.

③ 이미지 및 파일 첨부 : 'AI 과제와 업무'를 선택했을 때만 이미지 및 파일을 업로드해 분석, 요약 등의 대화를 할 수 있다.

④ 프롬프트 예시 : 화면 가운데 프롬프트 예시를 클릭해 실행할 수 있다.

⑤ 최근 기록 : 왼쪽에 채팅 이력이 남아있고, 필요에 따라 이어서 채팅하거나 채팅을 삭제 할 수 있다.

⑥ 캐릭터 챗, 스토어, 스튜디오, 프롬프트 공유 기능 등 다양한 목적에 맞는 기능들을 유용하게 활용할 수 있다.

- 캐릭터 챗 : 다양한 캐릭터와 대화할 수 있는 기능으로 특정 주제에 대한 정보나 조언을 받을 수 있다. 나의 캐릭터 챗GPT를 설정할 수도 있다.
- 스토어, 스튜디오 : 스튜디오에서 챗봇이나 툴을 만들어 스토어에 나만 사용하거나 공개해 다른 사람들이 사용할 수 있게 하는 기능이다. 오픈AI 챗GPT 유료 버전에서 가능한 나의 GPT 만들기와 유사한 기능이다.

- 프롬프트 공유 : 나의 프롬프트를 만들어 공유하거나 다른 사용자가 공개한 유용한 프롬프트를 사용할 수 있는 기능이다. 최적의 프롬프트 구성이 어려울 경우 공개된 프롬프트를 검색해 활용하는 것도 좋은 방법이다.

[그림50] 뤼튼(wrtn) 메인화면

2) 뤼튼(wrtn) 프롬프트와 답변 예시

▣ 프롬프트 (AI 과제와 업무)

나는 농산물 생산 및 홍보마케팅으로 매출을 올려야 하는 농업인이야.
나의 목적을 잘 달성하는데 도움되는 뤼튼(wrtn) 기능에 대해 구체적으로 알려줘.

▣ 프롬프트 결과

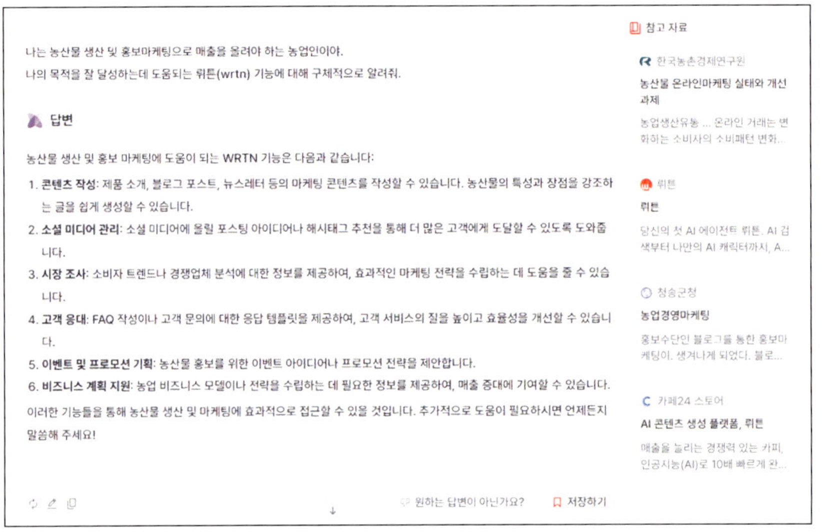

[그림51] 뤼튼(wrtn)결과1

▣ 프롬프트 (AI 과제와 업무)

너는 한국의 농산물 홍보마케팅 전문가 역할을 해줘.
뤼튼(wrtn)을 잘 활용해 농산물 홍보마케팅을 위한 전략과 이미지를 만들기 위한 최적의 텍스트와 이미지의 뤼튼(wrtn) 프롬프트 예시를 각각 5개 추천해서 표로 작성해줘.
이미지 프롬프트는 한글과 영어로 동시에 작성해줘.

▣ 프롬프트 결과

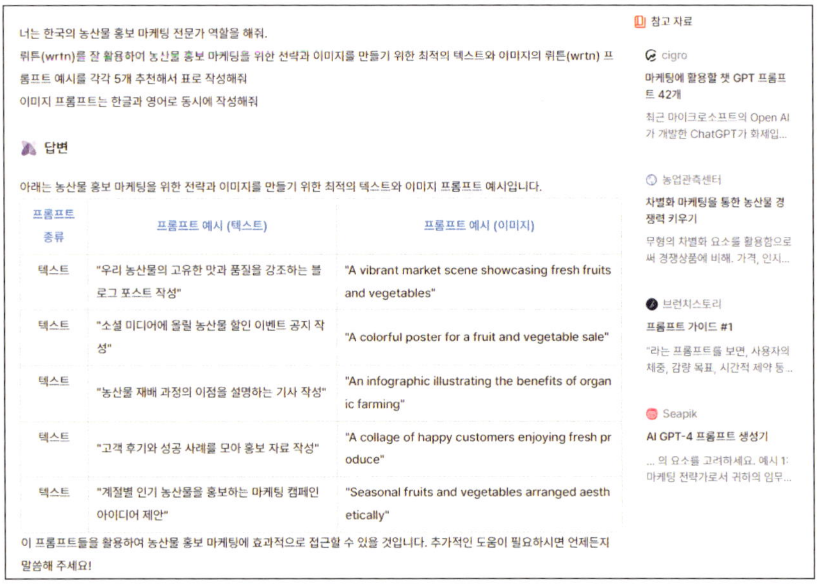

너는 한국의 농산물 홍보 마케팅 전문가 역할을 해줘.
뤼튼(wrtn)를 잘 활용하여 농산물 홍보 마케팅을 위한 선략과 이미지를 만들기 위한 최적의 텍스트와 이미지의 뤼튼(wrtn) 프롬프트 예시를 각각 5개 추천해서 표로 작성해줘
이미지 프롬프트는 한글과 영어로 동시에 작성해줘

답변

아래는 농산물 홍보 마케팅을 위한 전략과 이미지를 만들기 위한 최적의 텍스트와 이미지 프롬프트 예시입니다.

프롬프트 종류	프롬프트 예시 (텍스트)	프롬프트 예시 (이미지)
텍스트	"우리 농산물의 고유한 맛과 품질을 강조하는 블로그 포스트 작성"	"A vibrant market scene showcasing fresh fruits and vegetables"
텍스트	"소셜 미디어에 올릴 농산물 할인 이벤트 공지 작성"	"A colorful poster for a fruit and vegetable sale"
텍스트	"농산물 재배 과정의 이점을 설명하는 기사 작성"	"An infographic illustrating the benefits of organ ic farming"
텍스트	"고객 후기와 성공 사례를 모아 홍보 자료 작성"	"A collage of happy customers enjoying fresh pr oduce"
텍스트	"계절별 인기 농산물을 홍보하는 마케팅 캠페인 아이디어 제안"	"Seasonal fruits and vegetables arranged aesth etically"

이 프롬프트들을 활용하여 농산물 홍보 마케팅에 효과적으로 접근할 수 있을 것입니다. 추가적인 도움이 필요하시면 언제든지 말씀해 주세요!

참고 자료

cigro
마케팅에 활용할 챗 GPT 프롬프트 42개
최근 마이크로소프트의 Open AI가 개발한 ChatGPT가 화제입...

농업관측센터
차별화 마케팅을 통한 농산물 경쟁력 키우기
무형의 차별화 요소를 활용함으로써 경쟁상품에 비해, 가격, 인지...

브런치스토리
프롬프트 가이드 #1
"라는 프롬프트를 보면, 사용자의 체중, 감량 목표, 시간적 제약 등...

Seapik
AI GPT-4 프롬프트 생성기
... 의 요소를 고려하세요. 예시 1: 마케팅 전략가로서 귀하의 임무...

[그림52] 뤼튼(wrtn) 결과2

3) 뤼튼(wrtn) 프롬프트 공유

뤼튼(wrtn) 프롬프트 공유 기능은 최적의 프롬프트 작성이 어려울 때 공개돼 있는 프롬프트를 활용할 수 있는 기능이다.

[그림53] 뤼튼(wrtn) 프롬프트 공유

블로그 글쓰기 등 원하는 목적의 프롬프트를 검색해 클릭한 다음 '프롬프트 즐겨찾기'에 등록해놓거나 프롬프트 복사해 사용할 수 있는 기능이다.

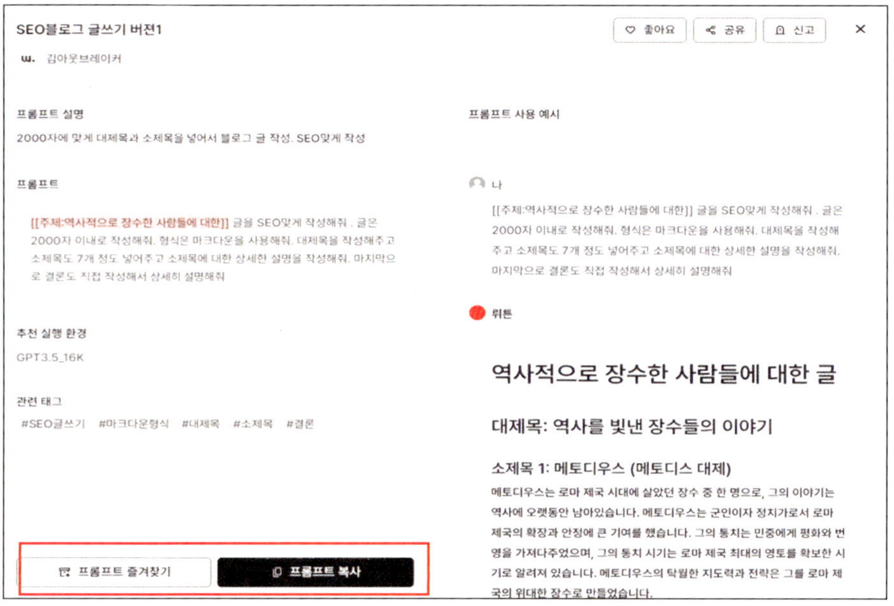

[그림54] 뤼튼(wrtn) 프롬프트 복사

4. 네이버 클로바 X

[그림55] 클로바 X 로고

1) 클로바 X 사용법

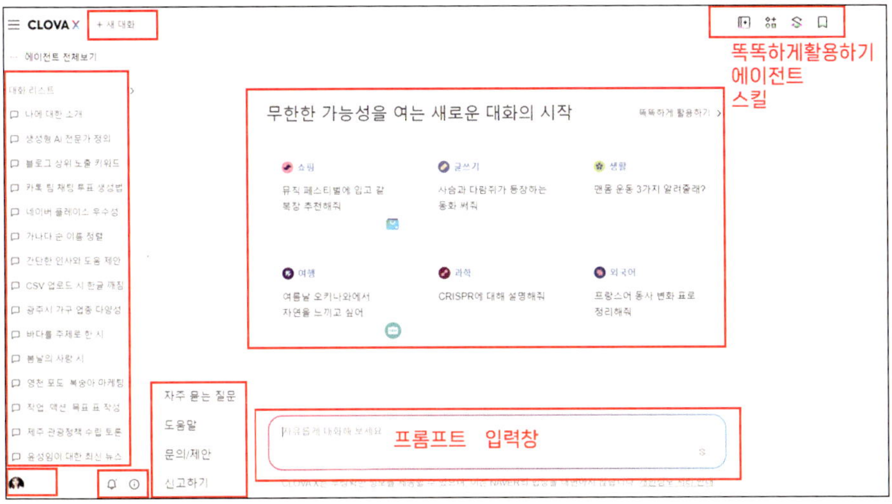

[그림56] 클로바 X 메인화면

① 구글 크롬 브라우저 또는 네이버 웨일 브라우저에서 클로바 X에 네이버 계정으로 회원 가입 및 로그인한다(https://clova-x.naver.com/). 네이버 클로바 X은 누구나 무료로 사용할 수 있다.

② 프롬프트 입력창 : 프롬프트를 입력해 글쓰기, 요약, 번역, 표 작성 등을 지시해 결과를 얻을 수 있다.

③ 프롬프트 예시 : 화면 가운데 프롬프트 예시를 클릭해 실행할 수 있다.

④ 똑똑하게 활용하기 : 공개돼 있는 다양한 프롬프트를 활용해 사용할 수 있다.

⑤ 에이전트 전체 보기

- AI 지우개 : 이미지에서 원하지 않은 부분을 자연스럽게 지우는 기능
- 문서 이해 도우미 : pdf, txt, hwp, docs 파일을 업로드 해 파일 내용 기반으로 요약 및 검색, 관련된 아이디어 제안 등을 얻을 수 있다.

⑥ 대화 리스트 : 왼쪽에 채팅 이력이 남아있고 필요에 따라 이어서 채팅하거나 채팅을 삭제할 수 있다.

⑦ 새대화 : 대화의 주제나 맥락이 바뀔 경우 새채팅으로 대화를 새로 시작하는 것을 권장한다.

⑧ 설정, 알림, 고객지원(도움말) : 설정 및 알림, 도움말 등을 통해 더 편리하게 사용할 수 있다.

2) 네이버 클로바 X 프롬프트와 답변 예시

▣ 프롬프트 (AI 과제와 업무)

나는 농산물 생산 및 홍보마케팅으로 매출을 올려야 하는 농업인이야.
나의 목적을 잘 달성하는데 도움되는 네이버 클로바 X 기능에 대해 구체적으로 알려줘.

▣ 프롬프트 결과

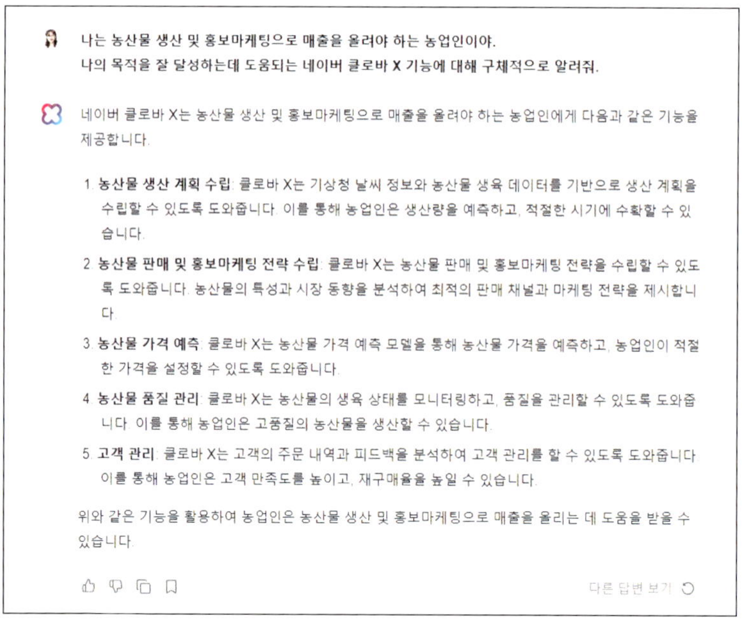

**나는 농산물 생산 및 홍보마케팅으로 매출을 올려야 하는 농업인이야.
나의 목적을 잘 달성하는데 도움되는 네이버 클로바 X 기능에 대해 구체적으로 알려줘.**

네이버 클로바 X는 농산물 생산 및 홍보마케팅으로 매출을 올려야 하는 농업인에게 다음과 같은 기능을 제공합니다.

1. **농산물 생산 계획 수립**: 클로바 X는 기상청 날씨 정보와 농산물 생육 데이터를 기반으로 생산 계획을 수립할 수 있도록 도와줍니다. 이를 통해 농업인은 생산량을 예측하고, 적절한 시기에 수확할 수 있습니다.
2. **농산물 판매 및 홍보마케팅 전략 수립**: 클로바 X는 농산물 판매 및 홍보마케팅 전략을 수립할 수 있도록 도와줍니다. 농산물의 특성과 시장 동향을 분석하여 최적의 판매 채널과 마케팅 전략을 제시합니다.
3. **농산물 가격 예측**: 클로바 X는 농산물 가격 예측 모델을 통해 농산물 가격을 예측하고, 농업인이 적절한 가격을 설정할 수 있도록 도와줍니다.
4. **농산물 품질 관리**: 클로바 X는 농산물의 생육 상태를 모니터링하고, 품질을 관리할 수 있도록 도와줍니다. 이를 통해 농업인은 고품질의 농산물을 생산할 수 있습니다.
5. **고객 관리**: 클로바 X는 고객의 주문 내역과 피드백을 분석하여 고객 관리를 할 수 있도록 도와줍니다. 이를 통해 농업인은 고객 만족도를 높이고, 재구매율을 높일 수 있습니다.

위와 같은 기능을 활용하여 농업인은 농산물 생산 및 홍보마케팅으로 매출을 올리는 데 도움을 받을 수 있습니다.

다른 답변 보기

[그림57] 클로바 X 결과1

▣ 프롬프트 (AI 과제와 업무)

너는 한국의 농산물 홍보 마케팅 전문가 역할을 해줘.
네이버 클로바 X를 잘 활용해 농산물 홍보마케팅을 위한 전략과 이미지를 만들기 위한 최적의 텍스트와 이미지의 네이버 클로바 X 프롬프트 예시를 각각 5개 추천해서 표로 작성해줘.
이미지 프롬프트는 한글과 영어로 동시에 작성해줘.

▣ 프롬프트 결과

너는 한국의 농산물 홍보 마케팅 전문가 역할을 해줘.
네이버 클로바 X를 잘 활용하여 농산물 홍보 마케팅을 위한 전략과 이미지를 만들기 위한 최적의 텍스트와 이미지의 네이버 클로바 X 프롬프트 예시를 각각 5개 추천해서 표로 작성해줘
이미지 프롬프트는 한글과 영어로 동시에 작성해줘

물론입니다! 농산물 홍보 마케팅을 위한 전략과 이미지를 만들기 위한 최적의 텍스트와 이미지의 네이버 클로바 X 프롬프트 예시를 각각 5개씩 추천해드리겠습니다.

전략 프롬프트	이미지 프롬프트 (한글/영어)
1. 농산물의 특징 강조	- "신선하고 건강한 농산물을 소개합니다!" / "Introducing fresh and healthy agricultural products!"
2. 농산물의 효능 강조	- "우리 농산물은 면역력 강화에 좋습니다!" / "Our agricultural products are good for boosting immunity!"
3. 농산물의 생산 과정 강조	- "정성껏 키운 농산물을 만나보세요!" / "Experience the carefully cultivated agricultural products!"
4. 농산물의 가격 경쟁력 강조	- "합리적인 가격의 농산물을 만나보세요!" / "Experience the affordable agricultural products!"
5. 농산물의 브랜드 이미지 강조	- "프리미엄 농산물 브랜드를 소개합니다!" / "Introducing a premium agricultural product brand!"

위의 프롬프트를 참고하여 농산물 홍보 마케팅 전략과 이미지를 만들어보세요. 네이버 클로바 X를 활용하여 더욱 효과적인 홍보 마케팅을 할 수 있습니다.

[그림58] 클로바 X 결과2

Ⅳ. AI마케팅 시작, 이미지 생성형AI 활용

1. 달리3(DALL·E 3)

'달리3'는 OpenAI가 개발한 최신 이미지 생성 모델로, 텍스트 설명을 기반으로 고품질의 이미지를 생성할 수 있다. 챗GPT 유료 버전에서 사용할 수 있으며 또한 MS Copilot과 MS 디자이너에서 무료로 사용할 수 있다.

생성형AI 활용으로 글쓰기, 이미지 제작 등의 우리의 일상과 업무 수행에 있어 패러다임 전환을 경험하는 취지에서 가능한 챗GPT-4o를 활용하는 방법을 설명하고자 한다.

1) 프롬프트 구조 및 예시

'챗GPT4o(omni)'를 활용해 아래와 같은 이미지 프롬프트 구조와 예시를 작성해보았다. 모든 프롬프트가 그렇듯 아래 제시한 프롬프트는 정답이 아닌 다양한 프롬프트 구조 중 하나의 참고 예시이고, 모든 요소가 필수적으로 구성돼야 하는 것도 아니다. 또한 아래와 같은 이미지 프롬프트 구조는 달리3 뿐만 아니라 대부분의 이미지 생성형 AI의 프롬프트도 아래의 프롬프트 구조를 참고해 목적에 맞는 결과를 얻기 위해 구체적으로 작성하면 된다.

(1) 프롬프트(챗GPT4o(omni))

너는 달리3 프롬프트 전문가 역할을 해줘.
사용자가 원하는 이미지를 생성하기 위한 달리3의 구체적인 프롬프트 구성 요소 및 설명, 프롬프트 예시(한글과 영문)를 표로 작성해줘.
요소의 중요도 순으로 내림차순으로 정렬해주고 앞에 순번을 추가해줘.

(2) 프롬프트 결과

순번	구성 요소	설명	프롬프트 예시 (한글)	프롬프트 예시 (영문)
1	주요 주제 (Primary Subject)	이미지에서 가장 중요한 주제나 객체를 설명함. 반드시 구체적으로 작성함.	푸른 하늘 아래에 있는 고대 성	A medieval castle under a blue sky
2	스타일 (Style)	원하는 이미지의 스타일이나 분위기를 설명함. 예술적 스타일, 사진 스타일, 애니메이션 등으로 구체화함.	고딕 양식, 어두운 톤, 세피아 사진	Gothic style, dark tones, sepia photograph
3	배경 (Background)	이미지의 배경 요소를 설명함. 주요 주제를 강조하거나 장면의 분위기를 설정하는 데 사용됨.	산이 있는 배경, 흐린 날씨	A mountainous background with cloudy weather
4	색상 (Colors)	이미지에서 사용하고자 하는 주요 색상이나 색 조합을 설명함.	밝은 노란색과 파란색이 조화를 이루는 색상 팔레트	A color palette with bright yellows and blues
5	조명 (Lighting)	이미지에서 빛의 방향이나 강도, 분위기를 설명함.	따뜻한 황혼빛이 배경을 비추는	Warm twilight lighting illuminating the background

[그림59] 프롬프트 구조 및 예시1

순번	구성 요소	설명	프롬프트 예시 (한글)	프롬프트 예시 (영문)
6	구도 (Composition)	이미지에서 객체들이 배치되는 방식을 설명함. 구체적인 각도, 원근법, 프레임 구성을 포함할 수 있음.	주요 객체가 가운데에 배치된 정중앙 구도	Central composition with the main subject in the center
7	세부사항 (Details)	주제와 관련된 세부적인 특징이나 특성을 설명함. 디테일이 중요한 경우에 사용됨.	성의 벽에 아이비가 자라있는 모습	Ivy growing on the castle walls
8	감정/분위기 (Mood)	이미지가 전달하고자 하는 감정이나 분위기를 설명함.	신비롭고 장엄한 분위기	A mysterious and majestic mood
9	특정 요소 추가 (Additional Elements)	추가적으로 포함하고 싶은 객체나 요소를 설명함.	성 앞에 있는 작고 깨끗한 호수	A small, pristine lake in front of the castle
10	해상도/비율 (Resolution/Aspect Ratio)	이미지의 해상도나 가로세로 비율을 명시함.	1920x1080 해상도, 16:9 비율	1920x1080 resolution, 16:9 aspect ratio

[그림60] 프롬프트 구조 및 예시2

2) 이미지 스타일 예시

▣ 프롬프트 (챗GPT4o(omni))

너는 이미지 콘텐츠 제작 전문가 역할을 해줘.
이미지 제작 프롬프트의 요소인 스타일의 종류(한글,영어), 설명, 효과적인 활용 예시에 대해 표 형식으로 작성해줘.

▣ 프롬프트 결과

순번	종류 (한글)	종류 (영어)	설명	효과적인 활용 예시
1	사진	Photographic	현실적인 묘사와 디테일이 강조되는 스타일로, 실제 사진과 유사하게 표현함.	제품 사진, 농산물 홍보, 인물 사진
2	일러스트	Illustration	그래픽이나 그림처럼 표현하는 스타일로, 캐릭터 디자인이나 개념 표현에 적합함.	어린이 책 삽화, 광고 포스터, 브랜드 캐릭터
3	애니메이션	Animation	만화나 애니메이션 같은 느낌을 주는 스타일로, 움직임과 감정을 과장되게 표현함.	캐릭터 마케팅, 동화 제작, 게임 그래픽
4	미니멀리즘	Minimalism	단순함과 간결함을 강조한 스타일로, 불필요한 요소를 제거하여 핵심에 집중함.	로고 디자인, 인포그래픽, 제품 포장
5	레트로	Retro	과거의 디자인 요소를 재해석한 스타일로, 복고풍의 분위기를 연출함.	패션 광고, 빈티지 포스터, 브랜드 리브랜딩

[그림61] 이미지 스타일 예시1

순번	종류 (한글)	종류 (영어)	설명	효과적인 활용 예시
6	수채화	Watercolor	수채화 기법을 활용하여 부드럽고 자연스러운 색감과 흐름 효과를 강조함.	예술 포스터, 자연 풍경, 감성적인 광고
7	팝 아트	Pop Art	대중문화와 상업적 이미지에서 영감을 얻은 스타일로, 강렬한 색상과 대조를 특징으로 함	패션 브랜드 캠페인, 대중문화 이벤트, 창의적 포스터
8	고딕	Gothic	어둡고 중세적인 분위기를 강조한 스타일로, 웅장하고 신비로운 느낌을 줌.	영화 포스터, 판타지 소설 커버, 이벤트 포스터
9	평면 디자인	Flat Design	3D 효과 없이 평면적인 요소로 구성된 스타일로, 간결하고 현대적인 느낌을 줌.	앱 인터페이스 디자인, 웹사이트 디자인, 프레젠테이션 슬라이드
10	스케치	Sketch	연필이나 펜으로 스케치한 것 같은 느낌을 주는 스타일로, 초안이나 개념 표현에 적합함.	개념 아트, 캐릭터 디자인 초안, 건축 스케치

[그림62] 이미지 스타일 예시2

3) 이미지 프롬프트 예시

달리3는 챗GPT-4o(유료) 버전에서 사용 가능하므로 챗GPT-4o에 다음과 같은 프롬프트를 활용해 내가 원하는 이미지를 생성하기 위한 프롬프트를 추천해달라고 할 수 있다.

▣ 프롬프트(챗GPT4o(omni))

너는 농산물 홍보마케팅 전문가 역할을 해줘.
나는 한국의 농산물 생산 및 홍보 마케팅으로 매출을 올려야 하는 사과농장을 운영하는 농업인이야.
농산물 생산부터 판매하는 모습 등 다양한 농업인의 일상을 담은 홍보 이미지를 제작해야 해.
스타일, 색상, 조명, 구도 등 권장하는 달리3 프롬프트 구조를 최대한 구체화해 달리3 프롬프트 10개를 추천해줘.
순번, 프롬프트(한글), 프롬프트(영어)로, 표 형식으로 해줘.

▣ 프롬프트 결과

순번	프롬프트 예시 (한글)	프롬프트 예시 (영문)
1	따뜻한 햇살 아래에서 빨간 사과를 따는 농부, 자연스러운 색감, 중심에 사과나무 배치	A farmer picking red apples under warm sunlight, natural color palette, apple tree centered
2	이른 아침 안개 속 사과밭의 풍경, 부드러운 빛과 차분한 색조	A landscape of an apple orchard in early morning fog, soft light, and calm tones
3	잘 익은 사과가 가득한 바구니를 들고 있는 농부의 손, 배경은 흐릿하게 처리된 사과밭	A farmer's hand holding a basket full of ripe apples, blurred apple orchard in the background
4	노을이 질 때 사과밭에서 일하는 농부들, 따뜻한 오렌지 색조, 섬세한 디테일	Farmers working in the apple orchard at sunset, warm orange tones, delicate details
5	푸른 하늘 아래 사과나무에 달린 싱싱한 사과들, 선명한 색감과 밝은 분위기	Fresh apples hanging on an apple tree under a clear blue sky, vivid colors, and bright atmosphere

[그림63] 홍보 이미지 프롬프트 예시

4) 달리3 이미지 그리기

원하는 이미지를 생성하기 위한 임의의 프롬프트를 입력해도 되고 위에서 추천받은 프롬프트를 활용해 이미지를 그려보자. 달리3는 프롬프트가 한글, 영어 모두 가능하다.

▣ 프롬프트(챗GPT4o(omni))

아래 프롬프트의 이미지를 그려줘.
따뜻한 아침 햇살이 비추는 사과밭에서 빨간 사과를 수확하는 농부의 모습, 자연스러운 색감과 밝은 조명을 활용한 사진 스타일.
인물은 모두 한국 사람으로.

[그림64] 달리3 이미지 그리기

[그림64]와 같이 달리3는 ChatGPT-4o(유료), MS Copilot과 MS 디자이너에서 자연어 방식의 프롬프트를 활용해 다양한 고품질의 이미지를 생성할 수 있다. 또한 ChatGPT-4o 등 다양한 텍스트 생성형 AI 서비스에게 이미지 프롬프트를 추천받아 이미지를 생성해 다양한 목적에 맞게 활용할 수 있다.

2. MS 디자이너

MS 디자이너는 OpenAI가 개발한 최신 이미지 생성 모델인 달리3 모델이 적용된 이미지 생성형 AI 서비스이다. 달리3 모델은 챗GPT 유료 버전에서 사용할 수 있는 반면, MS Copilot과 MS 디자이너에서는 무료로 사용할 수 있다.

1) MS 디자이너 기능

MS 디자이너의 기능은 AI로 만들기, AI로 편집하기, 처음부터 디자인하기로 구성돼 있다.

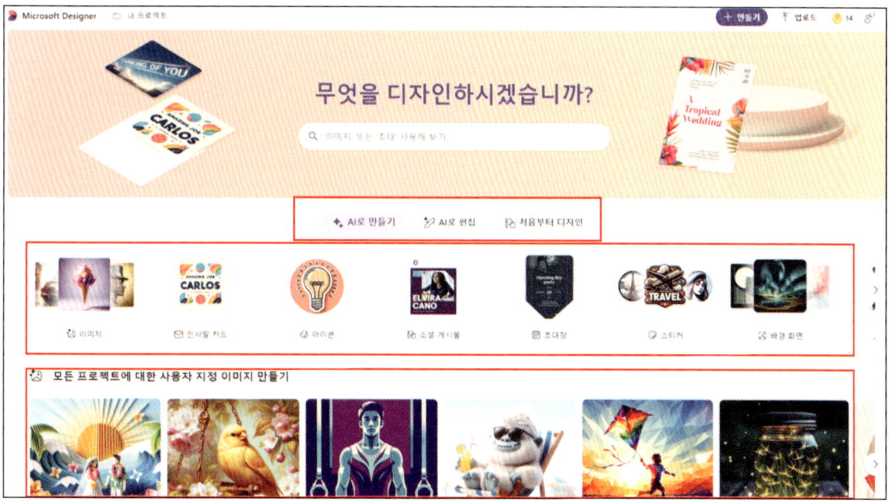

[그림65] MS 디자이너 홈 화면

2) MS 디자이너 사용법

① 구글이나 엣지 브라우저에서 MS 디자이너에 MS 계정으로 로그인한다(https://designer.microsoft.com/).

② 만들고 싶은 이미지 종류를 선택하거나 쇼케이스에서 원하는 이미지를 클릭하면 프롬프트를 수정해 새로운 이미지를 생성할 수 있다.

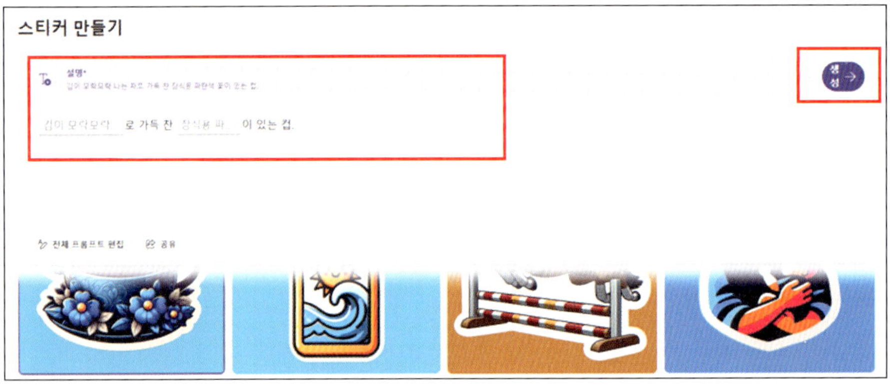

[그림66] MS 디자이너-이미지 생성

3. Adobe Firefly

Adobe Firefly는 매월 20크레딧으로 20번의 무료 이미지를 만들 수 있다.
한글, 영어 프롬프트 모두 가능하다.

① 먼저, Adobe Firefly(https://firefly.adobe.com/)에 크롬 브라우저에서 구글 계정으로 회원 가입 및 로그인한다.

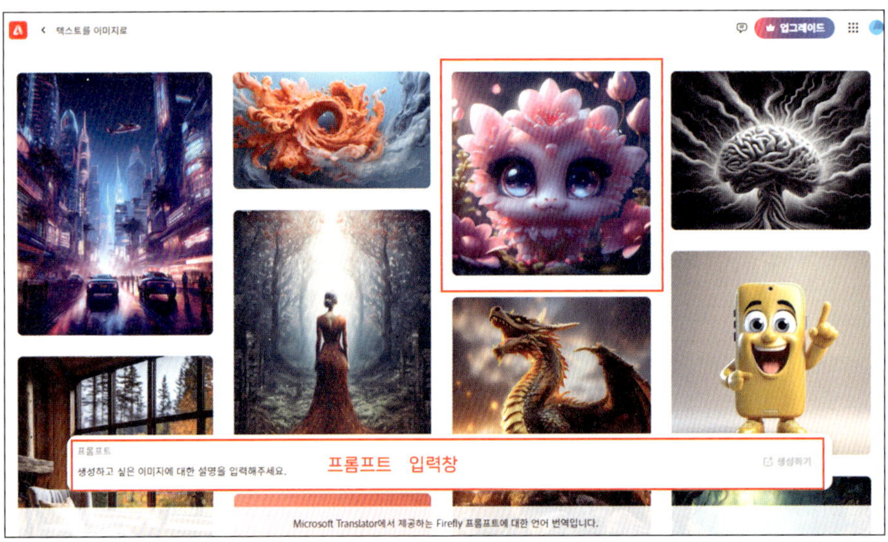

[그림67] Adobe Firefly 메인 화면

② 화면에 보이는 이미지를 클릭하거나 프롬프트 입력창에 프롬프트를 입력하면 이미지 생성 화면으로 이동한다.

[그림68] Adobe Firefly 이미지 생성하기

③ 왼쪽 메뉴에서 모델, 가로 세로 비율, 콘텐츠 유형, 구성, 스타일, 효과, 색상 및 톤, 조명, 카메라 각도 등을 설정해 프롬프트를 완성한 후 '프롬프트 실행'을 클릭하면 이미지가 생성된다.

4. 클립드랍(ClipDrop)

클립드랍(ClipDrop)은 이미지를 편집하는 대표적인 이미지 편집 AI도구이다.

1) 클립드랍(ClipDrop) 기능

주요 기능은 이미지 생성, 부분 제거, 배경 제거 및 변경, 이미지 업스케일러, 이미지 리사이즈 등 다양한 기능이 있다.

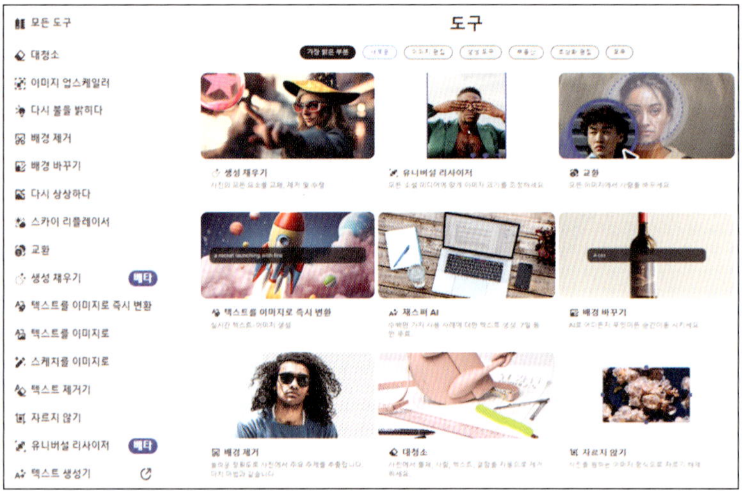

[그림69] 클립드랍 기능

2) 클립드랍(ClipDrop) 사용법

① 먼저, 구글 크롬 브라우저에서 구글 계정으로 ClipDrop에 회원 가입 및 로그인한다(https://clipdrop.co/).

② ClipDrop(클립드랍)은 유료 기능과 무료 기능이 있다. 또한 각 기능마다 사용법이 잘 설명돼 있고, 또한 다른 이미지 생성 AI 도구 사용법과 유사하므로 대표적으로 아래의 기능 사용법만 살펴보자.

3) Uncrop

① 원하는 이미지를 업로드한다.

[그림70] Uncrop-이미지 업로드

② 업로드한 이미지나 캔버스 사이즈를 조정한 후 [Next] 버튼을 클릭하면 빈 공간을 자연스럽게 아웃 페인팅 기법으로 캔버스 사이즈에 맞게 이미지 4장이 생성된다. 맘에 드는 이미지를 선택한 후 'Download' 하면 된다.

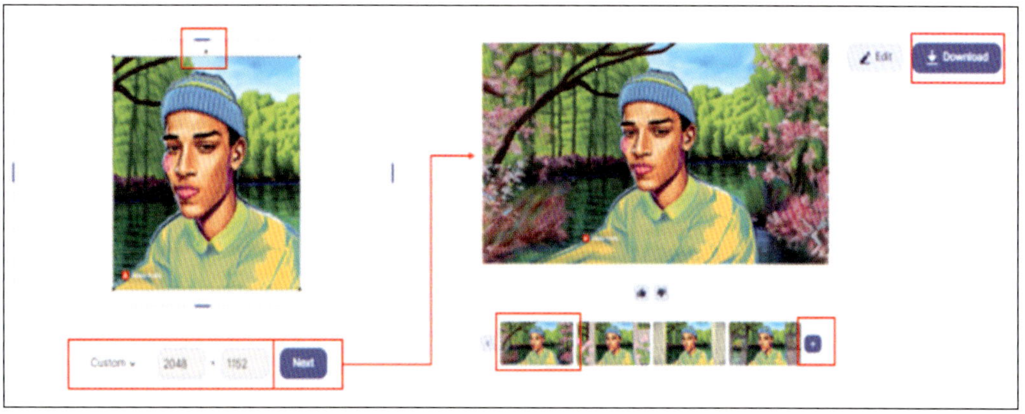

[그림71] Uncrop-이미지 생성

4) Cleanup

① Uncrop 기능처럼 원하는 이미지를 업로드한 후 원하는 브러쉬 사이즈를 선택한다.

② 브러쉬로 지우고 싶은 부위를 선택한 후

③ 'Clean'을 클릭하면 선택했던 부위가 지워지고 인페인팅으로 채워진 새로운 이미지가 생성된다.

④ 생성된 이미지를 'Download'를 클릭해 다운로드할 수 있고 'Edit'를 클릭해 추가 편집할 수 있다.

[그림72] Cleanup-이미지 생성

5) SWAP

변경하고 싶은 이미지의 템플릿을 선택한 다음 새로운 얼굴 이미지를 업로드하면 얼굴 부분이 업로드한 인물 이미지로 변경된다.

[그림73] SWAP-이미지 생성

5. ideogram

'ideogram'은 이미지에 영문 텍스트를 비교적 잘 추가해주는 장점으로 인기가 많은 생성형 AI 서비스이다. ideogram에서는 영어 프롬프트 사용하는 것을 권장한다.

1) ideogram 사용법

① 먼저, 구글 크롬 브라우저에서 구글 계정으로 ideogram에 회원 가입 및 로그인한다(https://ideogram.ai/).

② 프롬프트 입력창에 직접 프롬프트를 입력하거나 예시 이미지를 클릭해 프롬프트를 수정해 활용할 수 있다.

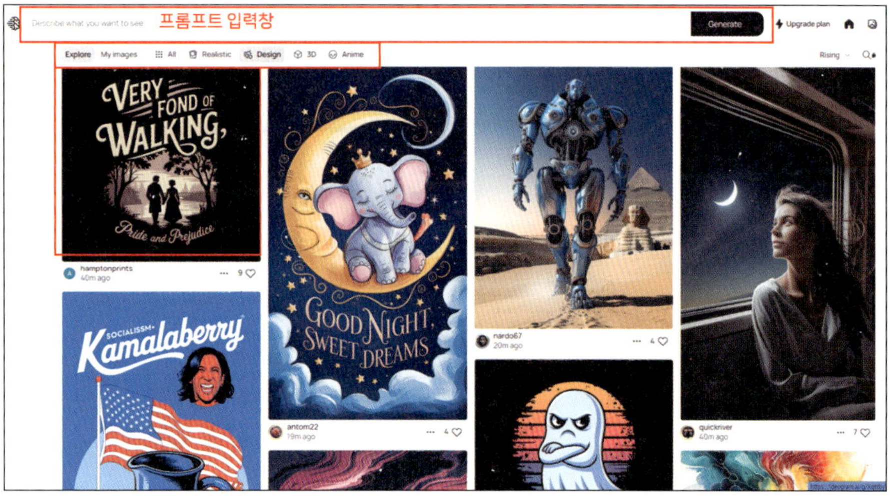

[그림74] ideogram 홈화면

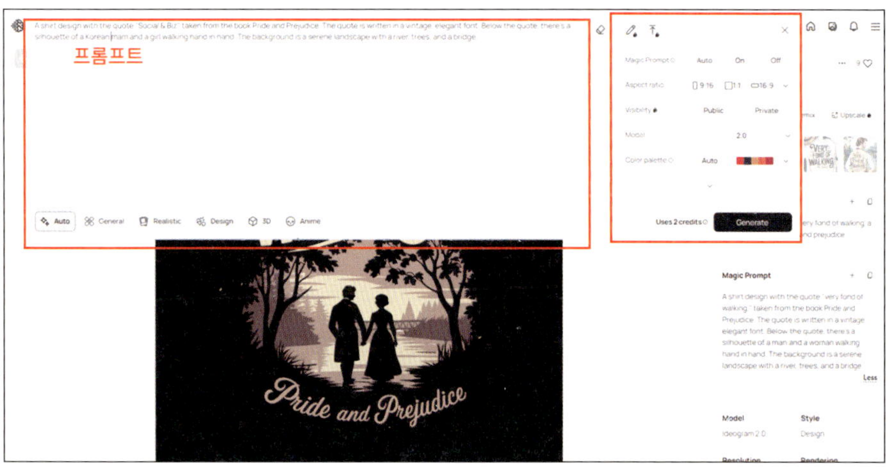

[그림75] ideogram-이미지 생성

③ 예시 이미지의 프롬프트나 매직 프롬프트를 수정하고 해상도, 공개 여부, 모델, 컬러 등을 선택해 새로운 이미지를 생성할 수 있다.

[그림76] ideogram-이미지 생성

④ [그림76]은 프롬프트를 약간 수정해 다시 생성한 이미지이다. 텍스트가 정확한 철자로 추가돼 있는 것을 확인할 수 있다.

2) 프롬프트 작성 Tip

직접 구체적인 프롬프트를 입력해야 할 때는 ChatGPT, MS Copilot, 구글 Gemini 등 텍스트형 생성형 AI에게 '타이포그래픽 스타일'의 프롬프트를 추천해달라고 해 활용하는 것도 하나의 방법이다.

▣ 프롬프트(ChatGPT-4o)

한국 농산물과 연관된 5종의 제품 로고 만들 프롬프트를 추천해 줘.
타이포그래피 스타일로. 각각 영어와 한글 프롬프트로.

▣ 프롬프트 결과

• 김치(Kimchi)

한글 프롬프트: '김치의 발효된 풍미를 나타내는 타이포그래피 로고. 전통적인 한글 서체를 활용해 자연스러운 곡선과 활력을 강조하며, 붉은색과 오렌지색 톤을 포함합니다.'

영어 프롬프트: 'Typography logo representing the fermented flavor of Kimchi. Utilize traditional Korean script with natural curves and vitality, incorporating shades of red and orange.'

• 고구마(Sweet Potato)

한글 프롬프트: '고구마의 달콤하고 부드러운 이미지를 반영하는 타이포그래피 로고. 친근하고 따뜻한 느낌을 주는 손글씨 스타일의 한글을 사용하고, 따뜻한 갈색과 주황색 톤을 강조합니다.'

영어 프롬프트: 'Typography logo reflecting the sweet and soft image of sweet potatoes. Use a friendly, handwritten Korean script with warm brown and orange tones.'

• 쌀(Rice)

한글 프롬프트: '쌀의 순수함과 한국 전통 농업의 가치를 담은 타이포그래피 로고. 깨끗하고 간결한 한글 서체를 사용하며, 밝은 흰색과 연한 녹색을 포함합니다.'

영어 프롬프트: 'Typography logo embodying the purity of rice and the value of traditional Korean agriculture. Use a clean and minimal Korean script with bright white and light green accents.'

• 유자(Yuzu)

한글 프롬프트: '유자의 상큼함과 독특한 향을 강조하는 타이포그래피 로고. 신선한 느낌을 주는 둥근 한글 서체를 사용하고, 노란색과 연두색을 중심으로 디자인합니다.'

영어 프롬프트: 'Typography logo highlighting the tangy and unique aroma of yuzu. Use a fresh and rounded Korean script with a focus on yellow and light green hues.'

• 청포도(Green Grape)

한글 프롬프트: '청포도의 신선함과 달콤함을 표현하는 타이포그래피 로고. 생동감 있는 한글 서체를 활용해 밝고 시원한 느낌을 전달하며, 연한 초록색과 흰색을 포함합니다.'

영어 프롬프트: 'ypography logo expressing the freshness and sweetness of green grapes. Use a lively Korean script to convey a bright and refreshing feel, incorporating light green and white tones.'

Epilogue

생성형 AI와 함께하는 미래, 그 너머를 향해

이제 우리는 챗GPT와 생성형 AI에 대한 기본 활용법을 알아보았다. 챗GPT는 단순한 도구를 넘어, 인간의 삶을 더욱 풍요롭게 하고 창의적인 가능성을 확장할 수 있는 파트너로 자리매김할 수 있는 잠재력을 갖고 있다.

이 책에서 다룬 내용은 생성형 AI 기술의 현재 상태와 그 활용 방안에 대한 것이었으나, 앞으로의 변화는 훨씬 더 빠르고 광범위하게 다가올 것이다. 생성형 AI와 같은 기술은 계속해서 발전하며, 그 응용 범위 또한 지금보다 훨씬 넓어질 것이다.

상상해보라. 미래에는 개인화된 창작 도우미, 맞춤형 콘텐츠 생성기, 창의적인 파트너로서 AI가 우리 곁에 존재할 것이다. 인공지능은 이제 단순한 도구가 아니라, 창작의 새로운 동반자가 되고 있다.

그러나 이와 동시에 우리는 인공지능이 가져올 윤리적, 사회적 도전에 대해서도 깊이 생각해야 한다. 생성형 AI는 그 자체로 중립적이지만, 그 사용 방식에 따라 인간 사회에 긍정적인 영향을 미칠 수도, 부정적인 영향을 미칠 수도 있다. AI가 편견을 재생산하거나, 잘못된 정보가 확산되는 데 기여할 위험성을 우리는 결코 간과할 수 없다.

또한 AI가 생성한 콘텐츠의 소유권, 책임 문제 등 새로운 법적, 윤리적 문제들이 대두될 것이다.

그렇다면 우리는 어떻게 해야 할까? 우리는 AI와 함께하는 미래를 지혜롭게 준비해야 한다. 이를 위해서는 기술에 대한 깊은 이해뿐만 아니라, 그 기술이 사회에 미치는 영향에 대한 성찰이 필요하다.

이 책은 챗GPT와 생성형 AI라는 혁신적인 도구를 소개하며, 독자 여러분이 이 도구들을 올바르게 활용할 수 있도록 돕고자 했다. 그러나 여기서 멈추지 않고, 우리는 AI와 인간이 조화롭게 공존할 수 있는 방법을 모색해야 한다.

2

프롬프트 엔지니어링 기법,
질문을 잘해야 답이 잘 나온다!

최재용

제2장

프롬프트 엔지니어링 기법, 질문을 잘해야 답이 잘 나온다!

Prologue

우리는 질문의 시대에 살고 있다. 과거에는 정보의 부족함이 문제였다면, 이제는 넘쳐나는 정보 속에서 원하는 답을 찾아내는 것이 더 큰 도전이다. 디지털 혁명이 가져온 정보의 홍수 속에서 우리는 정확하고 유용한 답을 찾기 위해 '질문하는 기술'을 새롭게 배워야 한다. 바로, '프롬프트 엔지니어링(Prompt Engineering)'의 시대가 열린 것이다.

프롬프트 엔지니어링은 단순히 질문을 던지는 것이 아니다. 그것은 지능형 시스템과 효과적으로 소통하기 위한 전략적 접근이며, 원하는 정보를 명확하고 신속하게 얻기 위한 예술이다. 우리는 종종 좋은 답을 얻지 못할 때 그 이유를 시스템의 한계나 성능 문제로 돌리곤 한다. 그러나 종종 문제는 그 질문, 즉 우리가 시스템에 던진 프롬프트에 있다. 잘못된 질문은 잘못된 답을 낳기 마련이다.

이 장에서는 프롬프트 엔지니어링의 중요성과 그 기법에 관해 탐구하고자 한다. 단순히 '무엇을 물을 것인가'를 넘어서 '어떻게 물을 것인가'에 대한 깊은 이해를 제공하는 것이 목표다. 그 과정에서 질문을 통해 더 나은 답을 이끌어내는 법, 정보의 바다에서 보물을 찾아내는 법을 함께 배우게 될 것이다.

세상은 여전히 질문하는 자의 것이다. 하지만 이제 우리는 더나은 질문을 던질 준비가 돼 있어야 한다. 질문이 곧 답인 시대, 이제 당신의 질문을 한 단계 더 높여보자.

프롬프트 엔지니어링의 문을 열며, 새로운 가능성의 세계로 함께 떠나보자.

Ⅰ. 프롬프트

1. 프롬프트의 중요성

1) 프롬프트란 무엇인가?

'프롬프트'는 다양한 맥락에서 사용될 수 있는 용어로, 일반적으로는 특정한 반응이나 행동을 유도하기 위해 제시되는 지시나 질문, 또는 문장을 의미한다. 특히 인공지능(AI)과 관련된 문맥에서의 프롬프트는 AI 모델에게 특정한 작업을 수행하거나 정보를 제공하도록 요청하는 텍스트나 명령을 뜻한다.

인공지능, 특히 GPT-4와 같은 언어 모델에서 프롬프트는 모델이 텍스트를 생성하는 출발점이 된다. 사용자가 입력하는 프롬프트에 따라 AI는 다양한 텍스트 응답을 생성할 수 있다. 예를 들어, '세계 대전의 주요 원인들을 설명해 주세요'라는 프롬프트를 입력하면 AI는 역사적 사건에 대한 자세한 설명을 아래와 같이 제공한다.

〈GPT-4 답변〉

세계 대전의 주요 원인은 여러 가지가 있습니다. 여기서는 제1차 세계 대전과 제2차 세계 대전의 주요 원인을 간략히 설명해 드릴게요.

제1차 세계 대전 (1914-1918)

- 제국주의: 유럽 열강들이 아프리카와 아시아에서 식민지를 확장하려는 경쟁이 심화 되었습니다.

- 민족주의: 각국의 민족주의가 고조되면서 서로의 영토와 권리를 주장하는 갈등이 발생했습니다.
- 군비 경쟁: 독일, 영국, 프랑스 등 주요 국가들이 군사력을 증강시키며 긴장이 고조되었습니다.
- 동맹 체제: 유럽 국가들이 서로 동맹을 맺으면서, 한 국가의 분쟁이 전체로 확산될 위험이 커졌습니다.
- 사라예보 사건: 1914년 오스트리아-헝가리 제국의 왕위 계승자 프란츠 페르디난트 대공이 세르비아 민족주의자에게 암살당한 사건이 직접적인 계기가 되었습니다.

제2차 세계 대전 (1939-1945)

- 베르사유 조약: 제1차 세계 대전 후 체결된 베르사유 조약이 독일에 과도한 부담을 주면서 불만이 쌓였습니다.
- 경제 대공황: 1930년대의 경제 대공황이 전 세계적으로 경제적 불안정을 초래했습니다.
- 전체주의 정권의 등장: 독일의 나치즘, 이탈리아의 파시즘, 일본의 군국주의 등 전체주의 정권이 등장하면서 침략적인 외교 정책을 펼쳤습니다.
- 영토 확장: 독일, 이탈리아, 일본 등이 영토 확장을 위해 군사적 행동을 감행했습니다.
- 국제 연맹의 실패: 국제 연맹이 침략을 막지 못하면서 전쟁을 예방하는 데 실패했습니다.

프롬프트의 형태와 내용에 따라 AI 모델이 생성하는 텍스트의 정확성, 관련성 그리고 창의성이 크게 달라질 수 있다. 따라서 효과적인 프롬프트 작성은 AI 활용에서 매우 중요한 기술로 여겨진다.

2) 프롬프트의 주요 기능 및 유형

(1) 지시 및 유도

프롬프트는 사용자나 시스템에게 특정 작업을 수행하도록 지시하거나 유도하는 역할을 한다. 예를 들어, 질문을 통해 사용자가 정보를 제공하거나 AI 모델이 특정 방식으로 응답하도록 유도할 수 있다.

(2) 맥락 제공

프롬프트는 주어진 작업이나 문제에 대한 맥락을 제공해 반응이나 행동이 그 맥락에 맞게 이뤄지도록 도와준다. 이를 통해 보다 적절한 답변이나 결과를 얻을 수 있다.

(3) 제한 및 구조 제공

프롬프트는 때때로 사용자가 제공하는 응답이나 결과에 구조를 제공해 응답이 특정 형식이나 내용에 맞게 제한될 수 있도록 한다. 예를 들어, '다음 문장을 완성하세요'와 같은 프롬프트는 사용자가 지정된 형식에 따라 응답하도록 한다.

(4) 프롬프트의 유형

① 질문형 프롬프트

'어떻게 생각하세요?' 또는 '다음의 내용을 설명해 주세요.'와 같이, 사용자의 의견이나 정보를 묻는 형식의 프롬프트다.

② 지시형 프롬프트

'이 문제를 해결하세요.' 또는 '다음 단어를 사용해 문장을 만드세요.'와 같이 특정 작업을 지시하는 프롬프트다.

③ 정보 제공형 프롬프트

'이 데이터 세트에서 주요 통계를 제시해 주세요.'처럼, 주어진 데이터를 분석하거나 정보를 제공하도록 요청하는 프롬프트다.

④ 완성형 프롬프트

완성형 프롬프트는 사용자가 시작한 문장이나 이야기를 AI가 완성하도록 요청하는 유형이다. 이 유형은 창의적인 글쓰기, 스토리텔링, 시나리오 작성 등에서 주로 사용된다. 완성형 프롬프트는 AI의 창의력을 활용해 사용자에게 새로운 아이디어나 내용을 제공하는 데 효과적이다.

(예) 옛날 옛적에, 작은 마을에 용감한 기사가 살고 있었습니다. 그는….
회의 중에 상사는 갑자기 자리에서 일어나더니, '우리는 반드시…'라고 말했다.

이와 같은 프롬프트는 AI가 스토리를 이어나가도록 유도하며 창의적인 작업에서 유용하게 활용될 수 있다.

⑤ 선택형 프롬프트

선택형 프롬프트는 사용자가 여러 가지 선택지 중 하나를 선택하도록 유도하는 유형이다. 이 유형은 설문 조사, 의사결정 지원, 사용자 선호도 파악 등에 활용될 수 있다. 선택형 프롬프트는 명확한 구조를 갖고 있어 사용자가 선택할 수 있는 옵션을 제시함으로써 AI가 더 정밀하게 답변을 제공할 수 있게 한다.

(예) 다음 중 가장 선호하는 색상을 선택하세요: 빨강, 파랑, 녹색
당신은 주로 어떤 시간 대에 운동을 하나요? 아침, 오후, 저녁.

이러한 프롬프트는 AI가 사용자의 선택에 따라 맞춤형 응답을 제공할 수 있게 하며 의사결정 과정에서 활용도가 높다.

⑥ 가이드형 프롬프트

가이드형 프롬프트는 사용자가 특정 작업을 단계별로 수행할 수 있도록 안내하는 유형이다. 이 유형의 프롬프트는 사용자가 복잡한 문제를 해결하거나 새로운 기술을 배우는 과정에서 도움이 된다. 가이드형 프롬프트는 단계적인 지침을 제공해, 사용자가 차근차근 작업을 완료할 수 있도록 도와준다.

(예) 웹사이트를 개발하기 위한 첫 번째 단계는 무엇인가요? 그 다음은?
효과적인 시간 관리를 위한 주요 단계를 설명해 주세요.

가이드형 프롬프트는 사용자가 복잡한 작업을 보다 쉽게 이해하고 수행할 수 있도록 지원한다.

⑦ 컨텍스트 기반 프롬프트

컨텍스트 기반 프롬프트는 AI에게 특정 맥락을 제공해 그에 맞는 적절한 응답을 생성하도록 하는 유형이다. 이 프롬프트는 AI가 주어진 상황을 이해하고 그에 맞는 정보를 제공하거나 문제를 해결하도록 유도한다. 이 유형은 복잡한 상황 설명, 대화형 AI 시스템, 상담 및 지원 서비스 등에 자주 활용된다.

(예) 생산자단체에서 발생할 수 있는 갈등을 어떻게 해결할 수 있을까요? 대표가 참여하지 않는 상황에서요.
고객이 불만을 제기했을 때, 효과적으로 대응하는 방법은 무엇인가요?

컨텍스트 기반 프롬프트는 AI가 상황에 맞는 답변을 제공하도록 하며, 특히 대화형 시스템에서 사용자의 요구를 정확히 이해하고 응답할 수 있도록 한다.

⑧ 비유형 프롬프트

비유형 프롬프트는 비유나 은유를 통해 사용자가 특정 개념이나 상황을 더 쉽게 이해할 수 있도록 하는 유형이다. 이 프롬프트는 복잡한 개념을 보다 친숙하고 이해하기 쉬운 방식으로 설명하는 데 효과적이다.

(예) 비즈니스 전략을 장기판에 비유하자면, 어떤 점이 가장 중요할까요?
기후 변화를 자동차 엔진의 과열에 비유할 때, 가장 중요한 해결책은 무엇일까요?

비유형 프롬프트는 사용자가 추상적인 개념을 현실적인 사례로 이해하도록 돕는다.

⑨ 토론형 프롬프트

토론형 프롬프트는 특정 주제에 대해 논의하거나 다양한 관점을 탐구하도록 유도하는 유형이다. 이 프롬프트는 주로 토론, 협상 등의 상황에서 활용되며 사용자로 해금 특정 문제에 대해 깊이 있는 사고와 토론을 진행하도록 돕는다.

(예) OO농업정책에 대해 찬성하는 이유와 반대하는 이유를 논의해 봅시다.
유기농의 장점과 단점을 비교해 주세요.

토론형 프롬프트는 다양한 환경에서 특정한 결과를 이끌어 내기 위한 중요한 도구다. 특히 인공지능과 상호작용할 때 잘 설계된 프롬프트는 보다 유용하고 정확한 결과를 얻는 데 필수적이다.

3) 프롬프트 활용의 필요성

(1) 정보 과부하 시대에서의 효율적인 정보 탐색

현대 사회는 정보 과부하 시대라고 할 수 있다. 인터넷과 디지털 기술의 발전으로 인해 우리는 방대한 양의 정보에 접근할 수 있게 됐지만, 이로 인해 필요한 정보를 신속하게 찾는 것이 점점 더 어려워지고 있다. 이 문제를 해결하기 위해 '프롬프트'라는 개념이 중요해졌다.

검색할 때도 단순한 키워드 입력 대신 명확하고 구체적인 질문이나 요구 사항을 프롬프트로 제공함으로써 검색 엔진이 보다 정확한 결과를 반환하게 할 수 있다. 이처럼 프롬프트는 정보 탐색의 효율성을 극대화하는 중요한 도구다.

(2) 인공지능과의 효과적인 상호작용

프롬프트는 특히 인공지능(AI)과의 상호작용에서 필수적인 역할을 한다. 잘 설계된 프롬프트는 AI로부터 정확하고 유용한 정보를 얻을 수 있게 도와준다. 반대로 모호하거나 불완전한 프롬프트는 잘못된 또는 불충분한 응답을 초래할 수 있다.

예를 들어, '간단한 저녁 요리법을 추천해 줘'라는 프롬프트는 비교적 명확하지만, '내일 친구들이 오는데 뭐 준비하면 좋을까?'와 같은 더 구체적인 프롬프트는 AI가 상황에 맞춘 더 적절한 조언을 제공할 가능성을 높인다. 이처럼 AI의 응답의 품질은 프롬프트에 의해 크게 좌우된다.

(3) 창의적 사고와 문제 해결 촉진

프롬프트는 창의적 사고와 문제 해결 능력을 자극하는 데 중요한 도구로 작용할 수 있다. 특히 교육이나 워크숍, 창의적 아이디어 도출이 필요한 작업에서 프롬프트는 참가자들이 새로운 관점에서 문제를 바라보게 하고 기존의 틀을 벗어나 사고할 수 있도록 돕는다.

예를 들어, '경남 하동 악양 대봉곶감 싱가폴 수출 전략 어떤 게 있을까?'라는 프롬프트는 기존의 상식을 넘어서는 창의적인 사고를 자극한다. 이러한 프롬프트는 사람들이 전통적인 사고 방식에서 벗어나 새로운 아이디어를 떠올리게 하고 문제 해결을 위한 혁신적인 접근 방식을 개발할 수 있게 한다.

〈GPT4 답변〉

경남 하동 악양 대봉곶감을 싱가포르에 수출하기 위한 전략을 몇 가지 제안해 볼게요:

시장 조사 및 분석

- 소비자 선호도 파악: 싱가포르 소비자들이 어떤 종류의 곶감을 선호하는지 조사합니다. 예를 들어, 반건시와 건시 중 어떤 것이 더 인기가 있는지 알아보세요.
- 경쟁 분석: 현지 시장에서 경쟁하고 있는 다른 곶감 브랜드와 제품을 분석해 차별화 포인트를 찾습니다.

브랜드 및 제품 포지셔닝

- 프리미엄 이미지 구축: 하동 악양 대봉곶감의 고품질과 전통적인 제조 방식을 강조해 프리미엄 이미지를 구축합니다.
- 건강식품 강조: 곶감의 건강 효능을 강조해 건강을 중시하는 싱가포르 소비자들에게 어필합니다.

유통 채널 확보

- 현지 유통업체와 협력: 싱가포르의 대형 유통업체나 슈퍼마켓 체인과 협력해 제품을

공급합니다. 예를 들어, H-Mart와 같은 아시아 마트와 협력할 수 있습니다.
- 온라인 판매 강화: 싱가포르의 주요 온라인 쇼핑몰에 입점해 온라인 판매를 강화합니다.

마케팅 및 프로모션
- 현지화된 마케팅: 싱가포르의 문화와 소비자 취향에 맞춘 마케팅 전략을 수립합니다. 예를 들어, 현지 명절이나 축제 기간에 맞춘 프로모션을 진행합니다.
- 시식 행사: 현지 슈퍼마켓이나 마트에서 시식 행사를 열어 소비자들에게 제품을 직접 체험할 기회를 제공합니다.

품질 관리 및 인증
- 품질 인증: 싱가포르에서 요구하는 품질 인증을 획득해 신뢰성을 높입니다.
- 지속적인 품질 관리: 제품의 일관된 품질을 유지하기 위해 지속적인 품질 관리를 실시합니다.

이러한 전략을 통해 하동 악양 대봉곶감이 싱가포르 시장에서 성공적으로 자리 잡을 수 있을 거예요. 추가로 궁금한 점이 있으면 언제든지 물어보세요!

(4) 맞춤형 서비스와 사용자 경험 향상

현대의 디지털 서비스는 점점 더 개인화되고 있으며 사용자의 요구와 선호에 맞춘 맞춤형 서비스를 제공하는 것이 중요해졌다. 프롬프트는 이러한 개인화된 서비스를 구현하는 데 핵심적인 도구로 작용한다. 예를 들어, 챗봇이나 가상 비서와 같은 AI 기반 서비스는 사용자가 입력하는 프롬프트에 따라 맞춤형 응답을 제공한다. 이때 프롬프트는 사용자의 의도를 정확히 파악하고 이에 적합한 정보를 제공하는 데 중요한 역할을 한다.

맞춤형 서비스에서는 사용자가 보다 구체적이고 명확한 프롬프트를 제공할수록 시스템은 더 정교한 맞춤형 응답을 제공할 수 있다. 이는 사용자 경험을 크게 향상시키고 서비스의 만족도를 높이는 결과로 이어진다.

프롬프트는 정보 탐색, AI와의 상호작용, 창의적 사고 촉진, 교육적 도구, 맞춤형 서비스 제공 그리고 윤리적 고려 측면에서 매우 중요한 역할을 한다. 이러한 다각적인 역할을 통해 프롬프트는 현대 사회에서 필수적인 도구로 자리 잡고 있으며 그 활용 가치는 앞으로도 더욱 중요해질 것이다. 프롬프트를 효과적으로 활용하는 능력은 개인의 정보 활용 능력뿐만 아니라 조직의 효율성과 창의성을 증대시키는 데도 결정적인 영향을 미칠 것이다.

2. 효과적인 프롬프트 작성의 기본 원칙

'효과적인 프롬프트' 작성은 인공지능(AI)과의 상호작용에서 원하는 결과를 얻기 위한 중요한 기술이다. 잘 작성된 프롬프트는 AI가 사용자의 의도를 정확하게 이해하고 그에 맞는 적절한 응답을 생성하도록 돕는다. 반대로, 부정확하거나 모호한 프롬프트는 잘못된 결과를 초래할 수 있다. 따라서 프롬프트를 작성할 때에는 몇 가지 기본 원칙을 준수하는 것이 중요하다. 다음은 효과적인 프롬프트 작성의 기본 원칙이다.

1) 명확하고 구체적으로 작성하기

가장 중요한 원칙은 프롬프트를 명확하고 구체적으로 작성하는 것이다. 프롬프트가 모호하거나 추상적이면 AI가 사용자의 의도를 이해하기 어려워질 수 있다. 구체적인 지시나 질문을 포함해 AI가 필요한 정보를 정확하게 인식하도록 해야 한다.

(예)

- 모호한 프롬프트: 나에게 고추장 담그는 것에 대해 말해줘.
- 구체적인 프롬프트: 한국의 고추장 만드는 법 중에서 순창고추장의 레시피를 알려줘.

명확하고 구체적인 프롬프트는 AI가 제공해야 할 정보나 작업을 분명히 이해할 수 있게 해 더 정확한 결과를 얻을 수 있다.

2) 맥락 제공하기

프롬프트에 필요한 맥락을 제공하면 AI가 질문이나 요청의 배경을 이해하는 데 도움이 된다. 이는 특히 복잡한 질문이나 특정 상황에 대한 답변을 원할 때 중요하다. 맥락을 제공함으로써 AI가 보다 관련성 높은 답변을 생성할 수 있다.

(예)

- 단순한 프롬프트: 어떤 책을 추천해?
- 맥락을 제공한 프롬프트: AI 활용 농산물홍보마케팅 관련 주제를 다루는 최신 책 중에서 초보자에게 적합한 책을 추천해 줘.

맥락을 제공하면 AI가 사용자의 필요에 더 잘 맞는 정보를 제공할 수 있다.

3) 단순한 언어 사용하기

프롬프트를 작성할 때는 간단하고 이해하기 쉬운 언어를 사용하는 것이 좋다. 복잡한 문장 구조나 어려운 어휘를 사용하면 AI가 이를 해석하는 데 어려움을 겪을 수 있다. 간결하고 직관적인 언어를 사용해 프롬프트를 명확하게 전달하는 것이 중요하다.

(예)

- 복잡한 프롬프트: 귀하께서는 어떠한 방식으로도 긍정적인 영향을 미칠 수 있는 조언을 주실 수 있을지요?
- 단순한 프롬프트: 어떻게 긍정적인 변화를 만들 수 있을지 조언해 줄 수 있나요?

간단한 언어를 사용하면 AI가 프롬프트를 더 쉽게 이해하고 적절한 응답을 생성할 수 있다.

4) 목적을 명확히 하기

프롬프트를 작성할 때, 무엇을 얻고자 하는지 명확하게 설정하는 것이 중요하다. 프롬프트의 목적이 불분명하면 AI가 제대로 응답하지 못할 수 있다. 프롬프트를 통해 얻고자 하는 결과를 명확하게 표현해야 한다.

(예)

- 목적이 불분명한 프롬프트: 인터넷이 사회에 미친 영향을 말해줘.
- 목적이 명확한 프롬프트: 인터넷이 현대 사회의 교육 시스템에 미친 긍정적 영향에 대해 설명해 줘.

목적이 명확한 프롬프트는 AI가 특정한 방향으로 생각하고 응답할 수 있도록 유도한다.

5) 중립적이고 편향되지 않게 작성하기

프롬프트 작성 시 중립적이고 객관적인 언어를 사용하는 것이 중요하다. 편향된 프롬프트는 AI의 응답에도 편향을 초래할 수 있다. 객관적인 정보를 제공하고자 할 때는 특히 주의가 필요하다.

(예)

- 편향된 프롬프트: 왜 사람들은 A정책이 나쁘다고 생각하나요?
- 중립적인 프롬프트: A정책의 장단점에 대해 설명해 주세요.

중립적인 프롬프트는 AI가 보다 객관적인 응답을 생성할 수 있게 도와준다.

6) 필요한 정보의 범위 설정하기

프롬프트를 작성할 때는 필요한 정보의 범위를 명확히 설정하는 것이 유용하다. AI가 너무 많은 정보를 제공하지 않도록 하거나 너무 적은 정보를 제공하지 않도록 하기 위해서는 범위를 설정하는 것이 중요하다.

(예)

- 범위가 불명확한 프롬프트: 기술 발전에 대해 말해줘.
- 범위가 명확한 프롬프트: 지난 5년간 인공지능 기술 발전의 주요 동향에 대해 설명해 줘.

범위를 설정하면 AI가 적절한 양의 정보를 제공할 수 있으며, 사용자는 더 유용한 응답을 받을 수 있다.

7) 적극적이고 긍정적인 언어 사용하기

프롬프트를 작성할 때 적극적이고 긍정적인 언어를 사용하는 것이 좋다. 이는 AI가 보다 긍정적인 톤으로 응답할 수 있게 하며 특히 문제 해결이나 제안 요청 시 유용하다.

(예)
- 소극적인 프롬프트: 이 문제를 해결할 수 있을지 모르겠어.
- 긍정적인 프롬프트: 이 문제를 해결할 수 있는 몇 가지 방법을 제시해 줘.

적극적인 언어는 AI가 보다 생산적이고 유용한 응답을 생성하는 데 도움이 된다.

8) 테스트하고 개선하기

효과적인 프롬프트를 작성하기 위해서는 여러 번 테스트하고 결과를 바탕으로 개선하는 과정이 필요하다. 처음 작성한 프롬프트가 원하는 결과를 주지 않을 수 있으며 반복적인 테스트를 통해 프롬프트를 최적화할 수 있다.

동일한 질문에 대해 여러 가지 다른 방식으로 프롬프트를 작성해 보고 각 프롬프트에 대한 AI의 응답을 비교하는 방법이 있다. 이를 통해 가장 효과적인 프롬프트를 찾아낼 수 있다.

효과적인 프롬프트 작성은 AI와의 상호작용에서 더 나은 결과를 얻기 위한 핵심적인 기술이다. 명확성, 구체성, 맥락 제공, 간단한 언어 사용, 명확한 목적 설정, 중립성, 정보 범위 설정, 긍정적 언어 사용 그리고 테스트와 개선 과정이 모두 중요한 요소이다.

이러한 원칙을 준수함으로써 AI 모델과의 상호작용에서 원하는 결과를 효과적으로 도출할 수 있다. 프롬프트 작성 기술을 향상시키는 것은 개인이나 조직이 AI 기술을 더욱 잘 활용하는 데 필수적인 요소로 작용할 것이다.

Ⅱ. 프롬프트 기법

1. 후카츠식 프롬프트 기법

'후카츠식 프롬프트 기법'은 일본의 Note사 CXO인 후카츠 타카유키가 개발한 챗GPT용 프롬프트 작성 프레임워크다. 이 기법은 프롬프트를 구조화해 AI의 성능을 극대화하는 것을 목표로 한다. 후카츠식 프롬프트는 다음과 같은 네 가지 주요 영역으로 나눈다.

- 지침 (명령서): AI에게 수행할 작업에 대한 구체적인 지시를 제공한다.
- 제약조건: 작업 수행 시 고려해야 할 제약사항을 명시한다.
- 입력문: AI가 처리해야 할 입력 데이터를 제공한다.
- 출력문: AI가 생성해야 할 출력 형식을 정의한다.

이러한 구조를 통해 프롬프트를 템플릿화 해 다양한 작업에 쉽게 적용할 수 있다. 예를 들어, 농산물홍보 숏폼 비디오 콘텐츠 기획서를 작성할 때 후카츠식 프롬프트를 사용하면 초기 단계의 콘텐츠 준비와 기획을 효율적으로 진행할 수 있다.

후카츠식 프롬프트 기법은 명확하고 일관된 결과를 도출하는 데 유리하며 프롬프트를 변경하거나 수정할 때도 빠르게 파악할 수 있는 장점이 있다.

농산물 홍보를 위한 숏폼 비디오 콘텐츠 기획서를 후카츠식 프롬프트 기법을 활용해 작성해 보겠다. 이 기법을 통해 명확하고 일관된 기획서를 만들 수 있다.

〈후카츠식 프롬프트 기법 활용 농산물 홍보 숏폼 비디오 콘텐츠 기획서〉

1. 지침(명령서)

① 목표: 농산물의 특장점을 강조해 소비자의 구매 욕구를 자극하는 숏폼 비디오 콘텐츠 제작

② 플랫폼: 인스타그램 릴스, 유튜브 숏츠, 네이버 숏클립
③ 길이: 15초~60초

2. 제약조건
① 예산: 최소한의 비용으로 제작
② 장비: 스마트폰 및 무료 편집 앱 (예: 키네마스터, 캡컷)
③ 시간: 기획부터 제작까지 1주일 이내 완료

3. 입력문
① 농산물 정보: 농산물의 종류, 생산지, 재배 방법, 주요 특장점
② 타깃 소비자: 20대~40대 주부, 건강에 관심이 많은 소비자
③ 경쟁 분석: 유사한 농산물 홍보 콘텐츠 분석

4. 출력문
- 비디오 구성
  인트로: 농산물의 신선함을 강조하는 짧은 클립(5초)
  주요 내용: 농산물의 특장점 소개(예: 유기농, 무농약, 신선도)(30초)
  소비자 후기: 실제 소비자의 긍정적인 후기 클립(10초)
  콜 투 액션: 구매를 유도하는 메시지와 링크(5초)

2. 플라톤식 프롬프트 기법

'플라톤식 프롬프트 기법'은 고대 철학자 플라톤의 대화법에서 영감을 받아 창안된 것으로 이 기법은 AI와의 상호작용을 통해 최적의 답변을 도출하는 것을 목표로 한다.

최근에는 디지털융합교육원의 최재용 원장이 이 기법을 체계화하고, 이를 기반으로 다양한 교육과 연구를 진행하고 있다. 최원장은 플라톤식 프롬프트 기법을 활용해 AI와의 대화형 접근 방식을 통해 창의적이고 유연한 문제 해결을 도모하고 있다.

1) 플라톤식 프롬프트 기법의 특징

(1) 질문 중심의 대화

사용자는 AI에게 지속적으로 질문을 던져 깊은 사고를 유도한다. AI의 답변을 바탕으로 추가적인 질문을 해 대화를 이어간다.

(2) 깊이 있는 이해

단순한 정보 전달이 아닌, AI와 사용자 간의 상호작용을 통해 새로운 통찰을 얻는 것을 목표로 한다. 질문과 답변이 반복되면서 주제에 대한 이해가 점점 깊어지게 된다.

(3) 다양한 응용

이 기법은 기획서 작성, 보고서 작성, 창의적 글쓰기 등 다양한 분야에서 활용될 수 있으며, 챗GPT와 같은 생성형 AI의 프롬프트 최적화에도 적용된다.

플라톤식 프롬프트 기법은 현대 인공지능 시대에서 프롬프트 엔지니어링의 중요한 도구로 자리 잡고 있으며 다양한 실전 사례와 응용 방법을 통해 실무 능력을 향상시킬 수 있는 방법론으로 평가받고 있다.

2) 플라톤식 프롬프트 기법 예시

플라톤식 프롬프트 기법을 활용해 농산물 홍보 마케팅에 인공지능을 활용하는 예시를 만들어보겠다. 이 예시는 질문과 답변을 통해 농산물 마케팅 전략을 발전시키는 과정을 보여준다.

주제 : AI를 활용한 농산물 홍보 마케팅 전략 수립

사용자: 농산물 홍보를 위해 인공지능을 활용하고 싶습니다. 어떤 방식으로 시작할 수 있을까요?

AI: AI를 활용해 농산물의 소비자 데이터를 분석하고, 이를 바탕으로 맞춤형 마케팅 전략을 수립할 수 있습니다. 예를 들어, 고객의 구매 패턴을 분석해 특정 농산물의 수요가 높은 지역을 타깃으로 프로모션을 진행할 수 있습니다.

사용자: 구체적으로 어떤 AI 기술을 사용할 수 있을까요?
AI: 머신 러닝과 자연어 처리(NLP)를 활용할 수 있습니다. 머신 러닝은 고객 데이터를 분석해 소비자 행동 패턴을 예측하는 데 사용되고, 자연어 처리는 소셜 미디어에서의 고객 피드백을 분석해 농산물에 대한 인식을 개선하는 데 활용됩니다.

사용자: AI를 활용한 농산물 홍보의 장점은 무엇인가요?
AI: AI를 활용하면 마케팅 캠페인의 효율성을 높일 수 있습니다. 예측 분석을 통해 고객 세분화를 정교하게 할 수 있고, 이를 통해 고객 이탈률을 줄이고 충성도를 높일 수 있습니다. 또한, AI 기반 콘텐츠 생성으로 농산물의 특성과 장점을 효과적으로 홍보할 수 있습니다.

사용자: 이러한 전략을 실제로 어떻게 적용할 수 있을까요?
AI: 농산물의 특성과 소비자 데이터를 기반으로 AI가 자동으로 홍보 기사를 작성하게 할 수 있습니다. 예를 들어, 특정 농산물의 재배 과정이나 영양소 정보를 강조하는 기사를 생성해 온라인 마케팅 플랫폼에 게시할 수 있습니다. 이를 통해 소비자에게 농산물의 가치를 효과적으로 전달할 수 있습니다.

이와 같은 방식으로 플라톤식 프롬프트 기법을 활용하면, 질문과 답변을 통해 인공지능을 활용한 농산물 홍보 마케팅 전략을 체계적으로 발전시킬 수 있다.

Ⅲ. 효과적인 프롬프트 작성 방법

◈ 효과적인 프롬프트 작성원칙 7가지

1) 명확성과 구체성

프롬프트는 명확하고 구체적이어야 한다. 모호한 표현을 피하고, 원하는 결과를 정확히 설명해야 한다.

2) 맥락 제공

AI에게 필요한 배경 정보를 제공하면 더 정확하고 관련성 있는 응답을 얻는 데 도움이 된다.

3) 단계별 지시

복잡한 작업의 경우, 단계별로 지시를 나눠 제공하면 AI가 더 쉽게 이해하고 수행할 수 있다.

4) 예시 활용

원하는 출력 형식이나 스타일의 예시를 제공하면 AI가 더 잘 이해하고 따를 수 있다.

5) 제한사항 명시

특정 정보나 접근 방식을 피해야 할 경우, 이를 명확히 언급한다.

6) 적절한 길이

너무 짧거나 길지 않게 프롬프트의 길이를 조절한다. 필요한 정보를 모두 포함하되 불필요한 세부사항은 제외한다.

7) 순차적 개선

첫 번째 응답을 바탕으로 프롬프트를 수정하고 개선하는 반복적인 과정을 거친다.

Ⅳ. 프롬프트 활용의 사례 분석

1. 콘텐츠 생성

(예) 500단어 분량의 건강한 식습관에 대한 블로그 포스트를 작성해주세요. 주요 포인트 5개와 각각에 대한 간단한 설명을 포함해주세요.

이 프롬프트는 명확한 단어 수 제한, 주제, 구조(5개의 주요 포인트)를 제시해 AI가 구체적인 가이드라인을 따를 수 있게 한다.

2. 데이터 분석

(예) 첨부된 엑셀 파일의 판매 데이터를 분석해 다음 정보를 제공해주세요: ① 월별 매출 추이 ② 상위 5개 제품 ③ 지역별 판매 분포. 결과를 그래프와 함께 요약해주세요.

이 프롬프트는 분석해야 할 데이터 소스, 필요한 특정 정보, 원하는 출력 형식(그래프와 요약)을 명확히 지정한다.

3. 코드 작성

(예) 파이썬을 사용해 사용자로부터 숫자를 입력받아 짝수인지 홀수인지 판별하는 함수를 작성해주세요. 오류 처리도 포함해주세요.

이 프롬프트는 프로그래밍 언어, 기능, 추가 요구 사항(오류 처리)을 명확히 명시한다.

4. 농업 현장에서의 프롬프트 활용

농업 분야에서 AI와 프롬프트 엔지니어링의 활용은 생산성 향상, 지속 가능성 개선, 의사결정 지원 등 다양한 측면에서 혁신을 가져오고 있다. 농업 현장에서의 프롬프트 활용 사례와 그 효과를 자세히 살펴본다.

1) 작물 관리 최적화

프롬프트: 토마토 재배 중 잎에 갈색 반점이 나타났습니다. 5x5cm 크기의 반점이 잎 전체의 30% 정도를 차지하고 있습니다. 온실 내 온도는 25°C, 습도는 70%입니다. 이 증상의 가능한 원인과 대처 방법을 3가지 이상 제시해 주세요.

이 프롬프트는 작물의 상태, 환경 조건 등 구체적인 정보를 제공해 AI가 정확한 진단과 해결책을 제시할 수 있게 한다. 농부들은 이를 통해 신속하게 문제를 식별하고 대응할 수 있어 작물 손실을 최소화하고 수확량을 증대시킬 수 있다.

2) 정밀 농업 지원

프롬프트: 우리 농장의 대봉감 재배지에 대한 위성 이미지와 토양 센서 데이터를 분석해 주세요. 질소 비료가 필요한 구역을 식별하고, 각 구역별로 필요한 비료의 양을 계산해 주세요. 결과를 히트맵으로 시각화하고, 비료 살포 드론을 위한 경로도 제안해주세요.

이 프롬프트는 대규모 농지의 효율적 관리를 위한 정밀 농업 기술을 활용한다. AI는 다양한 데이터 소스를 통합 분석해 최적의 비료 사용 계획을 수립함으로써, 비용을 절감하고 환경 영향을 최소화하면서 수확량을 극대화할 수 있다.

3) 기후 변화 대응

프롬프트: 우리 지역의 지난 30년간의 기후 데이터와 향후 10년간의 기후 예측 모델을 분석해주세요. 현재 주요 작물인 쌀, 보리, 콩의 재배 적합성 변화를 평가하고, 기후 변화에 더 적합한 대체 작물 3가지를 제안해주세요. 각 작물별로 예상되는 수확량, 필요한 재배 기술 변화, 경제성 분석도 포함해주세요.

이 프롬프트는 장기적인 농업 계획 수립을 지원한다. AI는 복잡한 기후 데이터를 분석해 미래 농업 환경에 대한 인사이트를 제공하고, 농부들이 기후 변화에 선제적으로 대응할 수 있도록 도와준다.

4) 병해충 예측 및 관리

프롬프트: 사과 과수원의 지난 5년간의 병해충 발생 데이터, 일일 기상 정보 그리고 주변 지역의 병해충 보고를 기반으로 향후 2주간의 병해충 발생 위험을 예측해주세요. 고위험 구역을 지도상에 표시하고 각 위험에 대한 예방적 조치와 친환경적 방제 방법을 제안해주세요.

이 프롬프트를 통해 AI는 다양한 데이터를 종합해 병해충 발생 가능성을 예측하고 맞춤형 대응 전략을 제시한다. 이는 농부들이 사전에 병해충 피해를 예방하고 화학 농약 사용을 줄이면서도 효과적으로 작물을 보호할 수 있게 해 준다.

5) 시장 동향 분석 및 작물 선택

프롬프트: 현재 재배 중인 딸기, 토마토, 파프리카의 지난 3년간 월별 시장 가격 데이터와 소비 트렌드를 분석해주세요. 향후 1년간의 가격 예측과 함께, 수익성이 높을 것으로 예상되는 새로운 틈새 작물 2가지를 제안해주세요. 각 작물의 재배 조건, 초기 투자 비용, 예상 수익률을 포함한 사업 계획도 개략적으로 작성해주세요.

이 프롬프트는 농부들이 시장 중심의 의사결정을 할 수 있도록 지원한다. AI는 복잡한 시장 데이터를 분석해 미래 트렌드를 예측하고 농부들이 수익성 높은 작물을 선택하고 재배 계획을 수립하는 데 도움을 준다.

6) 스마트 관개 시스템 최적화

프롬프트: 우리 농장의 토양 수분 센서 데이터, 일주일간의 일일 기상 예보, 재배 중인 옥수수의 생장 단계를 고려해 최적의 관개 일정을 수립해주세요. 물 사용량을 최소화하면서도 작물의 수분 스트레스를 방지할 수 있는 시간별 관개 계획을 제시하고, 예상되는 물 절약량도 계산해주세요.

이 프롬프트를 통해 AI는 다양한 요소를 고려한 정밀한 관개 계획을 수립할 수 있다. 이는 물 자원의 효율적 사용을 통해 비용을 절감하고 환경을 보호하면서도 작물의 최적 생장을 지원한다.

7) 농업 로봇 작업 계획

프롬프트: 포도 과수원에서 사용할 자율 주행 제초 로봇의 일일 작업 계획을 수립해주세요. 과수원의 지형도, 나무 간격, 로봇의 배터리 수명과 작업 속도를 고려하세요. 전체 과수원을 가장 효율적으로 커버할 수 있는 경로와 충전 일정 그리고 예상 작업 완료 시간을 제시해 주세요.

이 프롬프트는 첨단 농업 기술의 효율적 활용을 지원한다. AI는 복잡한 요소들을 고려해 최적의 로봇 운용 계획을 수립함으로써 노동력 절감과 정밀한 농장 관리를 가능하게 한다.

농업 분야에서의 프롬프트 활용은 단순한 정보 제공을 넘어 복잡한 의사결정 지원, 예측 모델링, 자원 최적화 등 다양한 영역으로 확장되고 있다. 효과적인 프롬프트 작성은 AI의 능력을 최대한 활용해 농업의 생산성, 지속가능성, 수익성을 크게 향상시킬 수 있는 핵심 도구이다.

농부들은 이러한 AI 기술을 활용함으로써 더 정확한 정보에 기반한 의사결정을 내릴 수 있고, 복잡한 농업 환경에서도 최적의 전략을 수립할 수 있다. 또한 AI를 통한 자동화와 최적화는 노동 집약적인 농업 작업의 효율성을 크게 높이고 자원 사용을 최소화하면서도 생산성을 극대화할 수 있게 해 준다.

앞으로 농업 분야에서의 AI 활용은 더욱 증가할 것으로 예상되며 효과적인 프롬프트 작성 능력은 이러한 기술의 혜택을 최대한 누리기 위한 필수적인 스킬이 될 것이다. 농업 전문가들은 자신의 도메인 지식과 AI 기술을 결합해 더 스마트하고 지속 가능한 농업의 미래를 만들어갈 수 있을 것이다.

Ⅴ. 프롬프트 활용 실습

다양한 프롬프트를 작성해 직접 실습한 것을 살펴본다.

1. 실습 1

1) 농산물 홍보용 프롬프트 작성

당신은 농산물 마케팅의 전문가이며, 감성적이고 설득력 있는 카피를 작성하는 데 탁월한 능력을 가진 카피라이터입니다. 다음 지시사항을 바탕으로 매력적인 농산물 홍보 카피를 작성해 주세요.

1. 제품: [농산물 이름]을 입력하세요.(예: 제주 감귤)
2. 주요 특징: 해당 농산물의 3가지 주요 특징을 나열하세요.
   (예: 새콤달콤한 맛, 풍부한 비타민 C, 제주의 깨끗한 환경에서 재배)
3. 타깃 고객: 주 구매층의 연령대와 특성을 명시하세요.
   (예: 30~40대 건강에 관심 있는 주부)
4. 소구점: 고객의 어떤 욕구나 가치관에 호소할지 선택하세요.
   (예: 가족의 건강, 프리미엄 품질, 지역 농가 지원)
5. 톤앤매너: 카피의 어조를 선택하세요.
   (예: 따뜻하고 친근한, 고급스러운, 유머러스한)
6. 희망 단어 수: 카피의 길이를 지정하세요.(예: 30단어 이내)
7. 특별 요청사항: 특정 문구나 접근 방식이 있다면 명시하세요.
   (예: '자연의 선물'이라는 표현을 반드시 사용할 것)

위의 정보를 바탕으로 감성적이면서도 제품의 가치를 명확히 전달하는 카피를 작성해 주세요. 필요하다면 비유나 감각적 표현을 사용해 독자의 흥미를 끌어주세요. 또한 해당 농산물의 생산 과정이나 지역적 특성을 강조해 신뢰감을 줄 수 있는 요소도 포함해 주세요.

마지막으로, 작성된 카피와 함께 간단한 설명을 덧붙여, 어떤 요소들이 효과적으로 사용되었는지 분석해주세요.

2) 나온 홍보 카피 결과물

제주의 햇살을 품은 '무농약 감귤', 당신의 가족을 위한 자연의 선물

장인의 손길로 정성껏 키운 제주 감귤, 새콤달콤한 맛과 풍부한 비타민 C가 가득합니다. 청정 제주의 바람과 흙에서 자란 프리미엄 감귤로 가족의 건강을 지켜보세요. 무농약 재배로 더욱 안심! 지금 바로 주문하고 제주의 맑은 하늘을 한 입 베어 물어보세요.

3) 지금 주문하기

분석

1. 감성적 접근: '제주의 햇살을 품은', '자연의 선물' 등의 표현으로 제주의 이미지와 감귤의 자연스러운 맛을 연상시킵니다.
2. 제품 특징 강조: 새콤달콤한 맛, 풍부한 비타민 C, 제주의 청정 환경을 언급해 주요 특징을 효과적으로 전달합니다.
3. 타겟 고객 고려: '가족의 건강을 지켜보세요'라는 표현으로 30~40대 건강 관심 주부층에게 어필합니다.
4. 소구점 활용: 가족 건강, 프리미엄 품질, 지역 특산물의 가치를 강조합니다.
5. 톤앤 매너: 따뜻하고 친근한 어조를 유지하면서도 제품의 프리미엄 이미지를 전달합니다.
6. 특별 요청사항 반영: '무농약 재배', '장인의 손길' 등을 언급해 안전성과 품질을 강조합니다.
7. CTA (Call To Action) 포함: '지금 바로 주문하고'와 '지금 주문하기 ≫' 버튼으로 즉각적인 행동을 유도합니다.
8. 감각적 표현: '제주의 맑은 하늘을 한 입 베어 물어보세요'라는 비유로 독자의 흥미를 끌고 감귤의 맛과 청정함을 연상시킵니다.

이 카피는 제품의 특징, 생산 과정, 지역적 특성을 효과적으로 결합해 감귤의 가치를 전달하며 동시에 구매 행동을 유도하는 설득력 있는 메시지를 제공합니다.

2. 실습 2

1) 창의적 아이디어 도출을 위한 프롬프트

(1) 문제 재정의

현재 문제를 다른 관점에서 바라보면 어떻게 다르게 정의할 수 있을까요?
이 문제를 전혀 관련이 없는 다른 분야에서 어떻게 해결할 것 같나요?

〈챗GPT 답변〉

하동군의 청년들이 도시로 이주하면서 농촌 인구가 감소하고 농업이 위기에 처한 상황을 다른 관점에서 바라볼 수 있는 몇 가지 방법을 제안 드리겠습니다.

① 인구 이동이 아닌 기회 창출의 문제로 정의하기
- 기존 관점: 청년들이 도시로 이주해 농촌 인구가 감소하고 있다.
- 새로운 관점: 농촌이 청년들에게 충분한 기회와 매력을 제공하지 못하고 있다.
- 해결 접근: 청년들이 농촌에서 자아실현과 경제적 안정을 얻을 수 있도록 농업뿐만 아니라 농촌의 다양한 자원을 활용한 창업, 관광, 문화 활동 등의 기회를 제공하는 방안을 모색합니다.

② 농업의 위기가 아닌 새로운 농업 모델의 부재로 정의하기
- 기존 관점: 농업이 위기이다.
- 새로운 관점: 전통적 농업 모델이 청년들에게 적합하지 않다.
- 해결 접근: 청년들이 관심을 가질 수 있는 스마트 농업, 친환경 농업, 도시와의 연계를 통한 직거래 시장 등 새로운 농업 모델을 개발하고 지원하는 방안을 고려합니다.

③ 귀농의 문제가 아닌 라이프스타일 변화로 정의하기
- 기존 관점: 청년들이 귀농하지 않아서 농촌 인구가 감소한다.
- 새로운 관점: 현대 청년들의 라이프스타일과 농촌 생활이 맞지 않다.

- 해결 접근: 청년들이 선호하는 라이프스타일을 농촌에서도 실현할 수 있도록 주거, 문화, 커뮤니티 시설 등을 개선하거나, 하동군에서 청년들의 취미와 생활 방식을 수용할 수 있는 새로운 커뮤니티를 조성하는 방법을 모색합니다.

④ 하동군만의 문제가 아닌 전국적 문제의 일환으로 정의하기
- 기존 관점: 하동군의 농촌 인구 감소 문제를 해결해야 한다.
- 새로운 관점: 전국적 농촌 인구 감소 문제의 일환으로 하동군의 문제를 바라본다.
- 해결 접근: 전국적으로 성공한 귀농 사례들을 분석하고, 이를 하동군에 맞게 벤치마킹해 적용하는 방법을 모색하거나, 전국적인 농촌 인구 문제 해결을 위한 정책적 지원을 받아 해결할 수 있는 방안을 찾습니다.

⑤ 단순한 농업 인구 부족이 아닌 지역 사회의 활력 문제로 정의하기
- 기존 관점: 농업 인구가 줄어들어 위기가 발생했다.
- 새로운 관점: 지역 사회가 청년층을 위한 활력을 제공하지 못하고 있다.
- 해결 접근: 하동군을 청년들이 활동하고 머물고 싶은 곳으로 만들기 위해, 농업 외에도 다양한 문화, 예술, 창업, 공동체 프로그램을 강화하고, 지역 사회의 활력을 높이는 방법을 모색합니다.

이러한 새로운 정의를 통해 문제를 재해석하면 기존의 방식과는 다른 창의적이고 혁신적인 해결책을 도출할 수 있을 것입니다.

(2) 제약 조건 추가 및 제거

만약 이 문제를 해결하는 데 아무런 제한이 없다면, 어떻게 접근할 것인가요?
반대로, 가장 중요한 자원이나 요소 하나가 빠진다면 어떻게 해결할 수 있을까요?

〈챗GPT 답변〉

아무런 제한이 없다면 하동군의 청년 귀농 문제를 해결하기 위해 과감하고 혁신적인 접근을 시도할 수 있습니다. 다음은 그런 상황에서의 접근 방안들입니다.

① 전폭적인 경제 지원과 인센티브 제공
- 전제: 예산, 재정적 제한이 없는 상황
- 접근: 청년들이 하동군으로 이주해 귀농할 경우 초기 정착 자금을 충분히 지원하고 지속적인 생활비 보조금을 지급합니다. 또한, 스마트 농업 기술 도입을 위한 자금 지원, 농업 소득 보장제, 세금 감면 등 다양한 경제적 인센티브를 제공합니다.

② 스마트 농업 허브로서의 혁신적인 농업 클러스터 조성
- 전제: 기술적, 인프라적 제한이 없는 상황
- 접근: 하동군을 첨단 스마트 농업의 중심지로 조성합니다. 최첨단 농업 기술을 도입하고 AI 및 IoT 기반의 농업 플랫폼을 구축해 청년들이 쉽게 농업에 접근할 수 있도록 지원합니다. 이를 통해 농업의 효율성을 극대화하고, 도시에서 경험할 수 없는 혁신적인 농업 경험을 제공합니다.

③ 청년을 위한 맞춤형 복지와 커뮤니티 조성
- 전제: 사회적, 정책적 제한이 없는 상황
- 접근: 하동군에 청년들이 원하는 모든 생활 인프라를 제공합니다. 예를 들어, 고품질의 교육 및 의료 서비스, 문화와 예술 공간, 취미와 레저 활동을 위한 다양한 시설 등을 구축합니다. 또한 도시와의 접근성을 높이기 위해 고속 교통망을 확충하고, 디지털 노마드를 위한 최첨단 인터넷 환경을 조성합니다.

④ 전국적 및 국제적 홍보 캠페인 진행
- 전제: 홍보 및 미디어 자원의 제한이 없는 상황
- 접근: 하동군을 청년 귀농의 최적지로 브랜딩하고, 전국적 및 국제적 홍보 캠페인을 진행합니다. 유명 인플루언서 및 미디어를 통해 하동군의 매력을 널리 알리며, 도시의 청년층뿐만 아니라 해외에서 유입될 수 있는 젊은 인구까지 대상으로 합니다. 하동군을 '글로벌 청년 농업 허브'로써의 이미지를 확립합니다.

⑤ 농촌 체험 및 임시 거주 프로그램 운영
- 전제: 물리적, 공간적 제한이 없는 상황.

- 접근: 청년들이 하동군의 농촌 생활을 체험할 수 있는 장기 체험 프로그램을 운영합니다. 이 프로그램에서는 숙박, 식사, 농업 체험, 문화 체험 등이 포함되며, 참가자들이 자유롭게 농촌 생활을 경험한 후 귀농을 결정할 수 있도록 지원합니다. 체험 후 귀농을 선택할 경우, 추가적인 혜택을 제공합니다.

⑥ 자유로운 창업 환경 조성
- 전제: 창업 관련 규제나 자본 제한이 없는 상황.
- 접근: 농업뿐만 아니라 농촌에서의 다양한 창업 기회를 제공하는 환경을 조성합니다. 청년들이 하동군에서 농업과 관련된 다양한 사업을 자유롭게 시작할 수 있도록 창업 자금, 기술 지원, 멘토링 프로그램 등을 제공하며 실패 시에도 재 도전할 수 있는 기회를 보장합니다.

이와 같은 무제한적 접근을 통해 하동군은 청년들이 자연스럽게 모여드는 혁신적이고 매력적인 지역으로 변모할 수 있습니다. 이러한 비전은 현실적 제약 없이 상상력을 최대한 발휘할 수 있을 때 가능한 접근입니다.

2) 유사한 문제에서의 성공 사례

이와 유사한 문제를 성공적으로 해결한 사례가 있는지 생각해보세요. 그 방법을 적용할 수 있을까요?

다른 산업이나 분야에서 사용된 해결책 중 이 문제에 적용할 수 있는 것이 있을까요?

〈챗GPT 답변〉

유사한 문제를 성공적으로 해결한 사례 중 몇 가지를 소개하고 이를 하동군에 어떻게 적용할 수 있을지 생각해보겠습니다.

① 일본 이나카(인구 과소 지역) 재생 프로젝트
- 사례: 일본의 여러 농촌 지역 특히 시골 마을들은 인구 감소 문제를 해결하기 위해 '이나카 재생 프로젝트'를 진행했습니다. 이 프로젝트의 주요 목표는 젊은 세대를 유치해

농촌 지역을 활력 있게 만드는 것이었습니다. 이들은 도시에서 오는 청년들에게 저렴한 주거 공간을 제공하고, 농업 기술 교육 및 초기 정착 자금을 지원했습니다. 또한 지역 특산물 및 관광자원을 활용해 지역 경제를 활성화했습니다.

- 적용 방안: 하동군에서도 유사한 방식으로 도시 청년들을 위한 저렴한 주거 공간을 마련하고, 스마트 농업 교육 프로그램을 운영할 수 있습니다. 또한 하동군의 특산물과 자연환경을 활용한 농촌 관광 프로그램을 개발해 경제적 기회를 창출할 수 있습니다.

② 프랑스의 '새로운 농업의 얼굴들' 프로그램

- 사례: 프랑스는 농촌 인구 감소를 해결하기 위해 '새로운 농업의 얼굴들(Nouveaux Paysans)'이라는 프로그램을 운영했습니다. 이 프로그램은 농업에 관심 있는 도시 청년들에게 농촌에서의 새로운 삶의 방식을 소개하고, 그들이 농촌에서 창업하거나 새로운 농업 방식(예: 유기농, 도시 농업)을 실험할 수 있도록 지원했습니다. 프랑스 정부는 이 프로그램을 통해 청년들이 귀농할 수 있는 환경을 조성하고 농촌을 매력적인 생활 공간으로 탈바꿈시켰습니다.
- 적용 방안: 하동군도 유사한 프로그램을 통해 청년들이 하동에서 새로운 농업 기술이나 창업 아이디어를 실현할 수 있도록 지원할 수 있습니다. 특히 스마트 농업이나 친환경 농업에 관한 관심을 가진 청년들에게 필요한 기술 교육과 자금을 제공해 귀농을 유도할 수 있습니다.

③ 한국 전북 완주군의 귀농귀촌 성공 사례

- 사례: 전북 완주군은 귀농귀촌을 성공적으로 유도한 대표적인 한국의 사례입니다. 이 지역은 귀농귀촌을 위해 다양한 맞춤형 교육 프로그램과 자금 지원을 제공했고 귀농인을 위한 마을 조성을 통해 커뮤니티를 형성했습니다. 또한 귀농귀촌 지원 센터를 운영하며 정착 초기의 어려움을 해결할 수 있도록 돕고 있습니다. 이 결과, 완주군은 귀농귀촌 인구가 증가해 농업과 지역 경제 활성화에 크게 기여하고 있습니다.
- 적용 방안: 하동군도 완주군의 모델을 참고해 귀농귀촌 지원 센터를 강화하고 체계적인 교육 프로그램 및 자금 지원을 제공할 수 있습니다. 또한 귀농자들을 위한 마을이나 공동체를 조성해 초기 정착의 어려움을 줄이고 지역 사회와의 유대감을 강화할 수 있습니다.

④ 이탈리아 칼라브리아 지역의 1유로 집 프로젝트

- 사례: 이탈리아의 칼라브리아 지역은 인구가 급격히 감소한 마을에서 빈집을 1유로에 판매하는 프로젝트를 시작했습니다. 이 프로젝트는 전 세계적으로 큰 주목을 받았으며, 빈집을 구입한 사람들이 새로운 삶을 시작하면서 지역 경제와 사회에 활력을 불어넣었습니다.
- 적용 방안: 하동군에서도 빈집이나 유휴 공간을 저렴하게 제공하거나 리모델링 비용을 지원해 청년들이 저렴하게 정착할 수 있도록 할 수 있습니다. 이와 함께 새로운 정착민들이 지역 사회에 통합될 수 있도록 다양한 문화 및 커뮤니티 프로그램을 마련할 수 있습니다.

⑤ 덴마크의 보른홀름 섬 혁신 사례

- 사례: 덴마크의 보른홀름 섬은 인구 감소와 경제 침체 문제를 해결하기 위해 혁신적인 접근을 취했습니다. 이 섬은 친환경 에너지와 지속 가능한 농업을 중심으로 경제를 재구성하고, 젊은 인구를 유치하기 위해 다양한 창업 기회를 제공했습니다. 보른홀름은 성공적으로 젊은 인구를 유치하고 지역 경제를 활성화했습니다.
- 적용 방안: 하동군도 친환경 농업과 재생 에너지 프로젝트를 중심으로 한 새로운 경제 모델을 도입해 청년들을 유치할 수 있습니다. 청년들이 이러한 분야에서 창업할 수 있도록 지원 프로그램을 마련하고, 하동군을 지속 가능한 혁신 지역으로 브랜딩할 수 있습니다.

이러한 성공 사례들은 하동군에서도 적용할 수 있는 실질적이고 효과적인 방안을 제시합니다. 하동군의 특성을 고려해 이러한 사례들을 맞춤형으로 적용한다면, 청년 귀농 문제를 해결하고 지역 사회의 활력을 되찾는 데 큰 도움이 될 것입니다.

3) 역발상

이 문제를 오히려 더 심화시키거나 악화시키려면 어떤 방법을 쓸 수 있을까요? 그 과정에서 드러나는 통찰이 있나요?

문제를 해결하지 않고 방치했을 때 시간이 지남에 따라 어떤 기회나 새로운 접근이 생길 수 있을까요?

〈챗GPT 답변〉

문제를 해결하지 않고 방치했을 때 시간이 지남에 따라 발생할 수 있는 몇 가지 기회나 새로운 접근 방법을 고려해보겠습니다. 이러한 접근은 종종 예상치 못한 결과에서 비롯되며 새로운 기회로 이어질 수 있습니다.

① 자연적 인구 구조 변화
- 기회: 시간이 지나면서 경제적인 변화나 도시의 생활 여건 악화로 인해 일부 도시 청년들이 자연스럽게 농촌으로 돌아오거나 귀농을 선택할 가능성이 있습니다. 예를 들어, 도시의 생활비 상승, 주거 불안정, 코로나19 같은 팬데믹으로 인한 원격 근무의 확대 등이 도시 탈출을 촉진할 수 있습니다.
- 새로운 접근: 이러한 흐름을 타서 자발적으로 귀농을 선택하는 청년들을 위해 적절한 인프라를 준비하고, 그들이 원활하게 정착할 수 있도록 하는 지원을 제공할 수 있습니다.

② 농촌 자원 및 유휴지 활용
- 기회: 농촌의 인구 감소로 인해 많은 땅과 자원이 유휴 상태로 남아 있을 가능성이 있습니다. 이러한 자원들은 나중에 새로운 용도로 활용될 수 있는 기회를 제공합니다. 예를 들어, 대규모 친환경 에너지 프로젝트(태양광, 풍력 등)를 유휴지에 도입할 수 있습니다.
- 새로운 접근: 이런 자원을 활용해 농촌 지역을 재생 가능 에너지의 허브로 탈바꿈시키거나 유기농 생산지나 생태 관광지로 개발할 수 있습니다.

③ 자동화 및 로봇 농업의 도입
- 기회: 기술 발전으로 인해 농업이 점차 자동화될 가능성이 높습니다. 인구가 줄어든 농촌에서는 노동력 부족을 해결하기 위해 이러한 자동화 기술을 더 적극적으로 도입할 수 있습니다.
- 새로운 접근: 방치된 농지나 감소된 인구를 대신해 스마트 팜, 로봇 농업 시스템, 드론을 활용한 농업 관리 등을 도입해 적은 인력으로도 효율적인 농업 운영이 가능하도록 전환할 수 있습니다.

④ 지역 사회 재편성

- 기회: 시간이 지남에 따라, 지역 사회가 자연스럽게 축소되고 소수의 고령 인구 중심으로 재편될 가능성이 있습니다. 이는 작은 규모의 커뮤니티에 집중된 복지 및 지원 서비스가 가능해질 수도 있습니다.
- 새로운 접근: 축소된 지역 사회를 대상으로 고령자 맞춤형 농업이나 실버타운과 같은 모델을 도입해 특화된 지역 경제를 형성할 수 있습니다.

⑤ 외부 투자와 관심 증가

- 기회: 인구가 감소하고 자원이 풍부한 지역은 외부 투자자들에게 매력적인 투자처가 될 수 있습니다. 예를 들어, 기업들이 저렴한 토지를 활용해 대규모 농업이나 관광 사업을 시작할 수 있습니다.
- 새로운 접근: 외부 기업이나 투자자들과의 협력을 통해 지역의 자원을 효과적으로 활용할 수 있는 방안을 모색하고 이를 통해 지역 경제를 활성화할 수 있습니다.

⑥ 지역 문화 및 유산 보존

- 기회: 인구 감소와 농촌의 변화로 인해 지역의 전통문화와 유산이 사라질 위험이 있지만 반대로 이를 보존하고 강화하려는 움직임이 생길 수도 있습니다. 소수의 인구가 남아 있을 때, 전통문화나 유산을 보존하려는 커뮤니티 중심의 프로젝트가 더 효과적으로 진행될 수 있습니다.
- 새로운 접근: 하동군의 전통 문화를 보존하는 데 집중하고 이를 기반으로 관광이나 교육 프로그램을 개발해 소수 인구 중심의 지역 경제를 새롭게 활성화할 수 있습니다.

⑦ 자연환경의 복원 및 보전

- 기회: 인구가 감소함에 따라 농촌 지역의 자연환경이 복원되거나 보존될 가능성이 높습니다. 이는 생태 관광, 환경 보존 프로젝트, 그리고 기후 변화 대응 방안으로 활용될 수 있습니다.
- 새로운 접근: 하동군의 자연환경을 보존하고, 이를 기반으로 생태 관광 및 자연 교육 프로그램을 개발해 새로운 경제적 기회를 창출할 수 있습니다.

문제를 방치했을 때 생길 수 있는 이러한 기회들은 단기적인 해결책이 아니라, 장기적인 시각에서 새로운 방향성을 제시할 수 있습니다. 방치로 인해 발생하는 기회들을 전략적으로 활용한다면, 기존 문제를 해결하는 것 이상의 결과를 얻을 수 있습니다.

4) 미래 예측

10년 후에는 이 문제를 어떻게 해결할 것이라고 생각하나요? 그 방법을 현재에 적용할 수 있을까요?

앞으로의 기술 발전이나 사회적 변화가 이 문제 해결에 어떤 영향을 줄 수 있을까요?

〈챗GPT 답변〉

10년 후에는 하동군의 농촌 인구 감소 문제를 해결하기 위해 다음과 같은 방식들이 적용될 수 있을 것입니다. 이러한 방법들을 현재에도 적용할 수 있는지 살펴보겠습니다.

① 스마트 농업과 기술 혁신

- 10년 후 전망: 기술 발전으로 인해 농업은 더욱 자동화되고 스마트 농업이 표준이 될 것입니다. 드론, AI, IoT 등을 활용해 농업의 효율성을 극대화하고 적은 인력으로도 높은 생산성을 유지할 수 있을 것입니다. 이를 통해 청년들이 농업에 관심을 가지게 하고 새로운 형태의 일자리를 창출할 수 있을 것입니다.
- 현재 적용 가능성: 스마트 농업 기술을 도입하는 것은 이미 가능한 일입니다. 하동군은 스마트팜 기술을 적극 도입하고, 이를 활용할 수 있는 교육 프로그램을 마련해 청년들에게 제공할 수 있습니다. 또한 기술 기반의 농업 창업을 지원하는 정책을 시행해 청년층의 귀농을 유도할 수 있습니다.

② 청년 맞춤형 생활 인프라 조성

- 10년 후 전망: 농촌이 단순히 농업을 위한 공간이 아니라 청년들이 생활하고 일할 수 있는 매력적인 거주지로 변모할 것입니다. 이에 따라 농촌에서는 문화, 교육, 건강, 취미 등 다양한 생활 인프라가 발전할 것입니다.
- 현재 적용 가능성: 현재 하동군에서도 청년 맞춤형 인프라를 조성할 수 있습니다. 예를 들어, 청년들이 선호하는 카페, 코워킹 스페이스, 스포츠 시설 등을 확충하고 디지

털 노마드들이 일할 수 있는 환경을 조성해 농촌을 더욱 매력적인 공간으로 만들 수 있습니다.

③ 커뮤니티 중심의 지역 활성화

- 10년 후 전망: 농촌에서는 주민들이 자발적으로 참여하는 커뮤니티 중심의 활동이 활발해질 것입니다. 이러한 커뮤니티는 농업뿐만 아니라, 문화, 예술, 교육, 복지 등 다양한 분야에서 청년들이 주도적으로 참여할 수 있는 장이 될 것입니다.
- 현재 적용 가능성: 현재 하동군에서도 커뮤니티 기반의 프로젝트를 시작할 수 있습니다. 예를 들어, 청년 농부들이 협동조합을 설립하거나 지역 사회에서 문화 및 예술 활동을 지원하는 프로그램을 마련할 수 있습니다. 이러한 활동을 통해 청년들이 지역 사회에 더 깊이 뿌리내릴 수 있게 할 수 있습니다.

④ 가능한 농업 모델 개발

- 10년 후 전망: 기후 변화에 대응하는 지속 가능한 농업이 더욱 중요해질 것입니다. 친환경 농업, 생태 농업, 유기농업 등은 앞으로 농촌 경제의 핵심이 될 수 있습니다. 이와 함께, 지역 농산물을 활용한 로컬푸드 시스템이 강화될 것입니다.
- 현재 적용 가능성: 하동군은 이미 친환경 농업에 대한 관심이 높기 때문에 지속 가능한 농업 모델을 발전시키기 위한 기반이 마련돼 있습니다. 친환경 농업 교육을 강화하고 로컬푸드 시스템을 구축하며 이를 통해 청년 농업인을 유치할 수 있습니다.

⑤ 정책적 지원 및 제도적 개선

- 10년 후 전망: 정부와 지자체는 청년들의 농촌 정착을 돕기 위해 더 강력한 정책적 지원을 제공할 것입니다. 예를 들어, 세금 혜택, 농업 자금 지원, 농촌 창업 인센티브 등이 대폭 강화될 것입니다.
- 현재 적용 가능성: 현재도 다양한 지원 정책을 마련할 수 있습니다. 예를 들어, 하동군은 청년 귀농인을 대상으로 한 특별 지원 프로그램을 도입하거나 중앙 정부와 협력해 더 많은 자원을 확보할 수 있습니다.

⑥ 지역 브랜드 강화와 글로벌 시장 연결

- 10년 후 전망: 농촌 지역은 고유의 특산물과 문화를 바탕으로 강력한 지역 브랜드를 구축하게 될 것입니다. 이러한 브랜드는 글로벌 시장과 연결돼 농업 및 관광 산업을 동시에 활성화할 것입니다.
- 현재 적용 가능성: 하동군의 특산물과 문화 자산을 활용해 브랜드화하고 이를 글로벌 시장과 연결할 수 있는 전략을 현재부터 시작할 수 있습니다. 예를 들어, 지역 특산물의 온라인 마케팅을 강화하거나 농촌 체험 관광 프로그램을 개발해 해외 관광객을 유치하는 방안을 모색할 수 있습니다.
- 이러한 미래의 해결 방안들은 이미 현재도 적용 가능한 아이디어들입니다. 하동군이 이러한 접근을 조기에 도입하고 실행한다면 농촌 인구 감소 문제를 선제적으로 해결할 수 있을 뿐만 아니라 지역 경제와 사회를 활성화하는 데에도 큰 도움이 될 것입니다.

5) 협업 및 집단 지성 활용

이 문제를 해결하기 위해 다양한 배경을 가진 사람들이 함께 모였다면, 그들은 어떤 아이디어를 낼 것이라고 생각하나요?

집단 브레인스토밍 세션에서 나올 수 있는 아이디어들을 상상해보세요.

〈챗GPT 답변〉

집단 브레인스토밍 세션에서 나올 수 있는 아이디어들을 상상해보겠습니다. 다양한 배경을 가진 사람들이 모여 자유롭게 의견을 나누면서 아래와 같은 아이디어들이 도출될 수 있습니다.

① 농촌 리모델링 프로젝트

- 아이디어: 하동군 내 오래된 주택이나 공공건물을 청년들이 선호하는 현대적인 공간으로 리모델링하는 프로젝트. 이 공간들은 주거지뿐만 아니라, 카페, 코워킹 스페이스, 창작 스튜디오 등으로 활용될 수 있음.

- 실행 방안: 청년 건축가들과 협력해 리모델링 디자인을 제안받고 정부나 기업의 지원을 받아 재정적 부담을 줄입니다. 리모델링된 공간은 청년들이 저렴한 가격에 사용할 수 있도록 제공합니다.

② 농업과 IT 기술의 융합

- 아이디어: 하동군에서 농업과 IT 기술을 융합한 스마트 농업 플랫폼을 구축합니다. 청년들이 IT 기술을 활용해 농작물의 성장 상태를 모니터링하고 효율적인 농업 운영을 가능하게 합니다.
- 실행 방안: IT 관련 스타트업이나 대학 연구소와 협력해 스마트 농업 솔루션을 개발하고, 이를 농민들에게 교육 및 지원합니다. 청년들이 이 프로젝트에 참여할 수 있도록 창업 자금이나 기술 교육을 제공합니다.

③ 농촌 예술 축제 및 레지던스 프로그램

- 아이디어: 하동군을 예술과 문화의 중심지로 만들기 위해 농촌 예술 축제를 개최하고 도시 예술가들을 초청해 장기 레지던스 프로그램을 운영합니다.
- 실행 방안: 농촌의 자연 환경을 활용한 야외 전시, 음악회, 퍼포먼스 등을 기획. 예술가들은 지역 주민과 협력해 지역의 전통 문화를 현대적 방식으로 재해석한 작품을 창작할 수 있습니다.

④ 청년 주도의 지역 특산물 브랜드화

- 아이디어: 하동군의 특산물을 청년들이 직접 브랜드화하고 마케팅과 판매를 담당하는 프로젝트. 청년들이 전통 농산물에 현대적인 디자인과 스토리텔링을 결합해 새로운 브랜드를 창출합니다.
- 실행 방안: 디자인과 마케팅에 강점을 가진 청년들이 팀을 구성해 브랜드 개발을 진행합니다. 온라인 플랫폼을 활용해 국내외 시장에 판매하며 지역 내 팝업 스토어나 박람회를 통해 직접 판매 경험을 쌓을 수 있습니다.

⑤ 친환경 농업 교육 캠프

- 아이디어: 하동군에서 단기 또는 장기 친환경 농업 교육 캠프를 운영합니다. 전국의 청

년들이 농촌 생활과 친환경 농업을 체험하고, 이를 통해 귀농을 고려할 수 있는 기회를 제공합니다.

- 실행 방안: 캠프기간 동안 참가자들이 직접 농작물을 재배하고 유기농 농업의 원칙과 기술을 배울 수 있도록 구성합니다. 성공적인 농업인을 초청해 멘토링 프로그램도 함께 운영합니다.

⑥ 디지털 노마드와 농업의 융합

- 아이디어: 하동군을 디지털 노마드들의 거점으로 만들어 IT 기반의 원격 근무 환경을 조성합니다. 청년들이 농업과 IT 업무를 병행할 수 있도록 지원합니다.
- 실행 방안: 고속 인터넷 인프라를 강화하고 코워킹 스페이스 및 주거 시설을 제공합니다. 농업 활동과 IT 업무를 융합한 특별 프로그램을 기획해 새로운 라이프스타일을 제안합니다.

⑦ 지역 청년 창업 경진대회

- 아이디어: 하동군에서 청년 창업 경진대회를 열어 농업 및 농촌 활성화를 위한 아이디어를 공모합니다. 우수 아이디어는 실제 창업으로 이어질 수 있도록 지원합니다.
- 실행 방안: 심사 과정에서 지역 사회 전문가들과 협력해 실현 가능한 아이디어를 선정하고 선정된 팀들에게 창업 자금과 멘토링을 제공합니다. 이를 통해 청년들의 창의적 에너지를 지역 사회에 직접 투입합니다.

⑧ 커뮤니티 기반의 공동 농업 프로젝트

- 아이디어: 여러 청년이 함께 모여 공동으로 농작물을 재배하고 수익을 공유하는 협동조합 형태의 농업 프로젝트. 개인 농업보다 리스크를 분산시키고 협업을 통한 시너지를 창출합니다.
- 실행 방안: 청년 농업인들이 자원을 모아 공동 농장을 운영하고, 다양한 작물을 실험적으로 재배합니다. 정부와 협력해 초기 자금을 지원하고 수익 모델을 다변화할 수 있는 경영 교육을 제공합니다.

⑨ 농촌과 도시의 직거래 플랫폼

- 아이디어: 하동군의 농산물을 도시 소비자와 직접 연결하는 온라인 직거래 플랫폼을 개발합니다. 청년들이 플랫폼 운영과 마케팅을 담당해 농가의 소득 증대에 기여합니다.
- 실행 방안: 디지털 마케팅에 능숙한 청년들이 플랫폼을 기획하고 운영하며 소비자 맞춤형 제품을 개발해 배송합니다. 직거래를 통해 유통 마진을 줄이고 농가와 소비자 모두에게 이익을 돌려줍니다.

⑩ 농촌 창의 교육 센터

- 아이디어: 청소년과 청년들을 대상으로 농업과 자연을 주제로 한 창의적 교육 프로그램을 운영하는 센터 설립. 농업, 환경, 예술 등을 결합한 융합 교육을 통해 청년들의 농업에 관한 관심을 증대시킵니다.
- 실행 방안: 다양한 주제를 다루는 워크숍, 세미나, 현장 실습 프로그램을 운영하고 이를 통해 농업에 대한 새로운 시각을 제공합니다. 참가자들이 농업과 관련된 창의적 프로젝트를 진행할 수 있도록 지원합니다.
- 이런 아이디어들은 각각의 참가자들이 가진 전문성과 관심사에 따라 다양하게 발전할 수 있으며 실제 실행 가능성도 높아집니다. 브레인스토밍 세션에서 나온 아이디어들을 종합적으로 검토하고, 실현 가능한 부분부터 단계적으로 실행해 나가는 것이 중요합니다.

3. 실습 3

블로그 포스팅을 위한 프롬프트 및 GPTs 챗봇 활용 실습 블로그. 챗GPT GPTs에서 '블로그'라고 검색하고 다음 챗봇에 들어간다(https://chatgpt.com/g/g-IFKF9lqXm-neibeo-beulrogeu-seo-sangwi1peuroga-daesin-sseodeuryeoyo).

다음 [그림1]의 QR코드를 스캔하고 들어가도 된다.

[그림1] 블로그 챗봇 QR코드

[그림2]와 같은 블로그 챗봇에서 블로그 프롬프트를 만들어 달라고 요청한다.

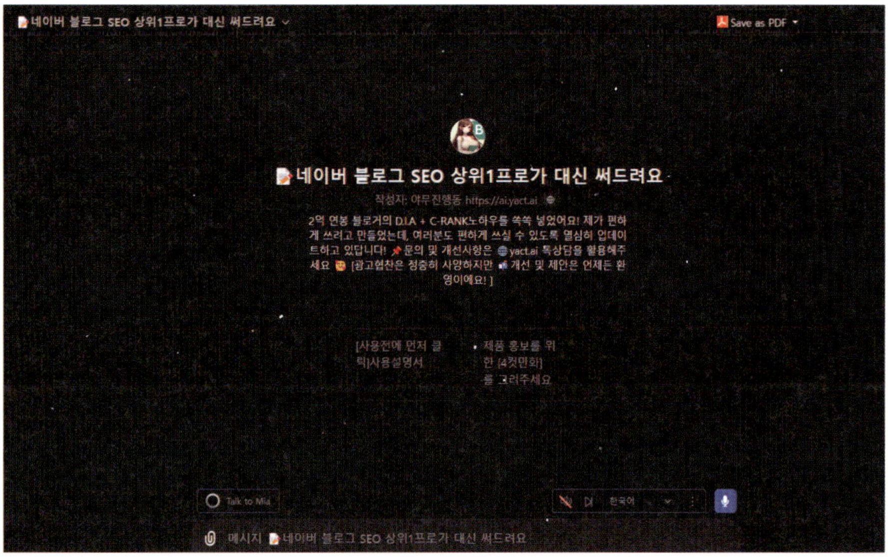

[그림2] 블로그 쓰는 챗봇

'블로그 잘 쓰는 프롬프트 알려줘'라고 질문하면 다음과 같은 답변이 나온다.

<챗GPT 답변>

안녕하세요! 블로그 잘 쓰는 방법에 대해 궁금하신가 봐요.
블로그 글쓰기를 도와줄 몇 가지 팁을 드릴게요.

① 주제 선정
먼저 어떤 주제로 글을 쓸지 결정해보세요. 사람들이 많이 궁금해하는 주제를 선택하면 더 많은 방문자가 생길 수 있답니다.

② 키워드 선택
글의 핵심 키워드를 2~3개 정도 선택해서 글 곳곳에 자연스럽게 포함시켜 보세요. 검색 엔진에서 더 잘 노출될 수 있어요.

③ 구조 잡기
글의 구조를 미리 짜두면 글쓰기가 훨씬 쉬워져요. 예를 들어, 도입부, 본문, 결론으로 나눠 보세요.

④ 독자와 소통하는 어조
친근하고 대화하듯이 글을 써보세요. 너무 딱딱한 글보다 사람들이 더 좋아한답니다.

⑤ 콘텐츠의 깊이
주제에 대해 충분히 설명하고, 예시나 사례를 통해 내용을 풍성하게 만들어 보세요.

⑥ 마무리
글의 끝부분에는 독자에게 질문을 던지거나, 다음 글을 기대하게 만드는 멘트를 남겨보세요.
이렇게 간단한 프롬프트만으로도 훌륭한 블로그 글을 쓸 수 있을 거예요!

'경남 하동 악양 대봉곶감 블로그 작성해 줘'라고 질문하면 다음과 같이 블로그 글 초안을 작성해 준다.

안녕하세요! □ 오늘은 경남 하동 악양에서 생산되는 대봉곶감에 대해 소개해드릴게요. 대봉곶감은 겨울철 건강 간식으로 인기가 많죠. 저희가 이 특별한 곶감에 대해 자세히 알아보도록 할게요!

〈경남 하동 악양 대봉곶감의 5가지 매력〉
1. 자연이 키운 건강한 곶감
경남 하동 악양은 청정 자연환경을 자랑하는 곳이에요. 맑은 공기와 깨끗한 물 그리고 풍부한 일조량 덕분에 대봉곶감이 더욱 맛있게 자란답니다. 자연 그대로의 맛을 느낄 수 있는 건강한 간식이죠.

2. 정성 가득한 전통방식
하동 악양의 대봉곶감은 전통적인 방식으로 하나하나 정성스럽게 만들어져요. 감을 하나하나 손질하고 자연 바람에 말리면서 곶감이 만들어지죠. 그래서 더욱 쫄깃하고 달콤한 맛을 자랑한답니다.

3. 영양이 가득한 슈퍼푸드
대봉곶감은 비타민A, 식이섬유, 칼륨 등 다양한 영양소가 풍부하게 들어있어요. 특히 겨울철 면역력을 높이는 데 도움이 되는 건강 간식으로 제격이랍니다. 감기 예방에도 도움이 된다고 하니, 겨울철 꼭 챙겨 드셔야겠죠?

4. 다양한 활용 방법
대봉곶감은 그냥 먹어도 맛있지만 다양한 요리에 활용할 수도 있어요. 예를 들어, 대봉곶감을 넣어 만든 곶감말이, 샐러드, 디저트 등 여러 요리에 활용해 보세요. 색다른 맛과 건강을 동시에 챙길 수 있답니다.

5. 소중한 사람에게 선물하기 좋은 대봉곶감
경남 하동 악양의 대봉곶감은 고품질의 제품으로 소중한 사람에게 선물하기도 좋아요. 겨울철 따뜻한 마음을 전할 수 있는 특별한 선물이 될 거예요.

〈하동 악양 대봉곶감 구매처〉
이제 이 매력적인 대봉곶감을 어디서 구매할 수 있을지 궁금하시죠? 하동 악양의 농가들이 직접 운영하는 온라인 몰이나 농산물 직거래 장터에서 구매할 수 있어요. 정성 가득한 대봉곶감을 직접 맛보시고 건강도 챙겨보세요!

Epilogue

프롬프트 엔지니어링의 세계를 탐험하며, 질문의 힘을 다시금 깨닫게 됐다. 올바른 질문이 올바른 답을 이끌어내고, 더 나아가 문제를 해결하고 혁신을 가능하게 한다는 것을 이해하게 됐다.

우리는 단순히 질문의 기술을 익힌 것이 아니라 새로운 사고의 방식과 접근법을 배웠다. 프롬프트 엔지니어링은 단지 인공지능과 소통하는 방법을 넘어 인간과 인간, 인간과 정보 사이의 다리를 놓는 방법에 관한 것이기도 하다. 그것은 우리의 삶과 일의 방식, 그리고 세상을 이해하는 방식을 근본적으로 변화시킬 수 있는 도구이다.

프롬프트 엔지니어링을 통해 더 나은 질문을 던질 때, 당신은 더나은 답변을 얻을 수 있을 뿐만 아니라, 더 나은 세상을 만들어갈 수 있다. 우리의 질문은 단지 정보를 얻기 위한 것이 아니라 세상을 변화시키고, 우리의 미래를 설계하는 데 필수적인 도구가 될 것이다.

해시태그

#경남하동 #악양대봉곶감 #건강간식 #겨울철간식 #전통방식 #비타민A #곶감요리 #곶감선물 #슈퍼푸드 #청정자연

[참고 자료]

'이것이 프롬프트엔지니어링이다'. 2024.07 두온교육

'프롬프트, 플라톤의 대화처럼'. 2024.05 디즈비즈북스

3

내 상품을 홍보하는 AI 멀티미디어

윤 지 영

제3장

내 상품을 홍보하는 AI 멀티미디어

Prologue

인공지능(AI) 기술이 영화, 스포츠, 금융, 커머스 등 모든 일상에서 생태계를 혁신하는 'AI 전환(AX)'은 일어나고 있다. 나아가 학생별 학업 수준에 따라 맞춤형 교육을 제공하는 'A I디지털 교과서'를 개발 중에 있으며 다양한 분야에서 이미 AI 전환이 일어나고 있다.

우리의 밥상을 만들고 제품을 소비자와 가까운 우리 농업, 소상공업에서도 이제 인공지능(AI)이 창의적인 마케팅과 홍보에 더욱 쉽고 빠르게 집중할 수 있게 됐다.

온라인 구매가 주가 된 상황에서 소비자의 선택을 받기 위한 내 상품의 이미지와 영상은 매출 증대를 위한 매우 중요한 요소이다. 내 상품을 직접 맛보고 사용할 수 없으니 판매자는 다양한 방법으로 소비자를 설득할 수 있는 요소들이 필요하다.

이제는 더 선명하고 빠르게 인공지능(AI)이 농식품, 중소상공인의 다양한 시장에서 홍보 효과를 극대화시킬 수 있다. 따라서 이 장에서 인공지능(AI) 툴을 활용해 우리 농산물과 제품과 서비스를 홍보하기 위한 노래 음악과 쇼츠, 영상을 제작할 수 있는 도구에 관해 소개하고 실제 영상을 제작해 보기로 한다.

Ⅰ. Vrew 활용 AI 숏폼 제작

1. Vrew로 쇼츠 영상 제작하기

[그림1] 브루(Vrew)로고

'Vrew'는 콘텐츠 작업을 하는 사람들을 위해 설계된 AI 기반 비디오 편집 도구로 눈에 띄는 기능은 비디오 내 음성을 자동으로 텍스트로 변환하는 기능이다. 이를 통해 보다 쉽고 직관적인 편집이 가능하며, 인공지능 기반의 영상 편집 플랫폼으로 주어진 주제에 맞게 글을 생성하고, AI 성우의 목소리를 선택해 개성 있고 목적에 맞는 영상을 제작할 수 있는 장점이 있다.

사용법이 직관적이고 간단해서 누구나 쉽게 영상 제작에 접근할 수 있다. 제품 및 서비스에 대한 홍보 영상을 제작하거나 쇼츠 및 유튜브를 통해 다양하고 지속적인 콘텐츠를 제작하기에 최적화된 도구라고 볼 수 있다.

이번 장에서는 Vrew의 모든 기능을 설명하는 기능에 집중하기보다는 현장에서 실제 농업인 소상공인이 내 영상을 갖고 쇼츠 영상을 만들 수 있는 중점 기능으로 설명하려고 한다.

회원가입 후 Vrew 사이트에서 [그림2] 처럼 하단의 '무료 다운로드'를 눌러 Vrew 앱을 내 컴퓨터 바탕화면 설치하면 바탕화면에서 Vrew 아이콘을 확인할 수 있다. 체험하기로 이용할 수 있지만 '내보내기' 기능을 사용할 수 없으므로 회원가입을 꼭 해야 한다.

[그림2] Vrew 다운로드

2. 영상 제작 기획하기

영상 콘텐츠 제작은 콘셉트, 대본, 촬영 등의 기획 과정이 필요하다. 기획이 탄탄할수록 좋은 영상이 되는 건 말할 것도 없다. 그러나 인력 부족인 농업인, 중소상공인의 실제 현장에서 기획 프로세스를 지키기에는 쉽지 않다. 그럼에도 영상 제작을 위한 기획을 숙지해서 전체 영상 제작에 대한 프로세스를 정리한다면 영상 제작 과정에서 실수와 비용을 줄여 나갈 수 있다.

1) 목표 설정

(1) 목표 설정

YouTube 쇼츠 영상을 통해 무엇을 달성하고 싶은지 명확히 정의한다. 브랜드 인지도 향상, 웹사이트로의 트래픽 유도, 리드 생성, 또는 직접적인 판매 증가 등 목표에 따라 콘텐츠 제작 과정과 완성이 결정된다.

(2) 타겟 시청자

타겟 시청자의 인구통계, 관심사, 행동 분석이 중요하며 시청자에 대한 이해는 영상의 톤, 스타일, 콘텐츠에 영향을 미친다.

2) 제품 및 내용 이해

(1) 핵심 기능

강조하고 싶은 제품의 가장 매력적인 기능과 장점을 알고 제품의 독특한 점과 시청자가 관심을 가져야 하는 메시지를 정리한다.

(2) 문제 해결 접근법

제품이 특정 문제를 어떻게 해결하는지 또는 어떤 필요를 충족시키는지 짧은 형식의 콘텐츠에 맞게 소구점을 정리한다.

3) 트렌드 조사 및 분석

(1) 트렌드 이해

현재 YouTube 쇼츠의 트렌드를 검색하고 내 제품과 유사한 인기 있는 키워드, 형식, 챌린지, 또는 오디오 트랙을 확인한다.

(2) 경쟁자 분석

유사한 브랜드나 경쟁자들이 쇼츠에서 어떤 활동을 하고 있는지, 효과적인 점과 그렇지 않은 점을 분석하고, 차별화할 수 있는 방법을 고민한다.

4) 창의적인 콘셉트 개발

(1) 처음 몇 초의 주목성

처음 2~3초 동안 시청자의 관심을 끌 수 있도록 주목을 끄는 제목, 놀라운 시각 효과, 흥미로운 질문 등을 활용하여 시청자를 사로잡는다.

(2) 쇼츠는 짧지만 명확한 콘텐츠의 구조를 가져야 한다.

① 소개: 문제나 상황을 간단히 소개

② 제품 소개: 제품의 주요 기능이나 사용 모습 보여주기

③ 행동 유도(CTA): 시청자에게 다음 단계(예: 웹사이트 방문, 구매, 구독) 유도

④ 스토리텔링 접근법: 제품의 가치를 강조하는 간단한 메시지나 데모 공유

5) 스크립트 및 스토리보드 작성

(1) 스크립트 작성

15~60초의 영상이라도 스크립트를 작성하여 모든 핵심 포인트를 간결하게 다룰 수 있도록 해야 하며 대화, 내레이션, 화면 텍스트 등을 포함한다.

(2) 스토리보드 작성

각 샷에 대한 시각적 계획을 세워 콘텐츠의 흐름을 시각화하면 촬영 중 필요한 모든 장면을 확보하는 데 시간과 비용을 절약할 수 있다.

6) 제작 계획

(1) 촬영 장소 및 설정

영상을 촬영할 장소를 결정하고 스튜디오, 사무실, 또는 야외 장소가 될 수 있으며 이때 제품 이미지와 일치해야 한다.

(2) 조명 및 사운드

상황에 따라 적절한 조명과 사운드가 필요하며 조명이나 오디오가 좋지 않으면 오히려 제품의 매력이 감소할 수 있으니 신중히 고려한다.

(3) 소품 및 인재

영상의 효과를 높이기 위해 모델, 소품, 또는 추가 제품을 식별한다.

7) 영상 편집

(1) 화면 비율 선택

목적에 따른 영상의 화면 비율(9:16), 해상도(1080x1920)를 확인한다.

(2) 편집 스타일

트렌드와 일치하는 스타일, 전환, 오디오 등의 효과 등을 익혀 편집 기능에서 적절히 활용한다.

(3) 음악 및 사운드 효과

분위기와 에너지를 높이는 음악이나 사운드 효과를 선택하며 저작권 등 라이선스를 꼭 확인한다.

(4) 자막 넣기

주요 포인트를 강조하는 말풍선 자막을 넣거나 소리 없이 시청할 가능성에 대비해 핵심 메시지만 정리한 자막을 넣어주는 것을 추천한다.

8) 목적에 맞게 최적화

(1) 제목 및 설명

관련 키워드가 포함된 매력적인 제목과 간결한 설명을 작성하고 해시태그 #Shorts를 포함시켜 검색 가능성을 높인다.

(2) 썸네일

유튜브 쇼츠는 썸네일을 자동 생성하지만, 영상의 메시지를 더 잘 전달하기 위해 썸네일을 별도 제작하여 추가 하는 것도 좋다.

9) 업로드 및 홍보

(1) 업로드 시간

타겟 시청자가 각 플랫폼에서 가장 활발하게 활동하는 시간을 조사하여 게시한다.

(2) SNS 공유

인스타그램 릴스, 네이버 클립, 페이스북 스토리, 틱톡 등 운영하고 있는 다른 소셜 미디어 플랫폼에서 쇼츠 영상을 공유하여 잠재고객의 도달 범위를 극대화시킨다.

(3) 댓글 참여

댓글에 신속하게 응답하여 참여를 유도하고 추가적인 상호작용을 촉진한다.

10) 분석 및 개선

(1) 모니터링

조회수, 좋아요, 공유, 유지율 등 영상의 성과를 추적하기 위해 유튜브 스튜디오 '채널 분석'을 통해 인사이트를 얻을 수 있다.

(2) 피드백 수집

댓글에서 시청자의 피드백에 주목하고, 인사이트를 바탕으로 향후 콘텐츠를 계획하고 조정한다.

(3) 지속적인 개선

채널분석의 데이터 기반 인사이트를 활용해 향후 영상 콘텐츠를 개선하고, 시청자의 반응이 가장 좋은 콘텐츠를 정리하고 향후 영상 기획을 업데이트 한다.

위 내용을 숙지하고 시청자의 선택을 받을 수 있는 흥미로운 쇼츠 영상을 제작하고 업로드하면 마케팅 목표에 맞춘 제품 홍보를 효과적으로 진행할 수 있을 것으로 본다.

3. 쇼츠 영상 제작 실전

캡컷을 활용하여 쇼츠 영상을 만드는 방법에는 내 상품의 이미지와 영상을 사용하고 글쓰기 내용도 직접 작성으로 제작할 수도 있지만, Vrew 주요 기능으로 삽입된 인공지능(AI)의 도움을 받아 글쓰기, 영상, 이미지를 자동으로 생성하여 빠르게 완성할 수도 있다.

그러나 우리 내 상품을 홍보하고 우리 기업을 브랜딩하기 위해서는 내 상품 관련 영상을 가져와 사용하기를 권장한다. 이 책에서는 농업인 유튜버 '쑤니네농장'의 실제 영상을 가져와 사용하며 영상 대본은 'AI글쓰기'를 통해 자동 생성하고 'AI성우'의 목소리를 삽입하여 쇼츠 영상을 제작하기로 한다. 처음 사용자가 영상의 기본 순서를 익힐 수 있도록 영상 제작 순서대로 작성하였다.

1) 텍스트로 비디오 만들기

'새로 만들기'에서 ① '텍스트로 비디오 만들기'를 선택하면 [그림3, 4]와 같이 3가지 순서로 영상 편집을 위한 사전 선택을 진행한다.

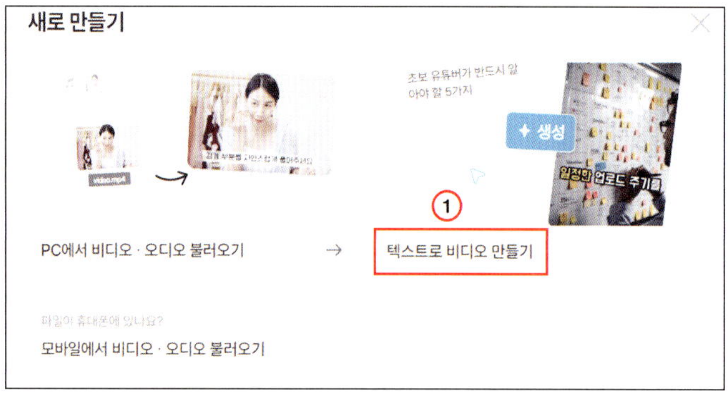

[그림3] 새로 만들기

마케팅 목적에 맞는 영상 스타일과 업로드할 플랫폼의 특징에 따라 영상의 화면 비율 선택이 중요하다. 이 책에서는 짧은 쇼츠 영상을 제작으로 영상의 기본 편집 과정을 알아보고자 한다. 따라서 영상의 화면 비율 선택은 ② '쇼츠 9:16'을 클릭하고 ③ '다음'을 누른다.

(1) 화면 비율 정하기

[그림4] 화면 비율 쇼츠(9:16)

비디오 스타일은 내 영상의 목적에 맞게 선택한다. 쇼츠 영상에서는 내 상품의 영상을 가져와 제작할 예정이므로 ④ '스타일 없이 시작하기'를 선택하고 ⑤ '다음'을 클릭한다.

(2) 비디오 스타일 선택

[그림5] 비디오 스타일 선택

'영상 만들기' 과정에서는 영상의 대본 및 이미지, 배경음악, AI 목소리 등을 설정할 수 있다. ⑥ '주제' 칸에는 영상의 대본을 입력한다. 우측에서 이미지, 배경음악, AI 목소리에 대한 설정도 할 수 있다.

⑦ '대본' 에는 내가 만드려는 쇼츠의 주제를 작성하고, AI 글쓰기를 클릭해 AI가 주제에 맞게 영상의 내용을 작성한다. AI 글쓰기 버전은 무료 3.5와 유료 4.0이 있다.

영상의 '주제'를 직접 작성한 후 'AI 글쓰기'를 클릭하면 '대본'이 주제에 맞게 AI에 의해 자동으로 완성이 된다. 여기에서 '주제' 작성은 프롬프트 작성으로 볼 수 있다.

AI에 작성된 '대본'은 그대로 사용하지 않고 내 상품과 농장이 대본에 자연스럽게 녹아들 수 있도록 일부 수정이 필요하며 불필요한 내용은 삭제한다. 마지막으로 내 상품과 농장이 맥락에 맞게 연결되고 있는지도 확인한다.

대본이 완성되면 ⑧을 클릭해 대본을 읽어줄 'AI 성우 목소리'를 변경할 수 있다.

(3) 영상 만들기

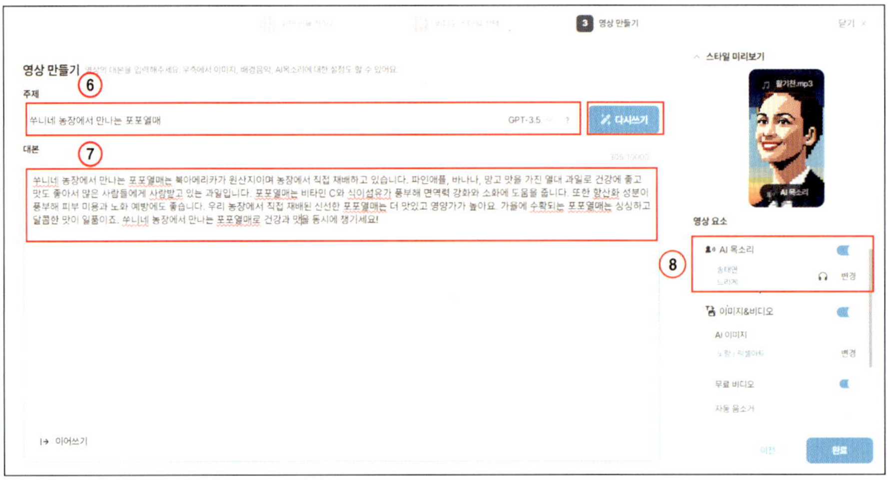

[그림6] 주제, 대본, 성우 선택

⑨에서 '성별, 연령대'에 맞는 AI 성우를 선택하고 미리 듣기를 통해 내 영상에 맞는 성우를 최종 선택하고 ⑩ '확인'을 클릭하면 자동으로 영상을 완성한다.

[그림7] AI 성우 미리 보기

2) 영상 편집 화면 보기

AI에 의해 내 영상의 주제와 대본에 맞는 영상이 자동으로 생성돼 AI 목소리와 함께 한 편의 쇼츠 영상이 빠르게 생성된다.

상단의 편집 메뉴를 제외하고 편집 화면은 ① 크게 영상 편집 화면 미리 보기, ② 대본 편집 창, ③ 나의 에셋으로 나눌 수 있다.

(1) 미리보기 창

내 영상의 비율을 설정하고 자막 및 추가 자막을 작성하고 확인 할 수 있다.

(2) 대본 편집 창

대본의 내용을 세부적으로 수정하고 변경하고 삭제할 수 있으며 문단의 길이를 다음 창으로 나누거나 줄 합치기, 나누기를 진행할 수 있다.

(3) 나의 에셋/무료 에셋

내 컴퓨터의 이미지, 비디오, GIF를 가져와 저장해 사용할 수 있으며, 상단 메뉴의 [삽입]-[무료 이미지·비디오]-[무료에셋]을 클릭하면 저작권 없는 무료 소스(이미지, 비디오, 도형, GIPHY)를 검색해 사용할 수 있다.

다양한 소스를 적절하게 사용하면 콘텐츠가 풍부해질 수 있지만 콘텐츠 마케팅에서는 화려한 에셋 사용이 오히려 혼란을 줄 수 있으므로 필수요소 및 최소화로 본질에 집중해 제작할 것을 권장한다.

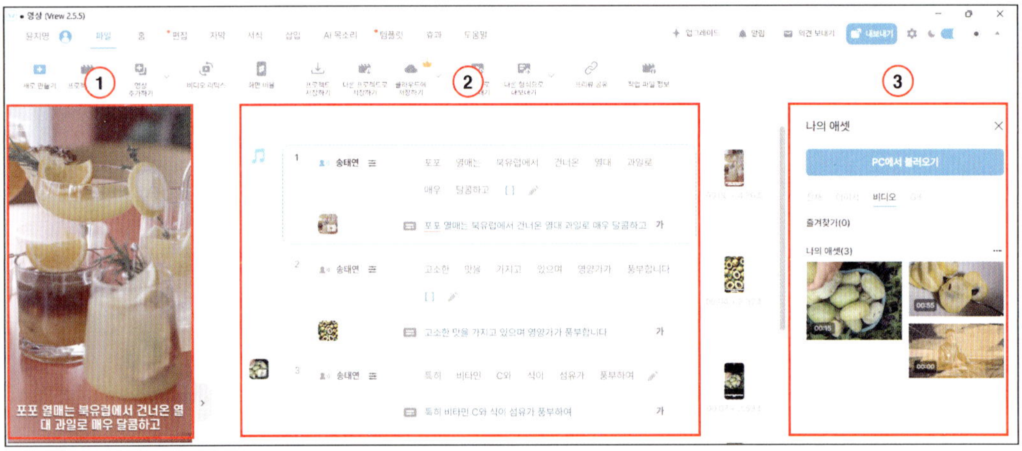

[그림8] 프로젝트 편집 메뉴

3) 프로젝트 저장하기

영상 편집을 시작하기 전에 편집 중인 영상의 프로젝트를 저장한다. '프로젝트 저장하기'는 중간에 영상을 끝내고 저장한 후, 다시 프로젝트를 불러와 나머지 작업을 이어서 진행할 수 있다.

①, ② [파일]-[프로젝트 저장하기]로 작업 중인 프로젝트를 저장하고 ③ 저장된 프로젝트를 '프로젝트 열기'를 통해 작업을 이어갈 수 있다.

[그림9] 프로젝트 열기 및 저장

4) 불필요한 자막 삭제하기

'대본 편집 창'에서는 대본의 내용이 '미리 보기' 창에서 한 줄 또는 두 줄이 넘는 텍스트를 다음 창으로 넘기거나 불필요한 자막을 체크하고 삭제(Delete)한다. 쇼츠 영상을 60초 이내로 중요한 핵심만 맥락에 맞는 메시지 전달이 중요하기 때문에 대본을 삭제하고 수정하는 부분은 꼭 필요하다. 대본을 삭제하면 대본과 연결된 이미지 또는 영상도 함께 삭제된다.

[그림10] 자막 클립 삭제

5) 영상 교체하기

영상의 대본과 관련 이미지가 자동으로 만들어져 AI 영상 편집이 편리하지만 내 상품을 홍보하기 위한 영상 편집에는 적합하지 않다. 대본 작성은 AI를 활용할 수 있지만, 삽입 영상은 내 상품을 촬영한 영상으로 꼭 교체해야 한다. 교체한 영상을 제외한 이미지는 '삭제'를 눌러 제거한다.

편집창에서 해당 영상의 ① 썸네일을 클릭해 ② 교체를 누르면 내 PC의 영상을 불러와 교체할 수 있다. 또는 나의 에셋에서 ③ PC에서 불러오기를 클릭해 영상을 나의 에셋으로 미리 저장하면 ④ 원하는 영상을 선택해 빠르게 교체할 수 있다. ⑤에서는 영상 및 이미지가 지속되는 적용 범위를 변경할 수 있다.

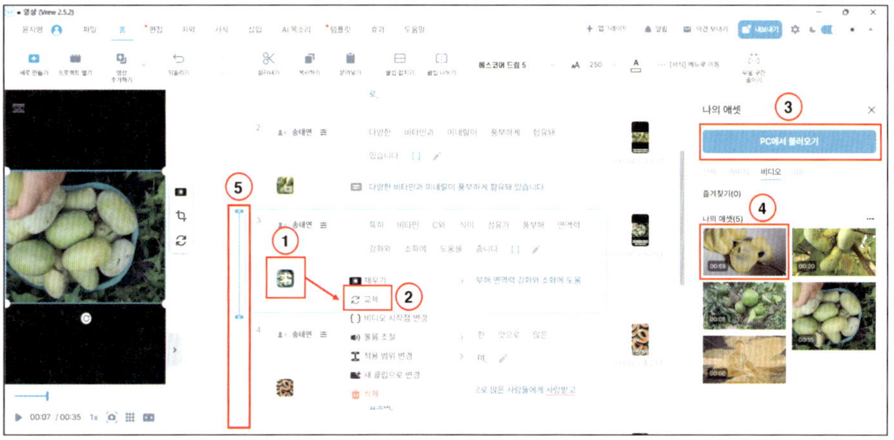

[그림11] 영상 교체 및 적용 범위 설정

6) 장면 텍스트 줄 나누기

영상의 미리 보기 창에서 텍스틀 줄이 두 줄 이상일 경우에는 시청자의 가독성이 떨어질 수 있다. 한 줄 또는 두 줄을 넘기지 않도록 해야 한다. 텍스트의 줄을 넘길 때는 다음 화면으로 넘기려는 단어 뒤에서 'Shift + Enter'를 누른다. 위의 그림과 같이 텍스트가 다음 창으로 나눠지면 두 개의 장면이 생성된다. 이때 단어 단위로 나눠주는 것이 가독성에 좋다.

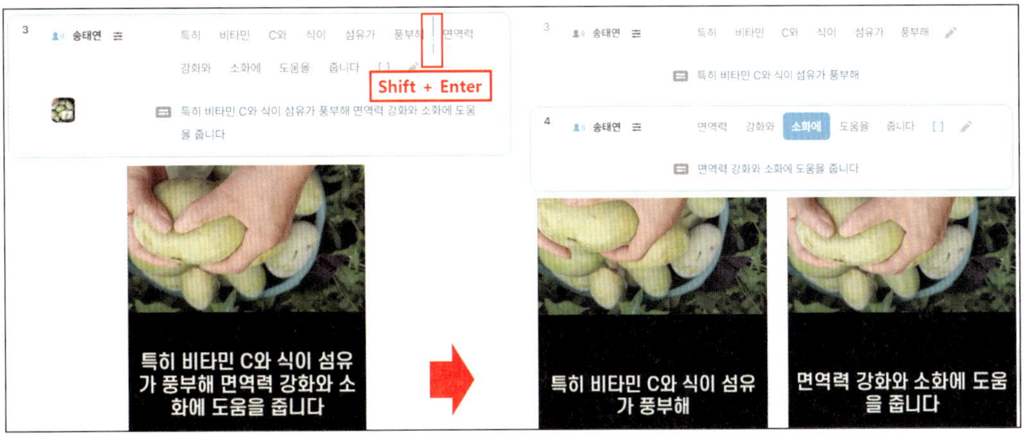

[그림12] 텍스트 줄 나누기

7) 장면 텍스트 줄 합치기

두 개의 자막 클립을 하나로 합칠 때는 연결할 단어 뒤에서 '삭제(Delete)' 키를 누르거나 두 번째 클립의 첫 단어에서 '뒤로가기(Backspace)'를 누른다. 두 개의 자막 클립이 하나의 클립으로 합쳐지면서 두 개로 나눠진 영상 장면이 하나로 보인다.

[그림13] 텍스트 줄 합치기

8) 한 장면에서 텍스트 줄 나누기

한 장면으로 텍스트 줄을 나눌 때는 ①번 자막 클릭의 하단에서 Enter 키로 줄을 나누고, 연결할 때는 그 자리에서 삭제(Delete)를 누르면 공간이 삭제돼 나눠진 줄이 연결된다. 영상의 한 장면에서 단어 단위로 정리가 필요할 때 사용한다.

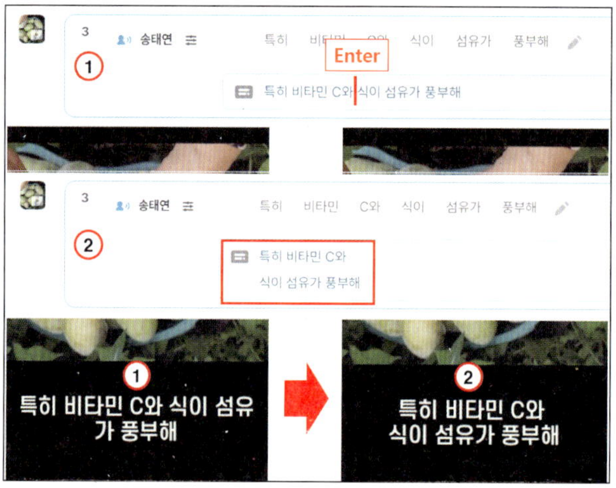

[그림14] 텍스트 줄 나누기

9) 텍스트 추가하기

제목 또는 텍스트를 추가하고 싶을 때 '파일'-'기본 텍스트'를 클릭해 텍스트를 입력한다. 텍스트 옵션에서 글꼴 크기, 색상, 테두리 등의 세부 사항을 수정한다. 자막을 제외한 상단에 추가되는 제목 텍스트는 영상의 전체를 이끄는 역할을 하므로 꼭 필요한 추가 항목이다. 브랜드 로고처럼 적용 범위를 '전체 클립으로' 설정해 처음부터 끝까지 제목 텍스트가 유지될 수 있도록 설정한다.

[그림15] 제목 텍스트 추가하기

10) 영상 저장하기

하나의 자막 클립을 재생할 때는 Tab을 누르고, 전체를 재생시키려면 Spacebar를 클릭하면 단축키로 빠르게 영상의 재생을 확인할 수 있다. 최종 영상이 마무리되면 우측 상단의 '내보내기' 목록에서 영상 파일(mp4)를 선택해 프로젝트를 영상으로 저장한다.

[그림16] 프로젝트 내보내기

11) Vrew 제작 쇼츠 제작결과

[그림17] Vrew 제작 쇼츠 제작결과 : 쑤니네 농장(영상출처 : 쑤니네농장(유튜브))

Ⅱ. CapCut 활용 영상 제작

1. 캡컷 홈 화면 설정

캡컷은 PC와 스마트폰에 모두 사용이 가능하지만 이 책에서는 유용하게 사용할 수 있는 영상편집기로 PC 버전으로 설명했다. 인터넷에서 캡컷 프로그램을 다운로드 받아 설치한다.

[그림18] CapCut 로고

1) '홈 메뉴' 프로젝트 및 언어 변경

① '프로젝트'에서는 프로젝트 영상이 날짜순으로 쌓이며 영상 이미지의 오른쪽 하단을 클릭하면 영상의 업로드, 이름 변경, 복제, 삭제를 실행할 수 있다.

② '휴지통'을 클릭하면 삭제된 프로젝트를 확인할 수 있으며 해당 프로젝트를 클릭해 복원할 수 있다. 이때, 해당 프로젝트에 적용된 영상 및 이미지가 삭제되거나 위치가 변경되면 프로젝트를 복원할 수 없다.

③ 기본 설정은 영어로 돼 있으며 '설정'에서 '언어'를 선택하고 '한국어' 버전으로 변경할 수 있다.

④ '프로젝트 만들기'을 누르면 새로운 영상 프로젝트를 편집하기 위한 편집화면이 열린다.

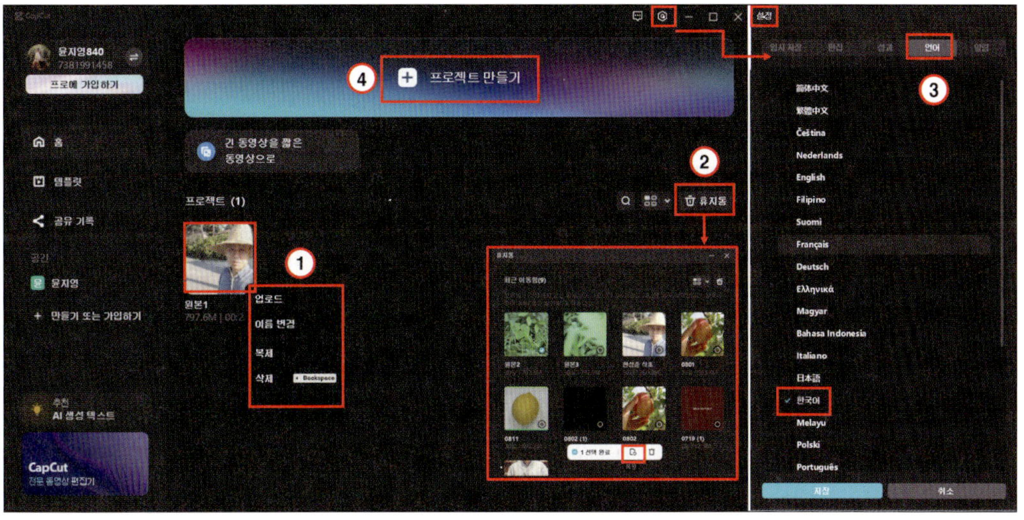

[그림19] 홈 화면 메뉴 보기 및 언어 변경

2) '홈 메뉴' 브랜드 키트 설정

⑤ '공간'의 사용자 이름에서 '브랜드 키트'는 무료에서도 사용이 가능한 메뉴로 다양한 자료를 저장할 수 있어 매우 유용하다. 내 편집 영상과 관련된 동영상, 이미지, 스티커, 글꼴, 배경, 음악, 텍스트 사전 설정, 조정 사전 설정, 재조명 사전 설정 등에서 저장된 자료를 활용해 빠르게 내 영상의 품질을 높일 수 있다. 예를 들어 브랜드 로고 이미지, 자막으로 자주 사용하는 글꼴 다운로드, 액자 이미지, 글꼴 색상, 인트로 영상 등을 저장할 수 있다.

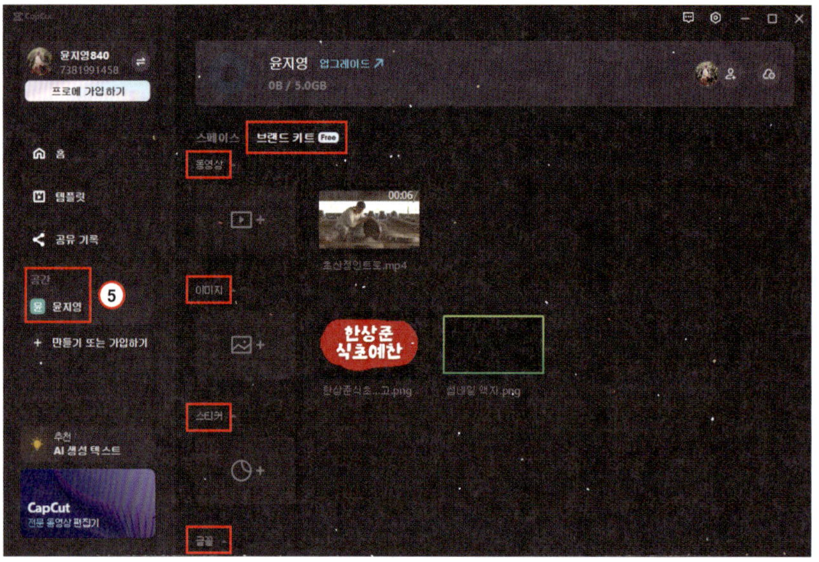

[그림20] 홈 화면 메뉴 보기 및 언어 변경

2. 캡컷 편집 화면 익히기

1) '타임라인' 좌측 메뉴 보기

① 선택(A) : 영상의 분할, 왼쪽 방향으로 선택, 오른쪽 방향으로 선택

② 실행 취소(Ctrl + Z) : 전 작업으로 돌아가기

③ 다시 실행(Ctrl + Shift + Z) : 이전 작업으로 돌아가기

④ 분할 : '재생헤드'를 기준으로 영상 클립을 나눔

⑤ 왼쪽 삭제(Q) : '재생헤드'를 기준으로 영상의 왼쪽 삭제

⑥ 오른쪽 삭제(W) : '재생헤드'를 기준으로 영상의 오른쪽 삭제

⑦ 휴지통 : 이미지, 오디오, 영상 등의 클립 삭제(Backspace 또는 Del)

⑧ 마커 추가(M) : 편집 중 필요한 부분을 책갈피처럼 표시 및 삭제

⑨ 프리즈 : 영상 클립의 한 장면을 이미지로 변환해 저장(3초)

⑩ 역방향 : 영상 클립의 시작과 끝이 반대로 재생

⑪ 미러링 : 이미지, 영상 클립 좌우대칭

⑫ 회전 : 이미지, 영상 클립 회전하기

⑬ 비율 조정 : 영상 클립의 장면 사이즈 조정

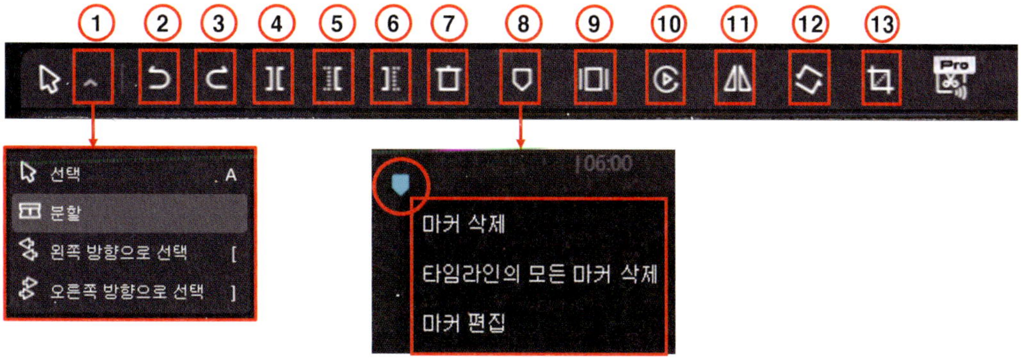

[그림21] 편집 화면의 '타임라인' 좌측 메뉴 보기

2) '타임라인' 우측 메뉴 보기

① 음성 녹음 : 빨간 원의 버튼을 클릭해 음성 녹음을 영상에 삽입
② '메인 트랙 마그넷' 끄기/켜기(P) : 영상과 영상이 자석처럼 붙음
③ '자동 스냅' 끄기/켜기(N) : 재생헤드 기준선에 맞게 클립 자동 맞춤
④ '연결' 끄기/켜기(~) : 메인 트랙 영상과 텍스트가 함께 그룹으로 이동
⑤ '미리보기 축' 끄기/켜기(S) : 노란색 미리보기 세로선으로 빠르게 이동
⑥ 타임라인에 맞게 크기 조정(Shift+Z) : 전체 타임라인 기본 조정
⑦ 타임라인 확대/축소 : Ctrl+(+/-) 또는 마우스 휠, 타임라인 길이 조정

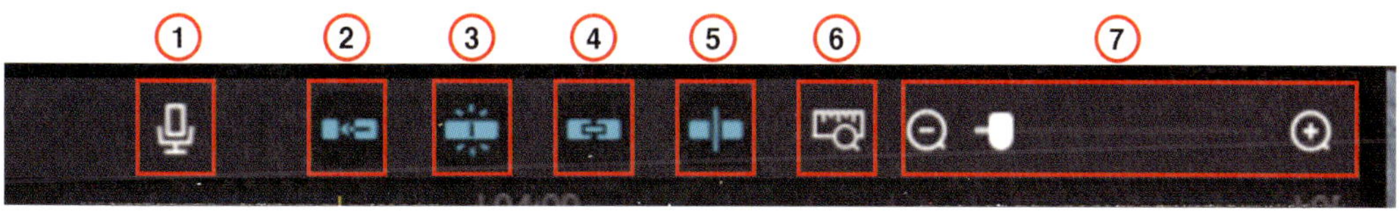

[그림22] 편집 화면의 '타임라인' 우측 측 메뉴 보기

3) 영상 편집 필수 기능 이해

(1) 텍스트 넣고 〈글꼴〉 변경하기

① 우측 '텍스트'–'기본'에서 기본 텍스트의 내용을 수정하고 타이틀을 원하는 위치에 놓는다.

② '글꼴'에서 원하는 글꼴을 선택한 후 글꼴, 색상, 크기, 획, 정렬 등을 수정할 수 있다.

③ 설정한 글꼴을 다음에도 반복해 사용하고 싶다면 '사전 설정으로 저장'해 사용할 수 있다.

③ '사전 설정 스타일'에서 다양한 글꼴 스타일을 선택해 한 번에 적용할 수 있다.

④ 텍스트 클립을 클릭해 Alt +드래그로 복사하고 내용을 수정하면 글꼴 효과를 그대로 유지할 수 있다.

[그림23] 제목 텍스트 작성하기

(2) 텍스트 간지 삽입하기

'가져오기'의 '스톡 자료'에서 검정색 간지 이미지를 해당 영상 사이에 삽입하고 필요에 따라 이미지의 길이를 조절한다. '텍스트'의 '기본 텍스트'에서 질문을 작성하고 텍스트의 속성을 알맞게 설정한다. 질문을 작성할 때는 텍스트에 집중할 수 있도록 화려한 색상의 이미지보다 검정 또는 흰색의 이미지를 추천한다. 영상의 한 장면을 스틸 프레임 이미지로 내보내기 한 후 텍스트에 배경을 넣어 활용할 수도 있다.

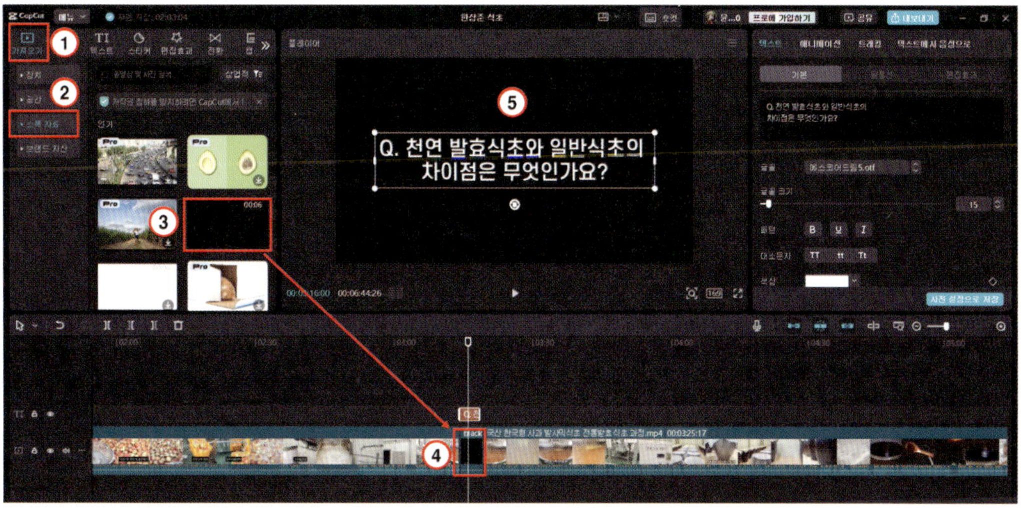

[그림24] 간지 이미지로 질문하기

(3) 스틸 프레임으로 내보내기

영상에서 정지된 화면을 이미지로 저장해 썸네일을 만들거나 영상 편집 중 이미지로 삽입할 수 있다. 영상의 한 장면을 길게 보여주고 싶을 때 활용이 가능하다. 영상의 한 장면에서 '스틸 프레임 내보내기'를 클릭해 '프로젝트 가져오기'를 활성화하고, '내보내기'를 클릭하면 이미지가 저장되는 동시에 좌측 '가져오기' 영상에 이미지가 포함된다.

[그림25] 정지된 화면 이미지로 저장하기

(4) '키프레임'으로 화면이 점점 확대되는 영상 만들기

① 시작 : 해당 영상을 클릭 후 확대를 '시작'하려는 위치에 기준선을 놓고, 우측 '동영상'-'기본'-'변형'-'확대'에서 '시작' 값 : 100% 키프레임 체크(임의 조정)

② 종료 : 해당 영상을 클릭 후 확대를 '종료'하려는 위치에 기준선을 놓고, 우측 '동영상'-'기본'-'변형'-'확대'에서 '종료' 값 : 130% 키프레임 체크(임의 조정)

③ 영상의 속도를 조절해야 할 때 우측 메뉴 '속도'-'표준'에서 속도 값을 빠르게 배속값 1.5배 조절(느리게/빠르게 임의 조정)

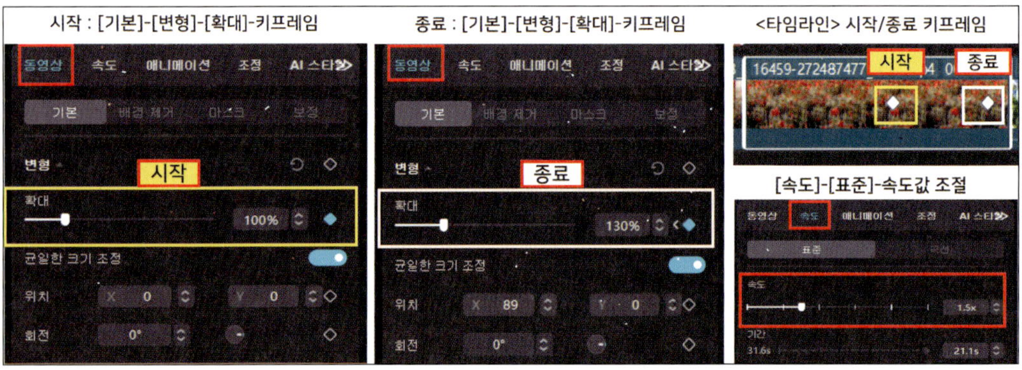

[그림26] 편집 화면의 '타임라인' 우측 메뉴 보기

(5) '커버/내보내기' 커버 편집 및 프로젝트 내보내기

'커버'를 클릭하고 편집 툴에서 썸네일 화면을 자유롭게 편집할 수 있으며 미리 만들어 놓은 썸네일 이미지를 가져와 커버로 설정할 수도 있다. 최종 영상을 '내보내기'에서 해상도(1080p), 프레임 속도(30fps)을 설정하고 프로젝트 '내보내기'로 최종 영상을 저장한다.

'내보내기' 하단 좌측에서 최종 영상의 길이와 크기를 확인할 수 있다. 이때, 유료 사용 메뉴를 적용했다면 해당 작업에서 프로(Pro)가 나타나며 프로에 가입하지 않으면 '내보내기'를 할 수 없다. '편집으로 돌아가기'를 클릭해 해당 유료 작업을 해제하고 다시 내보내기를 진행한다.

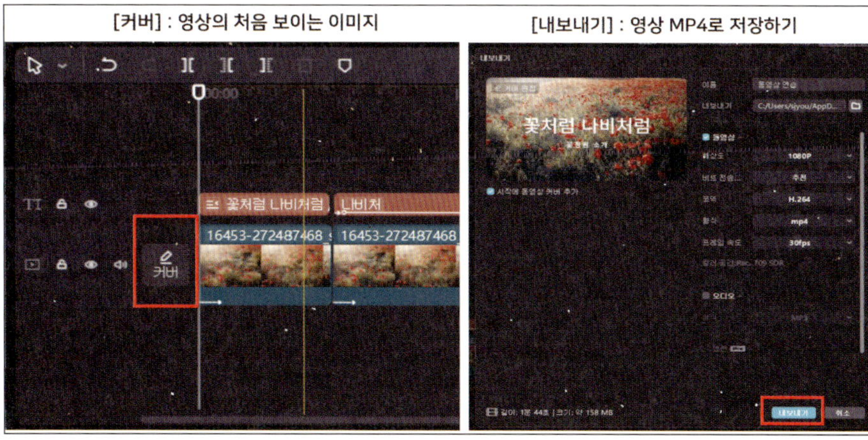

[그림27] 커버 편집 및 프로젝트 저장하기

3. 유튜브 영상 제작 실전

1) 영상 가져오기

① '가져오기'를 메뉴를 클릭해 내 컴퓨터에 저장된 원본 영상을 하나씩 또는 Ctrl 누르고 여러 개의 영상을 선택해 한 번에 불러올 수 있다.

② 불러온 영상을 '타임라인'에 순서대로 끌어다 놓은 후 원하는 스토리의 순서에 맞게 영상 클립의 위치를 다시 이동할 수 있다.

[그림28] 원본 영상 <타임라인>으로 가져오기

2) 컷 편집

영상 편집 과정에서 가장 중요한 부분은 불필요한 부분을 디테일하게 삭제해서 군더더기를 없애야 한다. 영상의 길이가 짧아지더라도 맥락에 맞지 않는 부분은 과감하게 삭제할 필요가 있다.

① 해당 영상을 클릭하고 '재생헤드'라고 불리는 기준선을 영상의 해당 위치에 놓고 ② 타임라인의 좌측 메뉴 '분할/왼쪽 삭제/오른쪽 삭제'를 선택해 영상의 불필요한 부분을 제거한다.

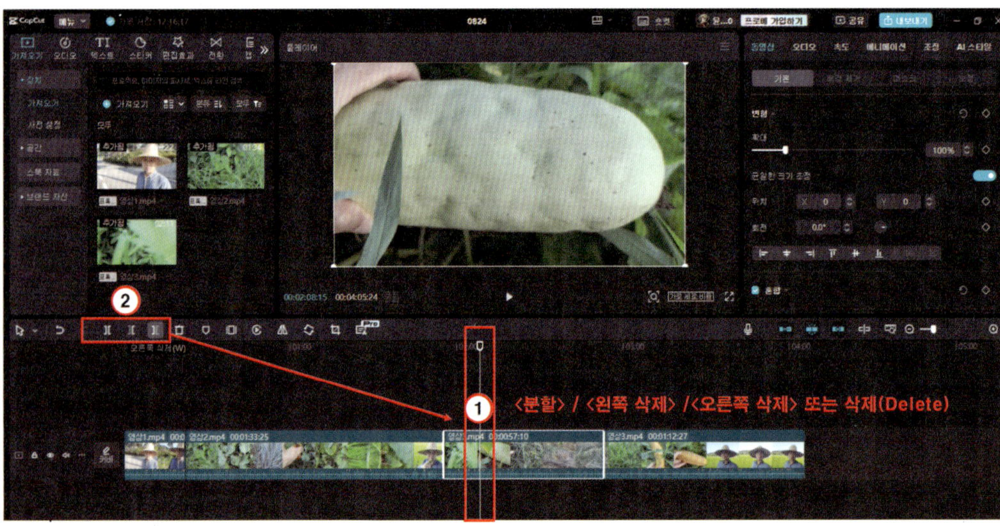

[그림29] 영상 분할 및 삭제하기

3) 장면전환 넣기

'장면전환'은 현재 영상에서 다음 영상으로 넘어갈 때 또는 장면이 바뀔 때 때 시청자가 어색하지 않게 장면을 자연스럽게 연결 짓는 역할을 한다.

'장면 전환' 효과가 필요 없는 경우도 있지만, 장면이 크게 바뀔 때는 맥락이 끊어지는 느낌을 최소화하기 위해 넣는 것을 권장한다. 유튜브 영상의 '장면전환' 선택은 화려한 액션 효과를 넣기보다는 자연스럽게 이어지는 심플한 효과를 선택하는 것이 영상의 품질을 높여준다.

①, ②, ③에서 좌측 메뉴 '전환'의 'B페이드' 효과를 선택하고 영상과 영상 사이에 끌어다 넣는다. '장면 전환' 효과가 선택된 상태에서 ④에서 전환 효과의 시간의 길이를 조절할 수 있으며, ⑤에서 처음 선택한 효과를 한 번에 전체 영상에 같은 장면 전환 효과로 적용할 수 있다.

'전체 적용'을 원하지 않으면 영상마다 효과를 다르게 선택해 넣을 수 있고 'Delete'를 눌러 전환 효과를 삭제할 수 있다. 하지만 장면 전환 효과를 3개 이상 사용하는 것은 오히려 영상의 품질을 떨어뜨릴 수 있다.

[그림30] 영상과 영상 사이에 장면전환 넣기

4) 텍스트 추가하기

유튜브 영상 편집에서 텍스트의 글꼴 선택은 영상의 품질을 높일 수 있는 중요 요소이며, 저작권과 관련이 있어 글꼴 선택이 매우 중요하다. 캡컷 무료 사용에서 제공하는 글꼴을 사용하지 않고 '눈누 사이트'에서 저작권 없는 무료 글꼴을 다운로드 받아 사용하기를 권장한다.

유튜브 영상에서 자막은 텍스트로 추가되기도 하지만 자막을 생략하고 직접 음성을 녹음해 나레이션으로 표현하기도 한다. 음성 녹음으로 전체 영상을 리드할 때는 오히려 지나친 텍스트 자막이 시청에 집중도를 떨어뜨릴 수 있다. 텍스트 자막 또는 음성 내레이션 중 하나만 선택할 것을 권장한다.

오디오가 불가한 곳에서는 시청자의 이해를 돕기도 하지만, 지나치게 친절한 자막은 시청에 방해를 주기 때문에 콘텐츠의 난이도와 상황에 따라 자막 텍스트의 위치는 통일하고 부분 장면에서 색상 및 크기로 조절한다. 이때 일관된 자막이 아닌 말풍선은 현장감과 재미 요소를 더하기 때문에 꼭 추천한다.

①, ② '기본 텍스트'를 끌어다 원하는 영상의 위치에 놓고 우측 메뉴 ③ '텍스트'에서 내용을 수정하고 가독성에 맞게 글꼴, 크기, 색상, 위치 등을 선택해 수정한다. ④ '플레이어'의 영상 장면의 미리보기를 통해 적절한 텍스트를 확인하고 수정한다.

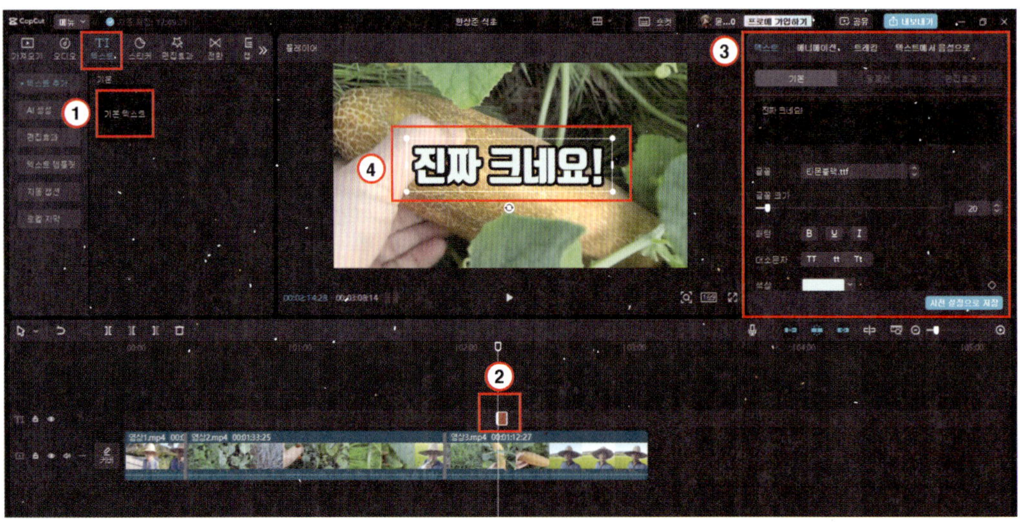

[그림31] 영상의 자막 또는 텍스트 추가하기

5) 자동자막 넣기(유료)

캡컷 사용에서 가장 큰 장점 2가지는 무료 사용에서도 제품 로고가 나타나지 않으며, AI 기술을 통해 자동자막을 무제한으로 넣을 수 있었다. 하지만 최근 캡컷 프로그램이 버전 업데이트 되면서 대부분을 유료 사용으로 전환하면서 '자동캐션'을 사용할 수 없게 됐다. 이때, 자동자막을 대신할 수 있는 프로그램이 앞에서 설명한 Vrew 프로그램이다.

캡컷에서 자동자막을 제외하고 기본 텍스트를 삽입한 영상을 모두 완성 후 프로젝트 내보내기 후 Vrew에서 자동자막을 완성하는 것을 추천한다. 한편, 무료로 사용하는 Vrew는 영상이 시작되는 3초간은 Vrew의 제품 로고가 자동 삽입되므로 도입부에서 가벼운 인트로 영상을 삽입하는 것을 추천한다.

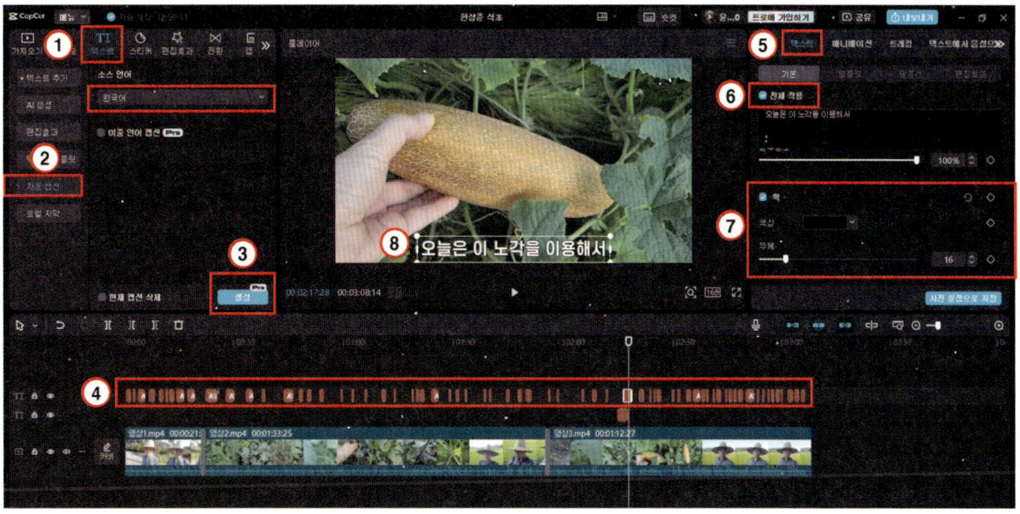

[그림32] 자동자막(유료) 고급 기능

6) 배경 음악 넣기

유튜브 영상 편집에서 오디오는 글꼴과 함께 저작권과 관련이 있어 캡컷 무료 사용에서 제공하는 오디오는 사용하지 않는 것을 권장한다. 그러므로 오디오 사용은 '유튜브 스튜디오'에서 저작권 없는 오디오를 선택해 캡컷으로 가져와 사용한다. 이때, 배경음악은 영상의 분위기와 어울려야 하며 본 영상의 음성을 방해하지 않도록 위치와 볼륨을 조절한다.

좌측 메뉴 ①, ②, ③의 '오디오'에서 미리 삽입한 '브랜드 음악'에서 필요한 음악을 선택해 ④ 타임라인에 끌어다 놓는다. ⑤ '기본'에서 오디오의 볼륨을 줄이고, 볼륨이 시작되는 '페이드 인', 사라지는 '페이드 아웃'의 시간을 조정한다.

[그림33] 배경음악 넣기

7) 브랜드 로고 넣기

유튜브 영상 편집에서 브랜드 로고는 내 영상의 정체성을 알리고 브랜딩 및 마케팅할 수 있는 역할을 하므로 꼭 제작해 삽입할 것을 권장한다. 브랜드 이미지를 '브랜드 자산'에 넣으면 언제든 영상 편집 시 불러올 수 있어 편리하다. 로고 이미지는 크기와 위치를 조절한 후 끝부분을 영상이 끝나는 곳까지 끌어당겨 영상 시작에서 끝까지 노출될 수 있도록 설정한다.

[그림34] 내 브랜드 로고 넣기

8) 프로젝트 내보내기

영상 편집이 끝나면 ①에서 최종 영상의 시간을 확인할 수 있다. 마지막으로 다시 한 번 영상을 확인하기 위해 ②의 '재생 헤드'를 맨 처음으로 끌어서 이동하거나 '홈(Home)' 버튼을 눌러 처음 위치로 이동시켜, '재생 버튼(▷)'을 누르거나 '스페이스 바(Space bar)'를 눌러 전체적인 내용을 확인한다.

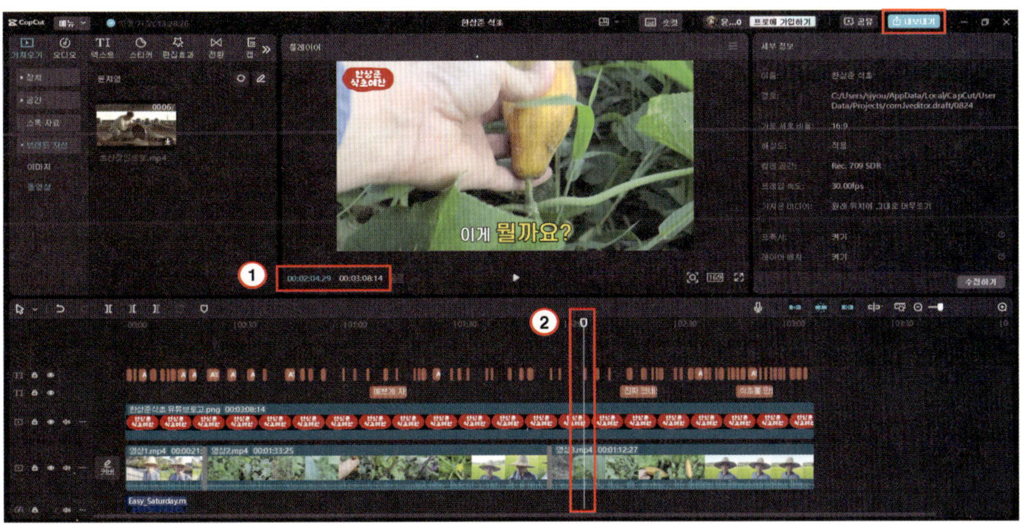

[그림35] 영상 프로젝트 저장하기

9) 캡컷 영상제작 결과

[그림36] 캡컷 영상 출처 : 초산정(주) 한상준식초, 픽사베이

Ⅲ. CapCut AI 마법도구 활용

캡컷(CapCut)에서는 PC, 모바일용 동영상 편집기에 이어 홈페이지에서는 동영상과 이미지를 중심으로 AI 도구를 활용해 다양한 편집 기능으로 비즈니스에 직접적인 도움을 받을 수 있다.

[그림37] CapCut 마법 도구

1. AI로 만들기

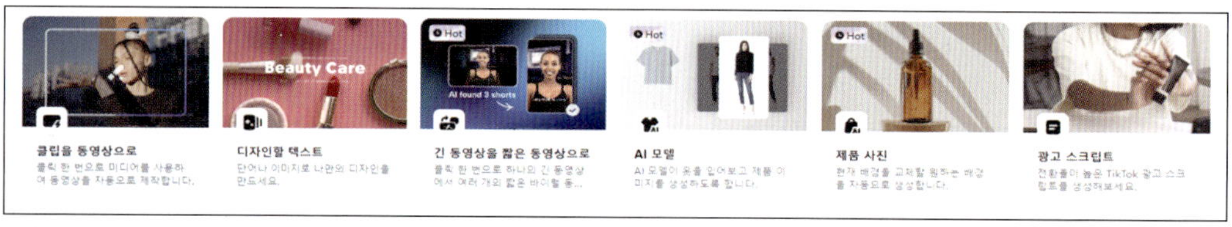

[그림38] AI로 만들기 도구

1) 클립을 동영상으로

몇 개의 영상 클립을 업로드하면 영상에 맞게 디자인 템플릿을 자동으로 만들어주며 미디어업로드 → 동영상보기 → 편집 및 내보내기로 영상을 빠르게 제작할 수 있다.

[그림39] 영상 클립을 일부 디자인 템플릿으로 변경

2) 디자인할 텍스트

요구사항을 프롬프트로 작성하면 AI에 의해 적합한 10개의 디자인 이미지가 생성되며 가장 적합한 이미지를 선택하고 다운로드 할 수 있다.

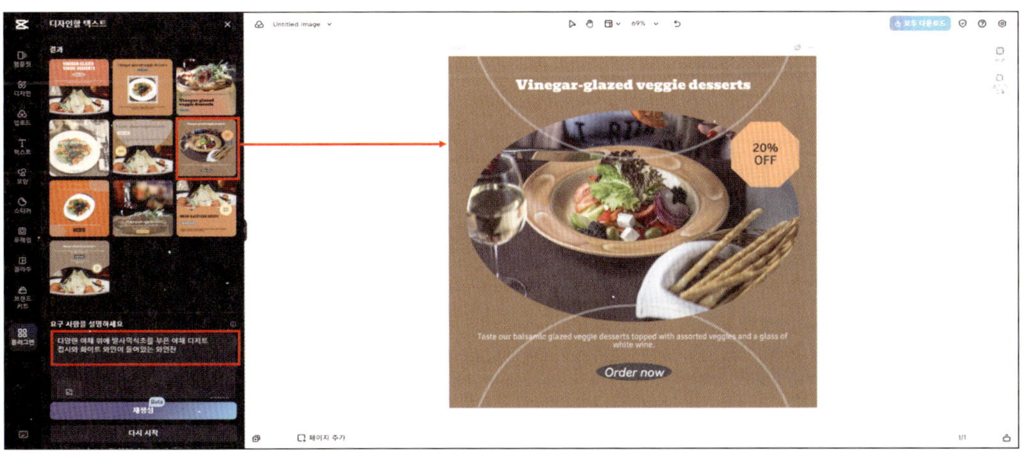

[그림40] 프롬프트 디자인

3) 긴 동영상을 짧은 동영상으로

완성된 영상을 업로드하면 원하는 부분을 선택해 9가지의 짧은 쇼츠 영상으로 변환된다. 해당 영상을 클릭하고 '더보기'에서 디테일하게 수정해 쇼츠 영상으로 활용하기에 좋다.

[그림41] 동영상 쇼츠 영상 변환

4) AI 모델

해당 제품의 이미지 파일을 업로드하고 모델을 선택하면 제품을 착용한 AI 모델을 생성해준다.

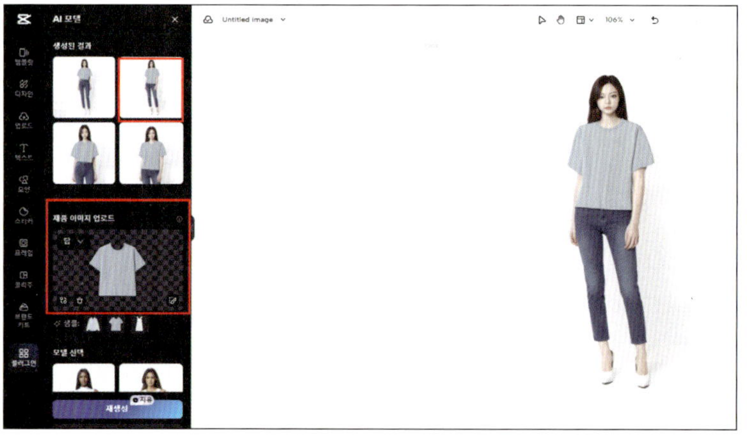

[그림42] 제품 착용 AI 모델

5) 제품 사진

배경이 제거된 제품 사진을 업로드하면 AI에 의해 업로된 제품을 중심으로 배경 사진을 생성해준다.

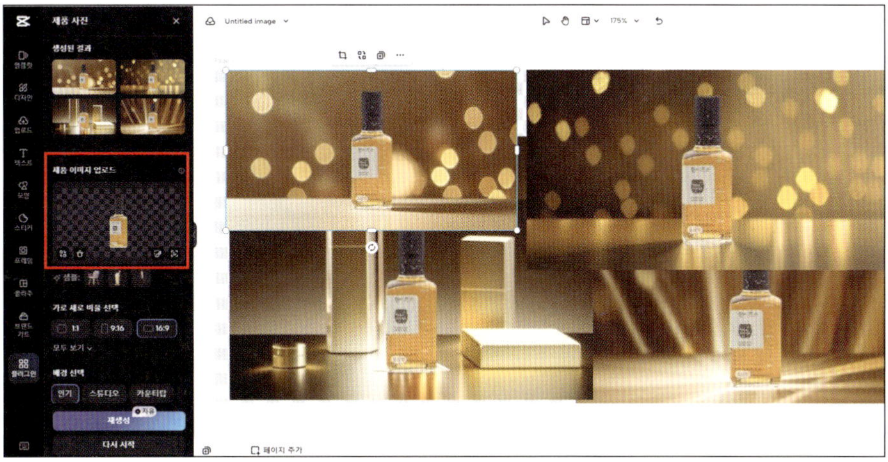

[그림43] 배경 이미지 변경

2. 이미지용

이미지를 용도에 따라 사용할 수 있도록 이미지용 AI 기능에 의해 내 제품에 맞는 이미지 환경을 빠르게 변경하고 활용할 수 있다. 자주 사용하는 기능들을 알아보자.

[그림44] 영상 프로젝트 저장하기

1) 일괄 편집

여러 장의 사진을 일괄 업로드하면 한 번에 배경을 제거해 주며, 원하는 배경색상을 선택하면 이미지의 사이즈가 일괄적으로 적용돼 다운로드 받을 수 있다. 제품 배경색상과 사이즈를 통일해야 할 때 유용한 도구이다.

[그림45] 이미지 일괄 편집

2) 배경 제거

다양한 색상의 배경을 가진 사진도 피사체를 남기고 깔끔하게 제거해 준다. 제품의 배경을 변경하고 싶을 때 필수 기능이다.

[그림46] 이미지 배경 제거

3) 텍스트-이미지

텍스트 프롬프트를 입력하고 우측 메뉴에서 스타일을 선택하면 텍스트만으로 스타일에 맞는 이미지를 생성해준다.

[그림47] 프롬프트 이미지 생성

4) 이미지 생성 도구

이미지를 업로드 후 원하는 스타일의 텍스트 프롬프트를 구체적으로 입력한다. 우측 메뉴에서 스타일을 선택하면 스타일에 맞는 이미지를 생성해준다.

[그림48] 프롬프트 이미지 생성 도구

5) 오래된 사진 복원

손상된 사진이나 오래된 사진을 업로드하면 좀 더 선명하게 복원할 수 있다. 오래되고 희미한 제품 사진을 복원하거나 선명한 느낌을 원할 때 사용할 수 있다.

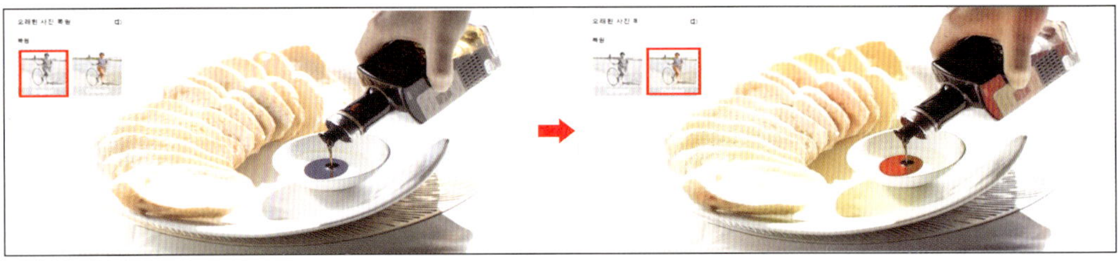

[그림49] 제품 사진 복원

Epilogue

현시대는 AI 도구를 잘 활용할 줄 아는 것은 상품을 생산하고 판매하는 입장에서 매우 유용한 도구이다. 챗GPT를 활용한 마케팅에 대한 인사이트를 얻을 수 있다면 AI 도구는 구체적인 마케팅 실전에서 최고의 힘을 발휘한다.

전 국민의 필수 미디어로 유튜브의 영향력이 날로 커지고 있다. 상품을 생산하고 판매하는 사업자라면 유튜브의 수익 창출을 별개로 유튜브를 통해 홍보 마케팅은 필수가 됐다. AI 도구의 출현으로 누구나 쉽게 마케팅 실전에 접근할 수 있게 됐다.

그 많은 AI 도구중에서 본문에 몇가지를 소개했다. 다행히 어렵지 않게 배울 수 있고 한번 배워 놓으면 그 어느 것보다도 사용자 스스로가 재미있게 그리고 효과적으로 활용이 가능한 도구들이다.

홍보 마케팅을 위해 다양한 채널과 툴이 있겠지만 이제는 AI 시대이다. AI 시대를 맞아 시대를 거스르지 말고, 시대 속에서 빛나는 트렌드를 잘 포착해 나만의 톡톡 튀는 양질의 영상을 통해 홍보 마케팅 전략에 성공하기를 바란다.

4

AI 콘텐츠 활용 SNS 운영하기

유 채 린

제4장
AI 콘텐츠 활용 SNS 운영하기

Prologue

AI와 SNS의 만남, 새로운 마케팅 시대의 서막

디지털 시대의 물결이 농촌의 들녘까지 밀려오고 있다. 스마트폰 하나로 세상과 소통하는 시대, 이제 농업인들에게도 SNS는 더 이상 선택이 아닌 필수가 됐다. 하지만 바쁜 농사일 속에서 SNS를 효과적으로 운영하는 것은 결코 쉬운 일이 아니다. 농작물을 가꾸는 정성만큼이나 많은 시간과 노력이 필요한 것이 SNS 운영이기 때문이다.

그런데 여기, 농업인들의 든든한 조력자가 등장했다. 바로 인공지능(AI)이다. AI는 우리의 일상을 변화시키고 있으며 이제 농업 분야의 SNS 마케팅에도 혁명적인 변화를 가져오고 있다. AI는 콘텐츠 생성부터 분석, 최적화까지 SNS 운영의 전 과정을 지원하며 농업인들이 더욱 효과적으로 자신의 농산물과 농장을 알릴 수 있도록 돕고 있다.

하지만 AI가 정말로 농업인들에게 도움이 될 수 있을까? 농업은 본질적으로 자연과 인간의 교감 그리고 오랜 경험과 지혜가 필요한 분야다. 과연 차가운 기계의 산물인 AI가 이런 농업의 가치를 제대로 전달할 수 있을까? 이는 많은 농업인이 AI를 대하며 느끼는 의문일 것이다.

이러한 우려는 충분히 이해할 만하다. 그러나 AI를 단순히 기계적인 도구로만 바라보는 것은 옳지 않다. AI는 우리의 지식과 경험을 바탕으로 학습하고 성장하는 '지능'이다. 따라서 농업인의 경험과 지혜를 AI에 잘 녹여낸다면 AI는 농업의 가치를 더욱 효과적으로 전달할 수 있는 강력한 도구가 될 수 있다.

예를 들어, AI는 농부의 하루 일과를 생생한 스토리텔링으로 풀어낼 수 있다. 씨앗을 뿌리는 순간의 설렘, 싹이 트는 순간의 기쁨, 수확의 즐거움 등을 AI의 언어 능력을 통해 감동적으로 전달할 수 있다. 또한 AI는 농산물의 영양 정보, 요리법, 보관 방법 등을 체계적으로 정리해 소비자들에게 유용한 정보를 제공할 수 있다.

더 나아가 AI는 데이터 분석을 통해 소비자들의 선호도와 구매 패턴을 파악하고, 이를 바탕으로 최적의 마케팅 전략을 수립할 수 있도록 도와준다. 예를 들어, 어떤 시기에 어떤 농산물에 대한 수요가 높아지는지 어떤 유형의 콘텐츠가 소비자들의 반응이 좋은지 등을 AI가 분석해준다면 농업인들은 더욱 효과적으로 SNS 마케팅을 펼칠 수 있을 것이다.

물론 AI를 활용한 SNS 운영에는 주의해야 할 점도 있다. AI가 생성한 콘텐츠가 현실을 왜곡하거나 과장하지 않도록 주의해야 하며, 농업인 자신의 고유한 가치와 철학이 AI에 의해 희석되지 않도록 해야 한다. AI는 어디까지나 우리의 창의성과 전문성을 보완하는 도구일 뿐 이를 완전히 대체할 수는 없기 때문이다.

따라서 AI를 활용해 어떻게 효과적으로 SNS를 운영할 수 있는지 그리고 이를 통해 어떻게 농산물 마케팅을 성공적으로 이끌어 갈 수 있는지에 대해 상세히 알아보는 것이 중요하다. Gazet AI를 통한 블로그 글쓰기, Vidnoz를 활용한 영상 제작, Canva, 미리캔버스로 이미지 디자인하기 등 다양한 AI 도구들의 활용법을 배워보자. 또한 각 도구들의 장단점, 주의사항 그리고 이를 효과적으로 활용하기 위한 전략들도 함께 알아보자.

[그림1] AI와 SNS, 농업의 만남. 챗GPT 생성

AI와 SNS의 만남은 농업 마케팅에 새로운 지평을 열고 있다. 이는 단순히 마케팅 효율성의 향상을 넘어 농업과 소비자 간의 관계를 더욱 긴밀하게 만들어주는 계기가 될 수 있다. AI가 만들어낸 매력적인 콘텐츠를 통해 소비자들은 농산물의 생산 과정과 농부의 철학을 더욱 쉽게 이해할 수 있게 됐다. 이는 결국 농산물의 가치를 높이고 농업에 대한 사회적 인식을 개선하는 데 기여할 수 있다.

우리는 지금 농업의 새로운 시대를 맞이하고 있다. AI라는 새로운 도구를 손에 쥔 농업인들이 어떻게 이를 활용하고 어떤 가치를 만들어 낼지 지켜보는 것은 매우 흥미로운 일이 될 것이다. 이제 우리는 함께 AI와 SNS가 만들어 낼 농업의 새로운 미래를 향해 한 걸음 내딛어 보자. 이를 통해 여러분은 AI를 활용한 SNS 운영의 세계로 들어가게 될 것이다. 그리고 그 안에서 여러분의 농업에 대한 열정과 철학을 더욱 효과적으로 세상에 전달할 수 있는 방법을 발견하게 될 것이다.

Ⅰ. AI와 SNS의 시너지, 새로운 마케팅 패러다임

SNS 마케팅은 이제 농업인들에게도 필수적인 요소가 됐다. 소비자들과 직접 소통하고 자신의 농산물을 홍보하며 브랜드 이미지를 구축하는 데 있어 SNS만큼 효과적인 도구는 없다. 그러나 SNS 운영에는 많은 시간과 노력이 필요하다. 여기에 AI 기술이 더해지면 어떻게 될까? AI는 우리의 SNS 운영을 획기적으로 개선시킬 수 있는 잠재력을 갖고 있다.

1. AI가 SNS 마케팅에 가져오는 변화

AI는 데이터 분석, 콘텐츠 생성, 고객 응대 등 다양한 영역에서 우리를 도울 수 있다. 구체적으로 살펴보면 다음과 같다.

1) 데이터 분석과 인사이트 도출

AI는 방대한 양의 SNS 데이터를 빠르게 분석해 유용한 인사이트를 도출할 수 있다. 예를 들어, 우리 팔로워들의 행동 패턴을 분석해 최적의 포스팅 시간을 추천해줄 수 있다. 또한 어떤 유형의 콘텐츠가 가장 높은 인기를 얻는지, 어떤 해시태그가 가장 효과적인지 등을 파악할 수 있다.

2) 맞춤형 콘텐츠 생성

AI는 사용자의 관심사와 선호도를 학습해 각 팔로워에게 맞춤형 콘텐츠를 제공할 수 있다. 예를 들어, 유기농 제품에 관심이 많은 팔로워에게는 유기농 재배과정에 대한 콘텐츠를 요리를 좋아하는 팔로워에게는 해당 농산물을 활용한 레시피를 추천할 수 있다.

3) 자동화된 고객 응대

AI 챗봇을 활용하면 24시간 고객 문의에 응답할 수 있다. 간단한 질문에 대해서는 AI가 즉시 답변을 제공하고, 복잡한 문의는 농업인에게 전달해 효율적인 고객 응대가 가능하다.

4) 트렌드 예측

AI는 과거의 데이터를 분석해 미래의 트렌드를 예측할 수 있다. 예를 들어, 어떤 농산물이 다음 시즌에 인기를 얻을지 어떤 요리법이 유행할지 등을 미리 파악해 선제적으로 대응할 수 있다.

5) 이미지 및 영상 편집

AI는 이미지나 영상을 자동으로 편집하고 최적화할 수 있다. 예를 들어, 농산물 사진의 색감을 자동으로 보정하거나 영상에 자막을 자동으로 추가할 수 있다.

2. AI와 SNS의 시너지 효과

AI와 SNS의 결합은 단순히 효율성 향상을 넘어 새로운 마케팅 패러다임을 만들어 내고 있다. 그 시너지 효과는 다음과 같다.

[그림2] AI와 SNS의 결합, 농업에서의 활용. 챗GPT 생성

1) 정확한 타깃팅

AI의 데이터 분석 능력을 통해 우리 농산물에 관심이 있을 만한 잠재 고객을 더욱 정확하게 파악할 수 있다. 이를 통해 마케팅 효율성을 크게 높일 수 있다.

2) 콘텐츠 품질 향상

AI의 도움으로 더욱 매력적이고 전문적인 콘텐츠를 제작할 수 있다. 이는 팔로워들의 관심을 끌고 참여도를 높이는 데 큰 도움이 된다.

3) 일관된 브랜드 이미지 구축

AI는 우리 농장의 브랜드 가이드 라인을 학습해 모든 콘텐츠에 일관된 톤앤매너를 적용할 수 있다. 이를 통해 강력하고 일관된 브랜드 이미지를 구축할 수 있다.

4) 실시간 대응 능력 향상

AI의 실시간 데이터 분석과 자동화된 대응 능력을 통해 시시각각 변하는 SNS 환경에 빠르게 대응할 수 있다. 예를 들어, 갑작스러운 날씨 변화로 인한 농산물 가격 변동 등에 신속하게 대응할 수 있다.

5) 글로벌 시장 진출 용이

AI의 번역 기능을 활용하면 언어의 장벽 없이 글로벌 시장에 진출할 수 있다. 우리의 농산물을 전 세계 소비자들에게 알릴 수 있는 기회가 열리는 것이다.

3. AI 활용의 주의점

그러나 AI를 활용한다고 해서 모든 것을 AI에게 맡기는 것은 바람직하지 않다. AI는 우리의 창의성과 전문성을 보완하는 도구일 뿐이다. 농업인으로서의 우리의 경험과 지식 그리고 소비자들과의 진정성 있는 소통은 여전히 가장 중요한 요소이다. AI는 이러한 우리의 강점을 더욱 효과적으로 표현하고 전달하는 데 도움을 주는 것이다. 따라서 AI를 활용할 때는 다음과 같은 점을 항상 유념해야 한다.

1) 인간의 감성 유지

AI가 생성한 콘텐츠에 농업인의 진심과 감성을 더해야 한다. 기계적인 내용보다는 농부의 진솔한 이야기가 소비자의 마음을 더 울릴 수 있다.

2) 정확성 검증

AI가 제공하는 정보나 분석 결과를 무조건 신뢰하기보다는 항상 농업인의 경험과 지식을 바탕으로 검증해야 한다.

3) 윤리적 사용

AI를 활용할 때는 개인정보 보호, 저작권 등 윤리적 측면을 항상 고려해야 한다.

4) 지속적인 학습

AI 기술은 빠르게 발전하고 있다. 따라서 새로운 AI 도구와 기능에 대해 지속적으로 학습하고 적용해나가는 자세가 필요하다.

AI와 SNS의 만남은 농업 마케팅에 새로운 가능성을 열어주고 있다. 이를 잘 활용한다면 우리의 농산물과 농장의 가치를 더 많은 사람에게 효과적으로 알릴 수 있을 것이다.

Ⅱ. 'Gazet AI'의 활용, AI 기반 블로그 글쓰기

블로그는 농산물과 농장에 대한 상세한 정보를 제공하고 소비자들과 깊이 있는 소통을 할 수 있는 중요한 플랫폼이다. 그러나 정기적으로 양질의 블로그 글을 작성하는 것은 쉽지 않은 일이다. 여기에 'Gazet AI'와 같은 AI 글쓰기 도구가 큰 도움이 될 수 있다.

[그림3] Gazet AI 첫 화면

1. Gazet AI 소개

Gazet AI는 사용자가 제공하는 키워드나 주제를 바탕으로 블로그 글을 자동으로 생성해주는 AI 도구이다. 이 도구는 농업인들이 쉽고 빠르게 블로그 콘텐츠를 만들 수 있도록 도와준다.

이 사이트는 친구 초대 코드가 있으면 첫 무료 코인을 60개 더 주기 때문에 친구추천 코드를 이용해서 가입하는 것을 추천한다.

추천 코드 입력 후 가제트 AI 이용 시,
G-코인 60 coin (글 생성 30회 이용) 추가 제공!
(추천 코드 : H6Z1SF0)
https://gazet.ai/signup?i=H6Z1SF0

[그림4] Gazet AI 추천코드 입력 큐알코드

2. Gazet AI의 주요 특징

1) 키워드 기반 글 생성

Gazet AI는 사용자가 입력한 키워드나 주제를 바탕으로 관련된 블로그 글을 생성한다. 예를 들어, '유기농 토마토 재배'라는 키워드를 입력하면 AI는 토마토의 영양가, 재배 방법, 병해충 관리 등에 대한 포괄적인 글을 작성해 준다.

2) 다양한 글 구조 제공

'Gazet AI'는 리스트형, 하우투형, Q&A형 등 다양한 글 구조를 제공한다. 이를 통해 농업인들은 자신의 목적에 맞는 최적의 글 형식을 선택할 수 있다.

3) SEO 최적화

Gazet AI는 검색 엔진 최적화(SEO)를 고려해 글을 작성한다. 이는 블로그 글이 검색 결과에서 더 높은 순위에 노출될 수 있도록 돕는다.

4) 맞춤형 콘텐츠 생성

사용자의 선호도와 이전에 작성한 글의 스타일을 학습해 시간이 지날수록 더욱 개인화된 콘텐츠를 제공한다.

5) 다국어 지원

Gazet AI는 여러 언어로 콘텐츠를 생성할 수 있어 글로벌 마케팅에도 활용할 수 있다.

3. Gazet AI의 효과적인 활용법

Gazet AI를 효과적으로 활용하기 위해서는 다음과 같은 점들을 고려해야 한다.

1) AI 생성 글을 초안으로 활용하기

AI가 생성한 글을 그대로 사용하기보다는 초안으로 활용하는 것이 좋다. AI가 생성한 글에 농업인 자신의 경험과 노하우를 더하면 더욱 풍성하고 신뢰도 높은 콘텐츠를 만들 수 있다.

2) 구체적인 키워드 선정

키워드 선정에 신중을 기해야 한다. 적절한 키워드를 선택하면 AI가 더욱 관련성 높고 유용한 콘텐츠를 생성할 수 있다. 예를 들어, '사과 재배' 보다는 '경북 안동 사과 친환경 재배 방법'과 같이 구체적인 키워드를 사용하면 더 특화된 콘텐츠를 얻을 수 있다.

3) 정보의 정확성 확인

AI가 생성한 정보의 정확성을 항상 확인해야 한다. AI도 때로는 오류를 범할 수 있으므로 특히 농업 기술이나 법규 관련 정보는 반드시 검증이 필요하다.

4) 개인적인 경험 추가

AI 생성 콘텐츠에 개인적인 이야기나 경험을 추가하는 것이 좋다. 이는 블로그에 인간미를 더하고 독자들과의 유대감을 형성하는 데 도움이 된다.

5) 다양한 글 구조 활용

Gazet AI가 제공하는 다양한 글 구조를 적극 활용하자. 예를 들어, 농산물의 영양 정보는 리스트형으로, 재배 방법은 하우투형으로, 자주 묻는 질문은 Q&A형으로 작성하는 식이다.

6) SEO 키워드 활용

Gazet AI의 SEO 최적화 기능을 활용하되, 농업 분야의 특수한 키워드나 지역 특화 키워드를 추가로 삽입하는 것이 좋다.

7) 정기적인 콘텐츠 업데이트

Gazet AI를 활용하면 정기적으로 콘텐츠를 업데이트하기 쉽다. 계절별 농산물 정보, 농업 정책 변화, 새로운 농업 기술 등에 대해 주기적으로 글을 작성하자.

4. 경북 상주 배 농장, Gazet AI 활용 예시

경북 상주에서 배를 재배하는 김농부(가상 인물 설정) 씨의 Gazet AI 활용 예시를 살펴보자. 김농부 씨는 Gazet AI를 활용해 '가을 배 수확의 기술과 즐거움'이라는 주제로 블로그 글을 작성했다.

1) 키워드 입력

김농부 씨는 '상주 배 수확, 가을 배 영양, 배 보관법'이라는 키워드를 입력했다.

2) AI 생성 초안

AI가 생성한 초안에는 배의 영양학적 가치, 수확 시기 판단법, 수확 후 관리 방법 등의 정보가 포함돼 있었다.

3) 개인화 및 보완

김농부 씨는 이 초안을 바탕으로 자신의 20년 배 농사 경험을 더했다. 특히 상주 지역의 기후 특성에 따른 수확 시기 조절법, 자신만의 독특한 수확 기술 그리고 손님들과 함께하는 배 수확 체험 프로그램에 관한 이야기를 추가했다.

4) 실용적인 정보 추가

또한 수확한 배로 만든 특별한 요리 레시피도 소개했다. 이는 독자들에게 실용적인 가치를 제공하는 동시에 배의 활용도를 높이는 아이디어를 제시했다.

5) SEO 최적화

글에 '상주 배', '가을 배 수확', '배 보관법' 등의 키워드를 자연스럽게 삽입해 검색 엔진 최적화를 진행했다.

6) 이미지 추가

글의 중간중간에 직접 찍은 배 수확 사진, 배 과수원 전경, 다양한 배 요리 사진 등을 추가해 시각적 효과를 높였다.

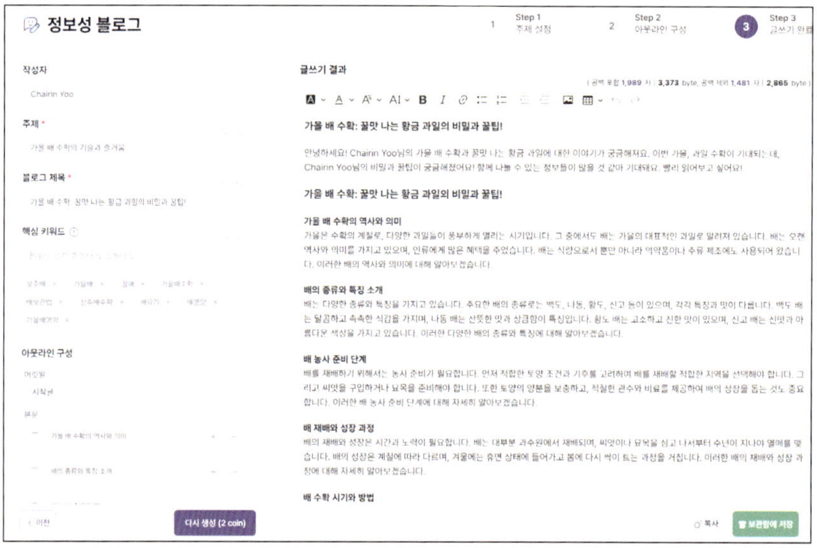

[그림5] Gazet AI 생성 글 화면

이렇게 완성된 블로그 글은 일반적인 정보와 개인의 특별한 경험이 조화롭게 어우러진 흥미로운 콘텐츠가 됐다. 이 글은 많은 독자의 관심을 끌었고, 김농부 씨의 배 주문량도 증가하는 결과를 가져왔다.

5. Gazet AI 활용의 장단점

장점으로는 시간 절약과 일관된 콘텐츠 품질, SEO 최적화, 다양한 콘텐츠 영역을 들 수 있다. 우선, 블로그 글 작성에 드는 시간을 크게 줄일 수 있다. 그리고 AI의 도움으로 항상 일정 수준 이상의 글을 작성할 수 있다. 또한 검색 엔진에 노출될 가능성이 높아지며 AI의 광범위한 지식을 바탕으로 다양한 주제의 글을 쉽게 작성할 수 있다.

단점은 다음과 같다. 첫째, AI 생성 콘텐츠는 때로 획일적으로 느껴질 수 있어 개인화에 한계가 있다는 점이다. 둘째, AI가 생성한 정보는 항상 검증이 필요하다. 셋째, 매우 창의적이거나 혁신적인 아이디어를 기대하기는 어렵다. 넷째, AI에 지나치게 의존하면 자신의 글쓰기 능력이 퇴보할 수 있다.

Gazet AI와 같은 AI 글쓰기 도구는 농업인들이 정기적으로 양질의 블로그 콘텐츠를 생산하는 데 큰 도움이 된다. 그러나 이는 어디까지나 도구일 뿐이며 진정한 가치는 농업인 자신의 전문성과 경험을 이 도구를 통해 어떻게 효과적으로 표현하느냐에 달려 있다. AI의 도움을 받되 자신만의 독특한 시각과 경험을 더함으로써 독자들의 마음을 사로잡는 블로그를 운영할 수 있을 것이다.

6. Gazet AI 사용 방법

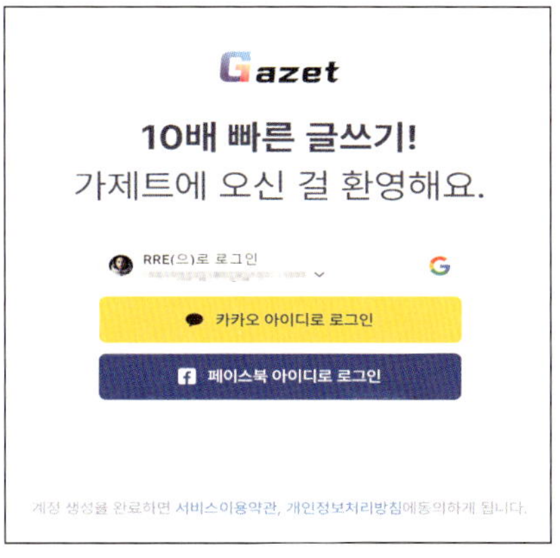

[그림6] Gazet AI 로그인 화면

Gazet AI는 구글계정, 카카오 아이디, 페이스북 아이디로 계정을 연결해서 로그인하면 된다.

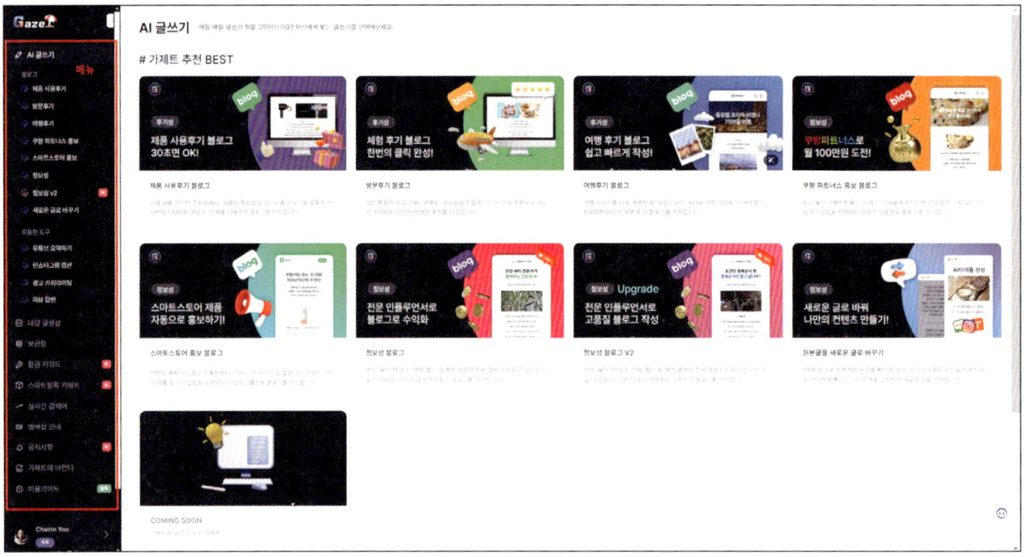

[그림7] 글쓰기를 도와주는 메뉴 구성

로그인 후 내가 글쓰기를 하고자 하는 메뉴를 선택하면 된다. 블로그 글쓰기에도 정보성, 제품 사용 후기, 여행 후기, 제휴 광고 등 목적이 다양하기에 그 목적에 맞는 메뉴를 선택한다.

[그림8] 글쓰기 메뉴 선택

우리 농장에서 생산하는 농작물의 영양이나 특징, 장점 등을 소개하는 글을 쓰고 싶다면 정보성 블로그나 스마트스토어 홍보 블로그를 선택하는 것을 추천한다.

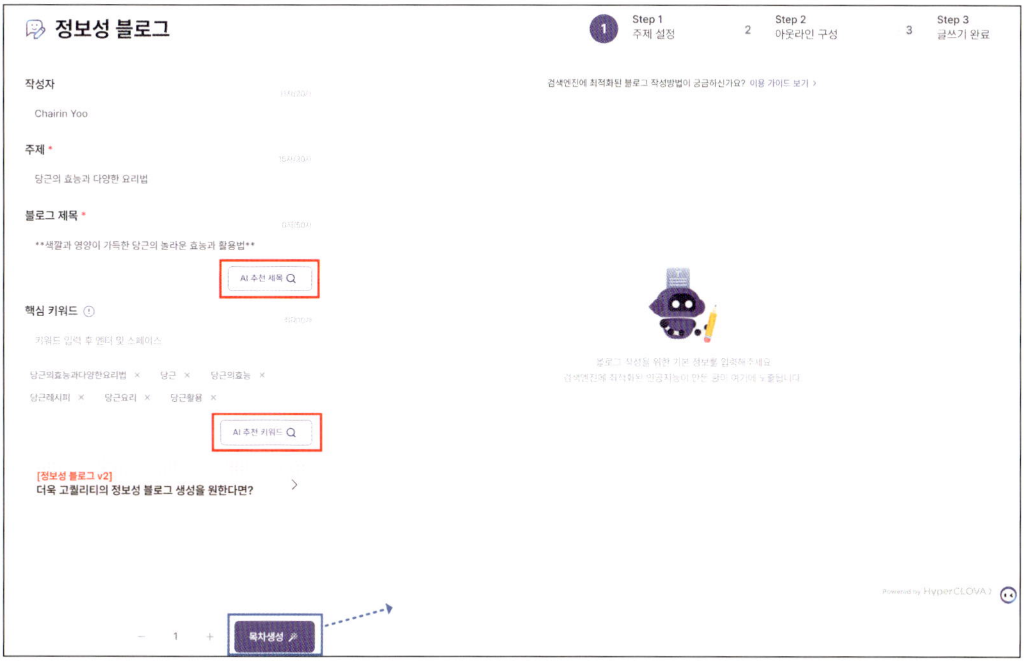

[그림9] 제목과 키워드 생성 후, 목차 생성 클릭

메뉴의 빈칸에 내용을 작성할 때 AI가 제목과 키워드를 추천해주기도 한다.

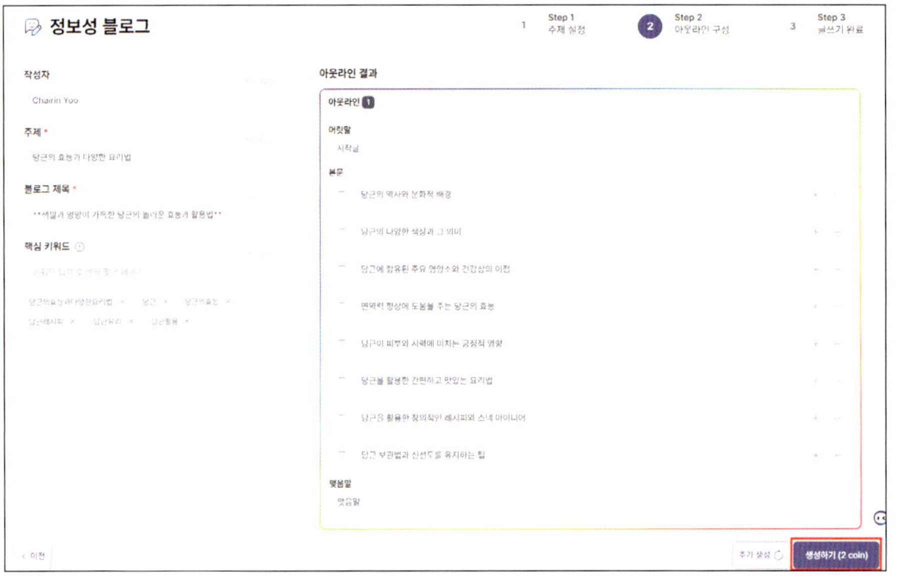

[그림10] 글 생성하기

목차 생성이 완료되면 '+, –' 버튼을 통해 목차의 내용을 조정할 수 있다. 마음에 들도록 수정 후, 생성하기 버튼을 클릭하면 본문의 내용이 생성된다.

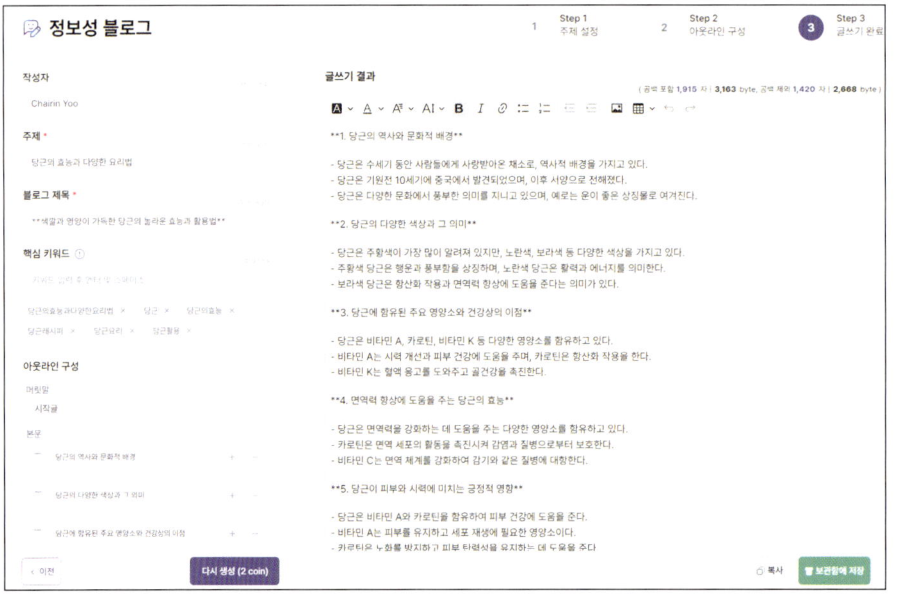

[그림11] 블로그 글 생성된 화면

글의 내용을 읽어보고 보관함에 넣어둘 수도 있고, 복사해서 블로그에 옮겨적을 수도 있다. AI는 도구이기 때문에 꼭 읽어보고 잘못된 부분이 없는지 확인하는 것은 필수다.

Ⅲ. AI 기반 영상 제작, Kling, Vidnoz, Filmora의 활용

디지털 시대의 도래와 함께 농업 분야에서도 마케팅의 중요성이 날로 증대되고 있다. 특히 영상 콘텐츠는 소비자들의 관심을 끌고 농산물의 가치를 효과적으로 전달하는 강력한 도구로 자리 잡았다. 그러나 전문적인 영상 제작은 시간과 비용이 많이 들어 소규모 농가나 농업 기업에게는 부담이 될 수 있다. 이러한 상황에서 AI 기반 영상 제작 도구들이 주목받고 있다. Kling, Vidnoz, Filmora와 같은 AI 영상 제작 도구들은 누구나 쉽고 빠르게 고품질의 영상을 만들 수 있게 해준다. 이 글에서는 이러한 도구들의 특징과 활용 방법 그리고 농업 마케팅에서의 적용 사례를 자세히 살펴볼 것이다.

1. AI 기반 영상 제작의 개요

AI 기반 영상 제작은 인공지능 기술을 활용해 영상 콘텐츠를 만드는 과정을 말한다. 이 기술은 영상 편집, 자막 생성, 음성 합성, 특수 효과 적용 등 다양한 영역에서 활용된다. AI의 도움으로 사용자는 전문적인 기술 없이도 높은 품질의 영상을 제작할 수 있게 됐다.

AI 기반 영상 제작의 주요 장점은 다음과 같다. 첫째, 시간과 비용을 크게 절감할 수 있다. 전통적인 영상 제작 방식에 비해 AI를 활용하면 제작 시간을 대폭 줄일 수 있으며, 전문 인력을 고용하는 비용도 절감할 수 있다. 둘째, 진입 장벽이 낮다. 복잡한 편집 기술을 배우지 않아도 누구나 쉽게 영상을 만들 수 있다. 셋째, 일관된 품질을 유지할 수 있다. AI는 학습된 패턴을 바탕으로 일정한 수준의 품질을 보장한다. 넷째, 개인화와 맞춤화가 용이하다. 사용자의 요구에 따라 다양한 스타일과 포맷의 영상을 빠르게 생성할 수 있다.

그러나 AI 기반 영상 제작에도 한계가 있다. 아직까지는 인간의 창의성과 감성을 완전히 대체하기 어렵다는 점, 특정 상황이나 맥락에 대한 이해가 부족할 수 있다는 점 등이 그것이다. 따라서 AI 도구를 효과적으로 활용하면서도 인간의 창의성과 판단력을 적절히 결합하는 것이 중요하다.

2. Kling, 간편한 AI 영상 제작 도구

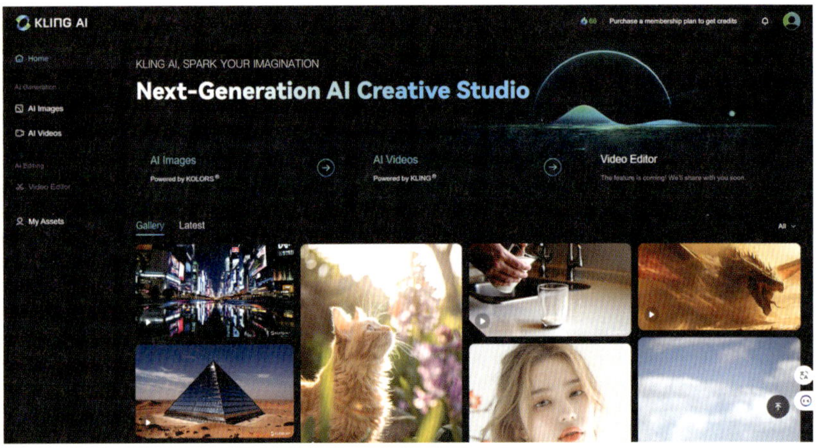

[그림12] Kling AI 메인화면

1) Kling의 특징

'Kling'은 사용자 친화적인 인터페이스와 다양한 템플릿을 제공하는 AI 영상 제작 도구다. 이 도구의 주요 특징은 다음과 같다.

첫째, 직관적인 사용자 인터페이스를 제공한다. 드래그 앤 드롭 방식의 편집 기능으로 누구나 쉽게 영상을 만들 수 있다. 둘째, 다양한 템플릿을 제공한다. 목적과 스타일에 맞는 다양한 템플릿을 선택해 빠르게 영상을 제작할 수 있다. 셋째, AI 기반 자동 편집 기능을 제공한다. 사용자가 원하는 내용을 입력하면 AI가 자동으로 적절한 영상과 효과를 선택해 편집한다. 넷째, 다국어 지원 기능이 있다. 여러 언어로 자막을 자동 생성하고 번역할 수 있어 글로벌 마케팅에 유용하다.

2) Kling의 농업 마케팅 활용

Kling은 농업 분야의 다양한 마케팅 활동에 활용될 수 있다. 예를 들어, 농산물 소개 영상을 만들 때 Kling의 템플릿을 활용하면 전문적인 느낌의 영상을 쉽게 제작할 수 있다. 농장의 일상을 보여주는 브이로그 형식의 영상도 Kling의 자동 편집 기능을 이용하면 손쉽게 만들 수 있다.

예를 들면, Kling을 활용해 배의 생육 과정을 소개하는 시리즈 영상을 제작할 수 있다. 꽃이 피는 봄부터 수확기인 가을까지의 과정을 월별로 촬영하고, Kling의 자동 기능을 이용해 세련된 영상으로 만드는 것이다. 이 영상 시리즈는 소비자들에게 배 농사의 정성과 과정을 효과적으로 전달해 브랜드 이미지 향상에 크게 기여할 수 있다.

3. Vidnoz, AI 기반 전문 영상 제작 플랫폼

[그림13] Vidnoz 메인화면

1) Vidnoz의 특징

Vidnoz는 보다 전문적인 영상 제작을 위한 AI 기반 플랫폼이다. 이 도구의 주요 특징은 다음과 같다.

첫째, 고품질의 AI 아바타를 제공한다. 실제 사람과 유사한 AI 아바타를 활용해 프레젠터가 등장하는 영상을 쉽게 만들 수 있다. 둘째, 자연스러운 음성 합성 기술을 제공한다. 다양한 언어와 목소리 톤을 선택할 수 있어 나레이션이 필요한 영상 제작에 유용하다. 셋째, 고급 편집 기능을 제공한다. 전문적인 트랜지션 효과, 화면 분할, 자막 삽입 등 다양한 편집 옵션을 제공한다. 넷째, 맞춤형 브랜딩 기능이 있다. 로고, 워터마크, 컬러 팔레트 등을 설정해 브랜드 아이덴티티를 일관되게 유지할 수 있다.

2) Vidnoz의 농업 마케팅 활용

Vidnoz는 보다 전문적이고 세련된 농업 마케팅 영상을 제작하는 데 활용될 수 있다. 특히 AI 아바타와 음성 합성 기술을 활용하면 농업 전문가가 직접 설명하는 듯한 효과를 낼 수 있다.

AI 아바타를 '농업 박사'로 설정하고 유기농 농법에 대한 교육 영상 시리즈를 만들어 보자. 전문적인 내용을 쉽게 설명하는 영상을 말이다. 자연스러운 음성 합성 기술로 나레이션을 추가하고 고급 편집 기능을 활용해 실제 농장 장면과 아바타의 설명을 효과적으로 조합해 보자. 이 영상 시리즈는 소비자들에게 유기농 농업의 가치를 전달하는 데 큰 역할을 할 것이며 기업의 브랜드 이미지를 전문적이고 신뢰할 수 있는 것으로 구축하는 데 도움을 줄 수 있다.

또한 Vidnoz의 맞춤형 브랜딩 기능은 농업 협동조합이나 대규모 농업 기업의 마케팅에 특히 유용하다. Vidnoz를 이용해 감자의 품종별 특징과 요리법을 소개하는 영상 시리즈도 제작할 수 있다. 모든 영상에 농협의 로고와 컬러 팔레트를 일관되게 적용해 브랜드 아이덴티티를 강화하면 이를 통해 소비자들에게 감자에 대한 유용한 정보를 제공하면서도 농협의 브랜드 인지도를 높일 수 있다.

3) Vidnoz 사용방법

[그림14] Vidnoz 첫 화면

Vidnoz 첫 화면에서 '지금 무료 영상 만들기'를 클릭한다.

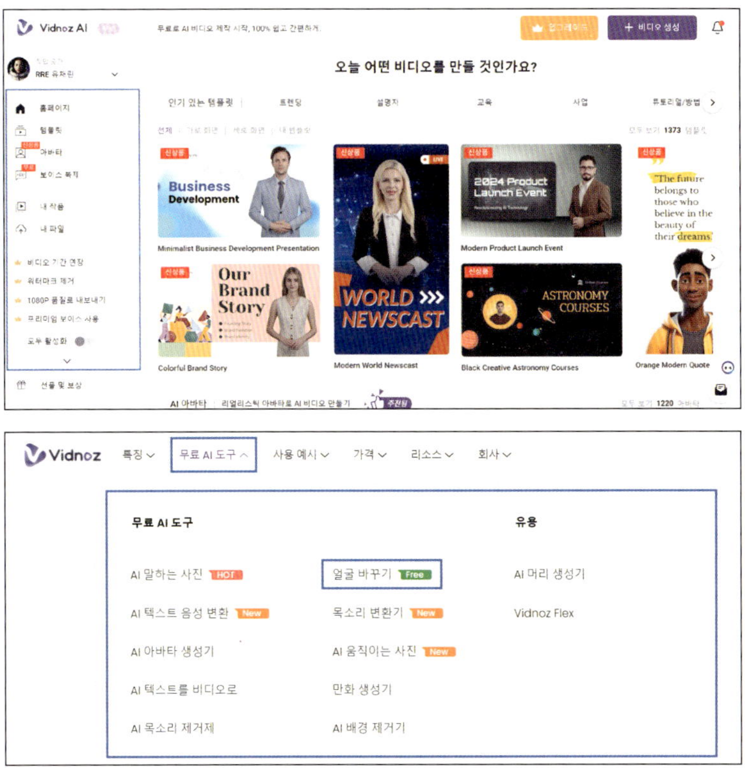

[그림15] Vidnoz 메뉴

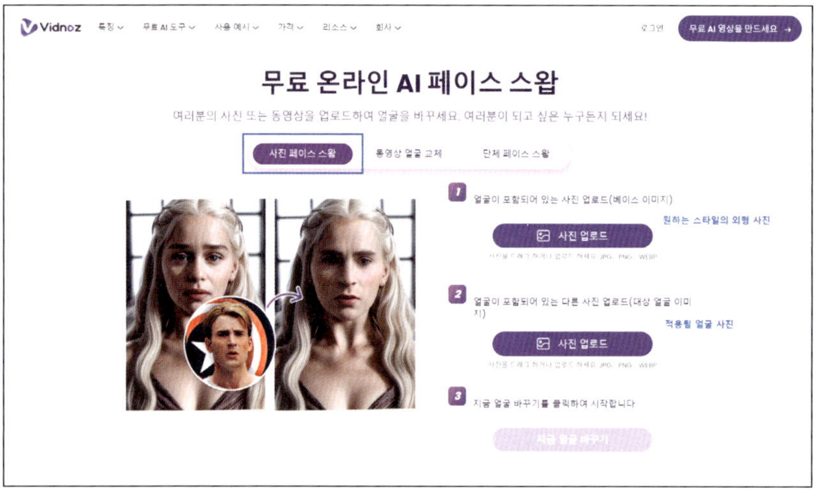

[그림16] 얼굴 바꾸기 화면

1번 메뉴에 원하는 스타일의 외형 사진을 넣고, 2번 메뉴에 나의 얼굴을 넣고, 3번 '지금 얼굴 바꾸기'를 클릭하면, 1번에 넣은 스타일의 몸과 얼굴의 분위기와 비슷하게 나의 얼굴이 더해진다. 여기서 주의할 점은 다른 사람의 사진을 함부로 사용하면 안 된다는 것이다. 이것은 범죄로 여겨질 수 있는 부분이니 활용함에 있어서 본인의 사진 외에는 허락 없이 사용하지 않아야 한다.

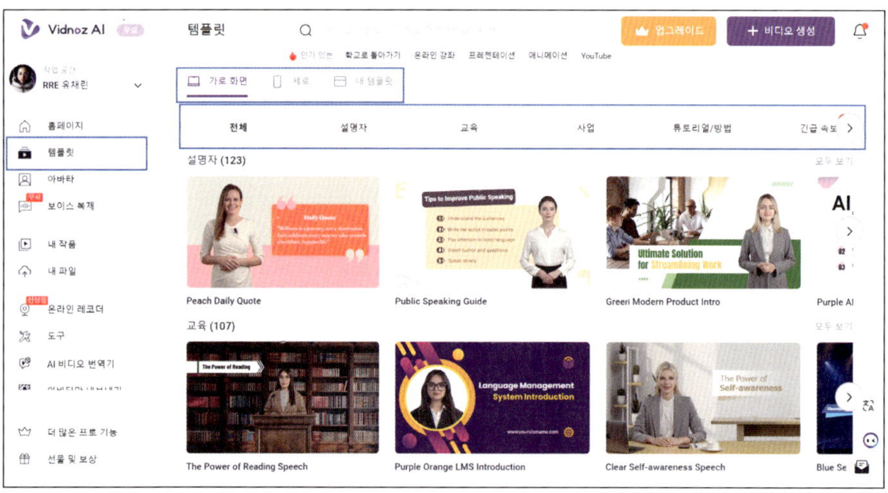

[그림17] 템플릿 선택 화면

원하는 영상 스타일의 템플릿을 선택한 후, 그 안에서 내가 만든 아바타를 넣고 메시지를 입력하면 AI 목소리로 읽어준다. 내가 아나운서가 될 수도 있고 교육자가 될 수도 있다. 원하는 영상의 템플릿을 선택해서 영상을 만들어 보기를 바란다.

4. Filmora, 전문가 수준의 영상 편집 도구

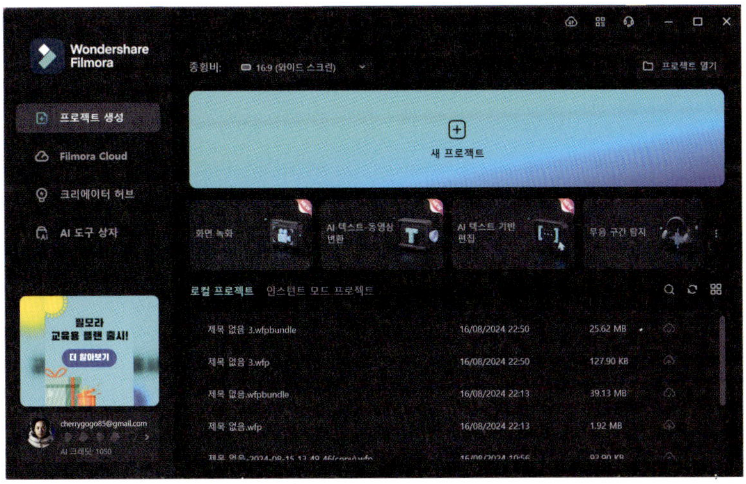

[그림18] Filmora 메인화면

1) Filmora의 특징

Filmora는 전문가 수준의 영상 편집이 가능한 AI 기반 도구다. 이 도구의 주요 특징은 다음과 같다.

첫째, 직관적이면서도 강력한 편집 기능을 제공한다. 기본적인 컷 편집부터 복잡한 효과 적용까지 다양한 편집 작업을 수행할 수 있다. 둘째, AI 기반 자동 편집 기능을 제공한다. 사용자가 원하는 분위기나 스타일을 선택하면 AI가 자동으로 영상을 편집해준다. 셋째, 풍부한 효과와 전환 옵션을 제공한다. 다양한 비주얼 효과, 음향 효과, 전환 효과 등을 적용할 수 있어 전문적인 영상 제작이 가능하다. 넷째, AI 기반 음성 분리 및 노이즈 제거 기능이 있다. 촬영 현장의 배경 소음을 효과적으로 제거하고 음성을 선명하게 만들 수 있다.

2) Filmora의 농업 마케팅 활용

Filmora는 보다 창의적이고 고품질의 농업 마케팅 영상을 제작하는 데 활용될 수 있다. 특히 장기적인 브랜드 스토리텔링이나 감성적인 캠페인 영상 제작에 적합하다.

Filmora를 활용해 '딸기의 여행'이라는 브랜드 스토리텔링 영상을 제작할 수 있다. 딸기 모종이 심어지는 순간부터 소비자의 식탁에 오르기까지의 전 과정을 담는 것이다. Filmora의 다양한 전환 효과와 비주얼 효과를 활용해 각 단계를 아름답고 감성적으로 표현할 수 있다. AI 기반 자동 편집 기능을 이용해 전체적인 영상의 톤과 분위기를 일관되게 유지하고 음성 분리 및 노이즈 제거 기능으로 농장의 자연음을 선명하게 살리면 된다. 이 영상은 소비자들에게 딸기 재배의 정성과 과정을 감동적으로 전달해 브랜드 가치를 크게 높일 것이다.

또한 Filmora의 전문적인 편집 기능은 농산물 요리 영상 제작에도 효과적으로 활용될 수 있다. 예를 들어 고추 농가에서 Filmora를 이용해 '매운맛의 예술'이라는 요리 영상 시리즈를 제작한다면 어떨까? 다양한 고추 품종을 활용한 요리법을 소개하면서, Filmora의 고급 편집 기능을 활용해 요리 과정을 역동적이고 매력적으로 표현하고, 클로즈업 샷과 슬로우 모션 효과를 적절히 사용해 고추의 색감과 질감을 강조해보자.

또한 AI 기반 색보정 기능으로 영상의 전반적인 색감을 따뜻하고 식욕을 돋우는 톤으로 조정하는 것이다. 이 영상 시리즈는 소비자들에게 고추의 다양한 활용법을 제시하며 제품의 가치를 효과적으로 전달하는데 도움이 된다.

3) Filmora 사용 방법

우선 Filmora 홈페이지에 들어가서 무료로 다운로드를 먼저 받아야 한다. 다운로드 후 설치가 완료되면 다음과 같은 첫 화면이 나타난다.

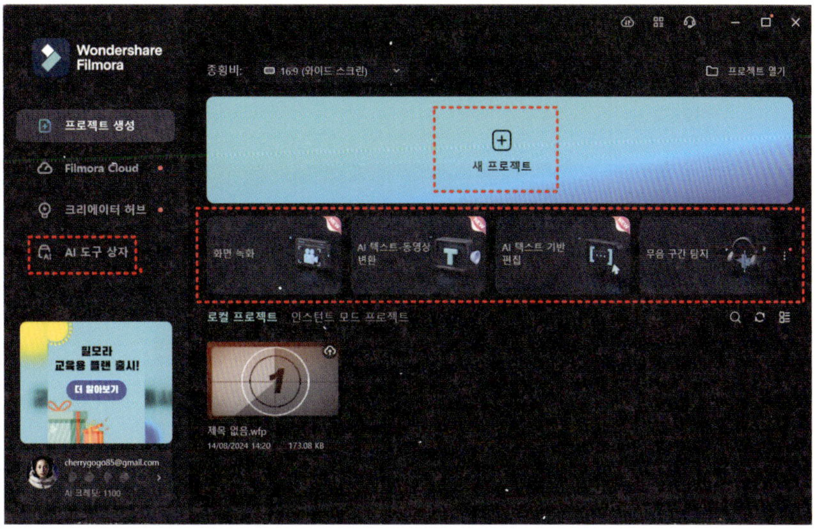

[그림19] Filmora 첫 화면

여기에서 AI를 활용해서 영상을 제작하고 싶다면 AI 도구상자에서 메뉴를 선택하고, 내가 갖고 있는 영상이나 사진들을 이용해서 만들고 싶다면 새 프로젝트를 이용해서 만들면 된다.

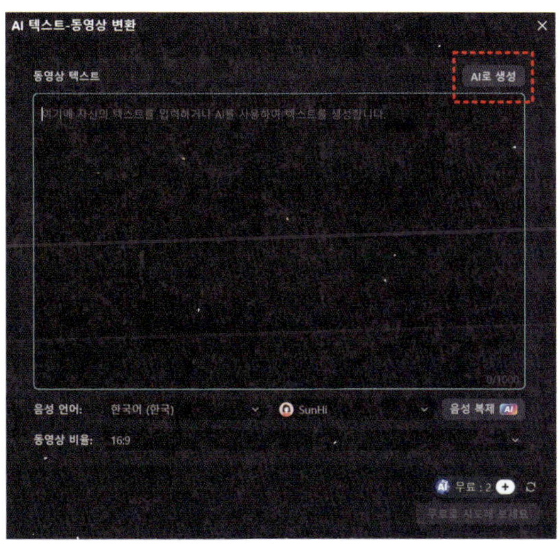

[그림20] AI 텍스트 - 동영상 변환

AI를 통해 영상의 내용을 작성하고 동영상을 제작하려면 'AI 텍스트 - 동영상 변환'을 클릭한다. 그러면 이렇게 화면이 나오는데 여기서 'AI로 생성'을 클릭한다.

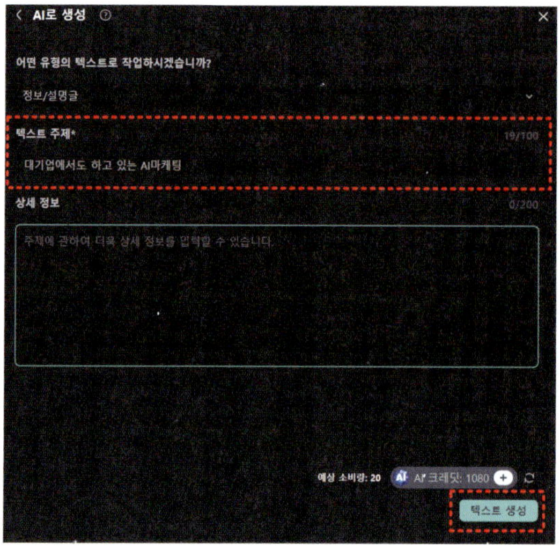

[그림21] 텍스트로 동영상 제작 AI 활용

어떤 분야의 글인지 선택 후, 주제를 입력하고 '텍스트 생성'을 입력하면 글이 생성되고 확인하면 동영상이 자동으로 생성된 것을 확인할 수 있다.

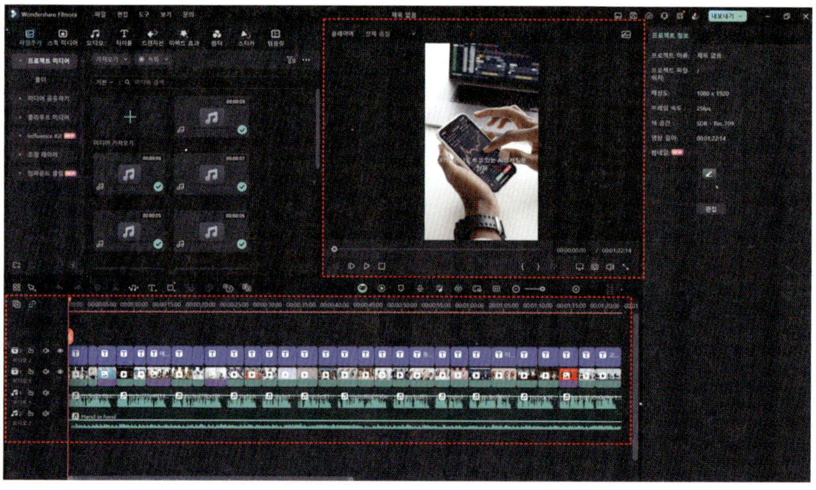

[그림22] 텍스트-동영상 변환 후 편집 화면

여기에서 음악이나 글의 위치, 전환 효과 등을 변경할 수도 있고, 효과음이나 기타 나만의 개성을 표현하며 수정할 수도 있다.

5. AI 기반 영상 제작 도구의 효과적인 활용 전략

AI 기반 영상 제작 도구를 농업 마케팅에 효과적으로 활용하기 위해서는 다음과 같은 전략이 필요하다.

1) 목적에 맞는 도구 선택

각 도구의 특성을 잘 파악하고 마케팅 목적에 맞는 도구를 선택하는 것이 중요하다. 예를 들어, 간단한 제품 소개 영상을 빠르게 제작해야 한다면 'Kling'이 적합할 수 있다. 전문가의 설명이 필요한 교육 영상을 만들고자 한다면 'Vidnoz'의 AI 아바타 기능이 유용할 것이다. 장기적인 브랜드 스토리텔링이나 감성적인 캠페인 영상을 제작하려면 Filmora의 전문적인 편집 기능이 도움이 될 것이다.

2) 일관된 브랜드 이미지 유지

AI 도구를 사용하더라도 브랜드의 일관성을 유지하는 것이 중요하다. 농장이나 기업의 로고, 컬러 팔레트, 폰트 등을 일관되게 사용해 브랜드 아이덴티티를 강화해야 한다. Vidnoz나 Filmora의 맞춤형 브랜딩 기능을 활용하면 이를 쉽게 달성할 수 있다.

3) 스토리텔링에 집중

기술적인 측면에만 치중하지 말고 효과적인 스토리텔링에 집중해야 한다. AI 도구는 영상 제작의 기술적인 부분을 돕지만, 소비자의 감성을 울리는 이야기를 만드는 것은 여전히 인간의 몫이다. 농산물이나 농장만의 특별한 이야기를 발굴하고 이를 영상으로 효과적으로 전달하는 데 주력해야 한다.

4) 타깃 고객에 맞는 콘텐츠 제작

AI 도구의 다양한 기능을 활용해 타겟 고객층에 맞는 콘텐츠를 제작해야 한다. 예를 들어, 젊은 소비자를 대상으로 한다면 Kling이나 Vidnoz를 활용해 짧고 임팩트 있는

SNS용 영상을 제작할 수 있다. 반면, 전문가를 대상으로 한다면 Filmora를 활용해 보다 상세하고 정보가 풍부한 영상을 제작하는 것이 효과적일 수 있다.

5) 지속적인 학습과 실험

AI 기술은 빠르게 발전하고 있으므로, 새로운 기능과 가능성을 지속적으로 학습하고 실험하는 자세가 필요하다. 다양한 스타일과 포맷의 영상을 시도해보고, 소비자의 반응을 분석해 가장 효과적인 방식을 찾아나가야 한다.

6. AI 기반 영상 제작의 미래와 농업 마케팅의 변화

AI 기반 영상 제작 기술은 계속해서 발전하고 있으며 이는 농업 마케팅의 미래에도 큰 영향을 미칠 것으로 예상된다.

[그림23] AI 기반 농업 마케팅. 챗GPT 생성

1) 개인화된 마케팅의 확대

AI 기술의 발전으로 개인 소비자의 취향과 관심사에 맞춘 맞춤형 영상 제작이 가능해질 것이다. 예를 들어, 소비자의 구매 이력과 선호도를 분석해 특정 농산물의 특징을 강조한 개인화된 영상을 자동으로 생성할 수 있을 것이다. 이는 농업 마케팅의 효과를 크게 높일 수 있는 가능성을 제시한다.

2) 실시간 마케팅의 증가

AI의 빠른 영상 제작 능력을 활용해 실시간 마케팅이 더욱 활성화될 것으로 예상된다. 예를 들어, 기상 조건의 변화나 시장 가격의 변동에 따라 실시간으로 관련 정보를 담은 영상을 제작해 소비자에게 제공할 수 있을 것이다. 이는 농산물의 신선도와 가치를 극대화하는 데 크게 기여할 수 있다.

3) 가상 현실(VR)과 증강 현실(AR)의 통합

AI 영상 제작 기술이 VR과 AR 기술과 결합되면, 소비자들에게 더욱 몰입감 있는 농업 체험을 제공할 수 있을 것이다. 예를 들어, 소비자가 VR 기기를 통해 농장을 가상으로 방문하고 농산물의 재배과정을 직접 체험해볼 수 있는 콘텐츠를 제작할 수 있을 것이다. 이는 도시 소비자들의 농업에 대한 이해와 관심을 높이는 데 큰 역할을 할 수 있다.

4) 데이터 기반 콘텐츠 최적화

AI 기술은 영상 콘텐츠의 성과를 실시간으로 분석하고, 이를 바탕으로 콘텐츠를 자동으로 최적화하는 단계로 발전할 것이다. 예를 들어, 소비자의 시청 패턴, 클릭률, 구매 전환율 등을 분석해 가장 효과적인 영상 구성과 내용을 자동으로 제안하고 수정할 수 있을 것이다. 이는 농업 마케팅의 효율성과 효과를 크게 높일 수 있는 가능성을 제시한다.

5) 윤리적 고려사항의 중요성 증대

AI 기술의 발전과 함께 윤리적 사용에 대한 고려도 더욱 중요해질 것이다. 특히 농업 분야에서는 환경, 지속가능성, 동물 복지 등의 이슈가 중요하게 다뤄지므로 AI 기반 영상 제작 시 이러한 윤리적 가치를 어떻게 반영할 것인지가 중요한 과제가 될 것이다. 예를 들어, AI가 자동으로 생성한 콘텐츠가 환경 보호나 동물 복지와 관련된 규정을 준수하고 있는지 확인하는 프로세스가 필요할 것이다.

AI 기반 영상 제작 도구인 Kling, Vidnoz, Filmora는 농업 마케팅에 새로운 가능성을 열어주고 있다. 이들 도구를 활용하면 전문적인 영상 제작 기술이 없는 농업인이나 소규모 농업 기업도 효과적인 마케팅 영상을 제작할 수 있다. 그러나 이러한 도구들을 효과적으로 활용하기 위해서는 각 도구의 특성을 이해하고 마케팅 목적에 맞는 전략을 수립하는 것이 중요하다.

특히 농업 마케팅에서는 단순히 제품을 홍보하는 것을 넘어 농산물의 가치와 농업의 중요성을 소비자에게 효과적으로 전달하는 것이 중요하다. AI 기반 영상 제작 도구는 이러한 메시지를 보다 창의적이고 감동적으로 전달할 수 있는 수단을 제공한다. 예를 들어, 농산물의 재배과정, 농부의 정성, 지역의 특색 등을 생생하게 보여주는 영상을 제작함으로써 소비자와의 정서적 연결을 강화할 수 있다.

또한 이러한 도구들은 농업인들이 직접 자신의 이야기를 전할 수 있는 플랫폼을 제공한다. 이는 농업에 대한 사회적 인식을 개선하고 농업의 가치를 재조명하는 데 큰 역할을 할 수 있다. 예를 들어, 젊은 농업인들이 AI 도구를 활용해 자신의 농업 철학과 혁신적인 농법을 소개하는 영상을 제작함으로써 농업에 대한 젊은 세대의 관심을 높이고 새로운 인력 유입을 촉진할 수 있다.

그러나 AI 기술에 지나치게 의존하지 않도록 주의해야 한다. AI는 도구일 뿐이며 진정성 있는 메시지와 창의적인 아이디어는 여전히 인간의 몫이다. 따라서 AI 도구를 활용하되 농업의 본질적 가치와 농부의 진정성을 잃지 않는 균형 잡힌 접근이 필요하다.

미래의 농업 마케팅은 AI 기술과 인간의 창의성이 조화롭게 결합된 형태로 발전해 나갈 것이다. AI가 제공하는 효율성과 데이터 기반 인사이트를 바탕으로, 보다 전략적이고 효과적인 마케팅이 가능해질 것이다. 동시에 농업의 가치, 지속가능성, 식품 안전성 등 중요한 메시지를 더욱 설득력 있게 전달할 수 있을 것이다.

결론적으로 Kling, Vidnoz, Filmora와 같은 AI 기반 영상 제작 도구는 농업 마케팅의 새로운 지평을 열어주고 있다. 이러한 도구들을 효과적으로 활용해 농업의 가치를 널리 알리고 소비자와의 깊이 있는 소통을 이어나간다면농업은 더욱 발전하고 번영할 수 있을 것이다.

Ⅳ. AI 기반 이미지 디자인 Canva, 미리캔버스 활용

시각적 요소는 SNS 마케팅에서 매우 중요한 역할을 한다. 특히 농산물의 경우, 신선하고 맛있어 보이는 이미지는 구매 욕구를 자극하는 핵심 요소이다. 그러나 전문적인 디자인 기술 없이 매력적인 이미지를 만드는 것은 쉽지 않다. 여기에 Canva, 미리캔버스와 같은 AI 기반 이미지 디자인 도구들이 큰 도움이 될 수 있다.

1. Canva

Canva는 직관적인 인터페이스와 다양한 템플릿으로 유명한 디자인 도구로 최근 AI 기능을 대폭 강화했다.

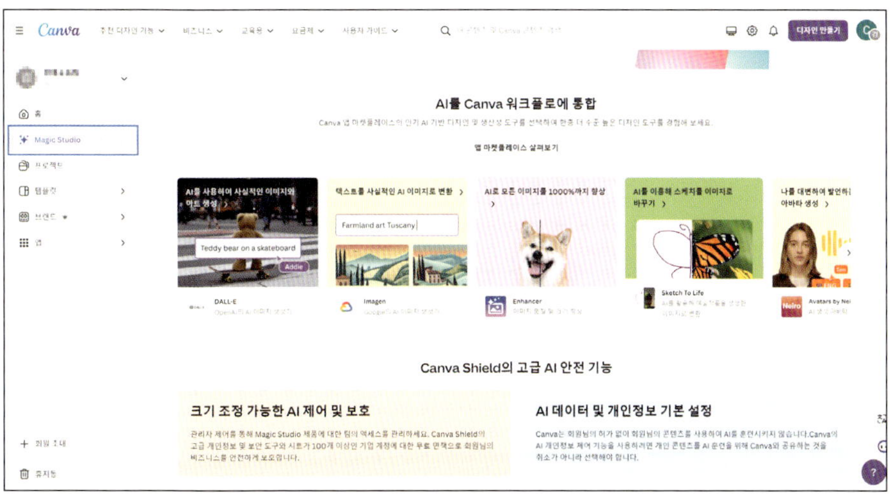

[그림24] Canva의 AI 기능을 확인할 수 있는 페이지

1) 주요 특징과 활용법

(1) AI 디자인 제안

- 특징: 사용자가 원하는 디자인의 내용과 스타일을 설명하면, AI가 그에 맞는 디자인을 제안한다.
- 활용법: '신선한 유기농 채소 판매 포스터'와 같이 요구사항을 입력해 다양한 디자인 옵션을 받아본다.

(2) Magic Resize

- 특징: 한 번의 클릭으로 다양한 SNS 플랫폼에 맞는 크기로 이미지를 자동 조정한다.
- 활용법: 하나의 포스터 디자인을 인스타그램, 페이스북, 트위터 등 다양한 플랫폼의 규격에 맞게 자동으로 조정한다.

(3) 배경 제거 및 대체

- 특징: AI가 자동으로 이미지의 배경을 제거하고, 새로운 배경을 적용할 수 있다.
- 활용법: 농산물 사진의 배경을 제거하고, 깔끔한 단색 배경이나 농장 풍경을 새 배경으로 적용한다.

(4) 텍스트 추천

- 특징: 이미지의 분위기와 목적에 맞는 텍스트를 AI가 추천한다.
- 활용법: 농산물 홍보 이미지에 어울리는 캐치프레이즈나 설명문을 AI로부터 추천받아 사용한다.

2) 충남 논산 딸기 농장 Canva 활용 사례

딸기를 재배하는 김농부(가상인물 설정) 씨는 다음과 같이 Canva를 활용할 수 있다.

AI 디자인 제안: '달콤한 논산 딸기, 봄 시즌 할인 행사'라는 문구로 AI에게 포스터 디자인을 요청했다.

(1) 템플릿 선택 및 수정

AI가 제안한 여러 디자인 중 하나를 선택하고, 농장의 실제 딸기 사진으로 교체했다.

(2) Magic Resize

완성된 포스터를 인스타그램 피드용, 스토리용, 페이스북 커버 이미지용으로 자동 리사이즈했다.

(3) 텍스트 추천

AI에게 딸기의 맛과 신선함을 강조하는 문구를 요청해 '봄의 달콤함을 그대로 담은 논산 딸기'라는 캐치프레이즈를 얻었다.

이때, AI 이미지가 마음에 들지 않는다면 이미지 생성 전문 도구를 활용해서 이미지를 가져오고 카피라이팅에도 도움을 받을 수 있다.

2. 미리캔버스

미리캔버스는 한국어 사용자에게 특화된 AI 기반 디자인 도구이다.

[그림25] 미리캔버스에서 디자인 만들기에 들어가면 메뉴에서 AI 기능을 확인할 수 있다.

1) 주요 특징과 활용법

(1) 한국형 템플릿

- 특징: 한국의 문화와 정서에 맞는 다양한 템플릿을 제공한다.
- 활용법: 추석, 설날 등 한국 명절에 맞는 농산물 선물 세트 홍보 이미지를 만든다.

(2) AI 텍스트 생성

- 특징: 사용자가 원하는 내용을 간단히 설명하면, AI가 적절한 문구를 생성한다.
- 활용법: '친환경 농법으로 재배한 쌀 홍보'와 같은 요청으로 캐치프레이즈를 생성한다.

(3) 이미지 자동 배치

- 특징: 업로드한 여러 장의 이미지를 AI가 자동으로 배치해 조화로운 구성을 만든다.
- 활용법: 다양한 농산물 사진을 업로드해 종합 선물 세트 카탈로그 페이지를 자동으로 구성한다.

(4) 한글 폰트 최적화

- 특징: 다양한 한글 폰트를 제공하며, AI가 디자인에 가장 적합한 폰트를 추천한다.
- 활용법: 농산물의 특성(예: 고급스러운, 친근한, 전통적인 등)에 맞는 폰트를 AI 추천을 통해 선택한다.

2) AI 기반 이미지 디자인 도구 활용의 주의점

(1) 저작권 문제 주의

AI가 생성한 이미지나 디자인 요소의 저작권 문제에 주의해야 한다. 상업적 사용이 가능한지 반드시 확인해야 한다.

(2) 과도한 편집 주의

농산물 이미지를 과도하게 편집하면 실제 제품과 차이가 날 수 있다. 항상 정직하고 진실된 이미지를 만들어야 한다.

(3) 브랜드 일관성 유지

다양한 디자인을 시도하되, 자신의 농장이나 브랜드의 정체성을 잃지 않도록 주의해야 한다.

(4) AI 의존도 조절

AI의 제안을 무조건 수용하기보다는, 자신의 경험과 감각을 바탕으로 적절히 수정하고 보완해야 한다.

(5) 지속적인 학습

AI 도구들은 계속해서 발전하고 있다. 새로운 기능과 가능성을 지속적으로 학습하고 적용해 나가는 자세가 필요하다.

Canva, 미리캔버스와 같은 AI 기반 이미지 디자인 도구들은 농업인들이 전문 디자이너의 도움 없이도 매력적인 이미지를 만들 수 있게 해준다. 그러나 이 도구들의 진정한 가치는 농업인의 창의성과 농산물의 특징을 얼마나 효과적으로 이미지에 담아내느냐에 달려 있다. AI의 도움을 받되 자신만의 독특한 시각과 농산물의 특징을 잘 표현함으로써 소비자들의 마음을 사로잡는 이미지를 제작할 수 있을 것이다.

Ⅴ. AI 활용 SNS 운영의 전략과 팁

AI 도구들을 활용한 SNS 운영은 농업인들에게 큰 기회를 제공하지만 동시에 새로운 도전이기도 하다. 효과적인 AI 활용 SNS 운영을 위한 전략과 팁을 상세히 살펴보자.

1. 일관된 브랜드 이미지 유지하기

일관된 브랜드 이미지를 유지하는 것이 중요하다. AI 도구들은 다양한 스타일의 콘텐츠를 쉽게 만들 수 있게 해주지만 이로 인해 브랜드 이미지가 일관성을 잃을 수 있다는 점을 주의해야 한다.

이를 위한 전략으로는 다음과 같은 방법들이 있다. 먼저, 농장이나 농산물을 대표하는 2~3가지 주요 색상을 정하고, 이를 모든 디자인에 일관되게 적용하는 색상 팔레트를 정하는 것이 좋다. 또한 제목용과 본문용으로 각각 1~2개의 폰트를 선정하고 이를 고수하는 것이 중요하다. 모든 콘텐츠에 농장 로고를 일관되게 삽입하는 것도 효과적인 방법이다. 마지막으로, 친근한, 전문적인, 유머러스한 등 브랜드의 톤앤매너를 정하고 이를 모든 콘텐츠에 반영하는 것이 필요하다.

2. AI와 인간의 조화 찾기

AI는 강력한 도구이지만 농업인의 경험과 통찰을 대체할 수는 없다. AI가 생성한 콘텐츠를 기본 틀로 사용하되 여기에 농업인의 고유한 경험과 지식을 추가하는 전략이 효과적이다. AI가 제공하는 정보에 농업인의 감성과 이야기를 더해 콘텐츠를 풍성하게 만드는 것도 중요하다. 또한 AI 생성 콘텐츠에 실제 농장의 모습, 농부의 일상 등을 담은 사진이나 영상을 추가해 현장감 있는 콘텐츠를 만들 수 있다.

이러한 전략의 예시로, 녹차 농장의 사례를 들 수 있다. 이 농장은 Gazet AI로 녹차의 효능에 대한 글을 생성한 후, 여기에 3대째 이어온 자신들의 녹차 재배 비법과 가족 이야기를 더해 감동적인 스토리텔링 콘텐츠를 만들어 보는 것이다. 이를 통해 AI의 효율성과 농업인의 고유한 가치를 결합한 효과적인 마케팅 콘텐츠를 제작할 수 있다.

3. 데이터 기반의 콘텐츠 전략 수립

AI 도구들은 대부분 성과 분석 기능을 제공하므로 이를 활용해 데이터에 기반한 전략을 수립해야 한다. 구체적인 전략으로는 먼저 각 게시물의 도달률, 참여도, 전환율 등을 꾸준히 분석하는 성과 분석이 있다. 또한 서로 다른 스타일의 콘텐츠를 게시하고 어떤 것이 더 효과적인지 비교하는 A/B 테스트를 실시할 수 있다. 데이터 분석을 통해 팔로워들이 가장 활발히 활동하는 시간대를 파악해 최적의 포스팅 시간을 결정하는 것도 중요하다.

어떤 키워드가 가장 많은 관심을 끄는지 분석하고 이를 콘텐츠 제작에 반영하는 키워드 분석도 효과적인 전략이다. 분석 툴을 활용해 자신들의 SNS 게시물 성과를 분석하고 콘텐츠의 참여도가 높은 부분을 발견하고 이를 반영한 콘텐츠 전략을 수립하는 것이다.

4. 진실성과 신뢰성 유지하기

AI로 만든 콘텐츠가 현실과 동떨어지거나 과장되지 않도록 주의해야 한다. 이를 위해 몇 가지 전략을 적용할 수 있다. 먼저, AI가 생성한 정보의 정확성을 항상 검증하는 사실 확인 과정이 필요하다. 또한 농산물의 효능이나 품질을 과장하지 않도록 주의해야 한다. AI로 만든 콘텐츠에 농부의 진솔한 목소리를 더하는 것도 중요하다. 실제 고객들의 후기를 적극적으로 공유하는 것도 좋은 방법이다.

이러한 전략의 예시로, 제주의 감귤 농장 '제주빛'의 사례를 들 수 있다. 이 농장은 Vidnoz로 만든 감귤 소개 영상에 농장주가 직접 출연해 감귤 재배의 어려움과 보람에 대해 이야기하는 장면을 추가했다. 이는 농장의 진정성을 전달하는 데 큰 역할을 했다.

5. 지속적인 학습과 실험

AI 기술은 빠르게 발전하고 있다. 따라서 새로운 기능과 도구들을 지속적으로 학습하고 실험해봐야 한다. 이를 위한 전략으로는 몇 가지가 있다. 먼저, 사용 중인 AI 도구들의 새로운 기능을 정기적으로 확인하고 학습하는 것이 중요하다. 또한 새롭게 등장하는 SNS 플랫폼들을 주시하고 농업 마케팅에 활용할 방법을 고민해야 한다. 새로운 형식의 콘텐츠, 새로운 마케팅 방식을 두려워하지 말고 시도해보는 실험 정신도 필요하다. 농업 마케팅 관련 온라인 커뮤니티에 참여해 다른 농업인들과 정보와 경험을 공유하는 것도 좋은 방법이다.

6. 고객과의 진정성 있는 소통 유지하기

AI 도구들은 콘텐츠 제작을 돕지만 고객과의 직접적인 소통을 대체할 수는 없다. 이를 위해 여러 가지 전략을 활용할 수 있다. 먼저, 고객의 댓글이나 메시지에 가능한 한 빨리 응답하는 신속한 응답이 중요하다. 또한 가능한 한 각 고객의 상황에 맞는 개인화된 답변을 제공하는 것이 좋다. 고객들의 피드백을 경청하고 이를 농장 운영과 마케팅에 반영하는 것도 중요하다. 정기적으로 라이브 방송을 통해 고객들과 실시간으로 소통하는 것도 효과적인 방법이다.

이러한 전략의 예시로 매주 같은 요일 같은 시간대에 라이브 방송을 통해 공감하고 소통하는 것을 들 수 있다. 이는 고객과의 유대감을 크게 강화시킨다.

7. 법적, 윤리적 고려사항 준수하기

AI 생성 콘텐츠와 관련된 저작권 문제, 개인정보 보호 등 법적, 윤리적 문제에 주의를 기울여야 한다. 이를 위해 몇 가지 전략을 적용할 수 있다. 먼저, AI가 생성한 이미지나 텍스트의 저작권 문제를 항상 확인해야 한다. 또한 고객 데이터 활용 시 관련 법규를 철저히 준수해야 한다. 과장 광고, 허위 정보 제공 등을 철저히 금지하는 윤리적 마케팅을 실천해야 한다. AI 활용 사실을 필요 시 고객에게 투명하게 공개하는 것도 중요하다.

예를 들어, AI로 생성한 마늘 효능 정보를 공유할 때, 항상 출처를 명시하고 '본 정보는 AI 도구를 활용해 작성됐으며 전문가의 검증을 거쳤습니다'라는 문구를 추가하는 것은 AI 활용의 투명성을 유지하고 정보의 신뢰성을 높이는 좋은 방법이다.

8. 오프라인과의 연계 전략 수립하기

AI를 활용한 SNS 마케팅은 온라인 판매나 농장 체험 프로그램 등 오프라인 활동과 연계될 때 더욱 효과적이다. 이를 위한 여러 전략이 있다. 먼저, 온라인에서 시작된 프로모션을 오프라인 매장이나 농장 체험으로 연결하는 온오프라인 프로모션을 활용할 수 있다.

또한 농산물 패키지에 QR코드를 부착해 SNS 계정이나 온라인 콘텐츠로 유도하는 방법도 있다. SNS를 통해 농장 체험 프로그램을 적극 홍보하고 체험객들의 SNS 공유를 장려하는 것도 효과적이다. 지역 축제나 농산물 직거래 장터 등과 SNS 마케팅을 연계하는 것도 좋은 전략이다.

예를 들면, AI로 제작한 감 따기 체험 홍보 영상을 SNS에 공유하고 이를 보고 방문한 고객에게는 특별 할인을 제공하는 것이다. 또한 체험객들이 찍은 사진을 특정 해시태그와 함께 SNS에 공유하면 감 선물세트를 증정하는 이벤트를 진행한다면 큰 호응을 얻을 것이다.

이러한 전략들을 종합적으로 활용한다면 AI 도구들의 장점을 최대한 살리면서도 농업의 본질적 가치를 잃지 않는 효과적인 SNS 마케팅을 펼칠 수 있을 것이다. 중요한 것은 AI를 도구로 인식하고 이를 통해 농업인의 진정성과 전문성을 더욱 효과적으로 전달하는 것이다.

Ⅵ. AI 활용 SNS 운영의 미래 전망

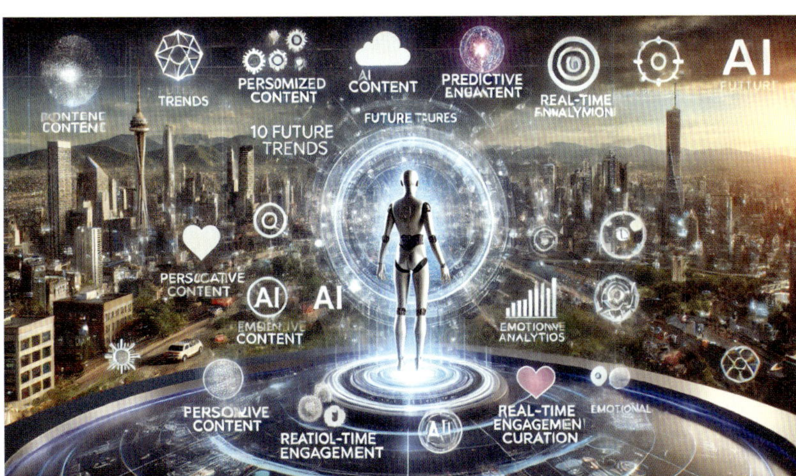

[그림26] AI 활용 SNS 운영의 미래 전망에 대한 챗GPT의 그림

1. 분석에서 감성까지, AI가 변화시킬 SNS를 통한 10가지 미래 전망

AI 기술은 계속해서 발전하고 있으며 이는 SNS 운영의 미래에도 큰 영향을 미칠 것이다. 농업 분야에서의 AI 활용 SNS 운영의 미래 전망을 살펴보면 다음과 같다.

먼저, 초개인화된 콘텐츠 제공이 가능해질 것이다. AI는 각 팔로워의 선호도, 행동 패턴 등을 분석해 개인별로 최적화된 콘텐츠를 제공할 수 있게 될 것이다. AI는 사용자의 SNS 활동, 검색 기록, 구매 이력 등을 종합적으로 분석해 각 개인의 관심사와 선호도를 정확히 파악할 것이다. 이를 바탕으로 각 팔로워에게 맞춤형 콘텐츠를 자동으로 생성하고 제공할 수 있게 될 것이다.

실시간 트렌드 대응도 가능해질 것이다. AI는 실시간으로 소셜 미디어의 트렌드를 분석하고, 이에 맞는 콘텐츠를 즉시 생성할 수 있게 될 것이다. AI는 소셜 미디어 플랫폼의 실시간 데이터를 분석해 현재 가장 화제가 되는 주제나 트렌드를 즉각적으로 파악할 수 있게 될 것이다. 이러한 트렌드와 농산물을 연계한 콘텐츠를 AI가 자동으로 생성해 제안할 것이다.

가상 현실(VR)과 증강 현실(AR)의 결합도 기대된다. AI와 VR/AR 기술의 결합으로, 팔로워들이 가상으로 농장을 체험하거나 농산물을 3D로 살펴볼 수 있는 콘텐츠가 가능해질 것이다. AI는 2D 이미지나 간단한 정보만으로도 실감 나는 3D VR 농장 투어 콘텐츠를 생성할 수 있게 될 것이다. AR 기술을 통해 사용자가 자신의 공간에 농산물을 가상으로 배치해보거나, 농산물의 성장 과정을 시각화할 수 있게 될 것이다.

자동화된 고객 응대도 더욱 발전할 것이다. AI 챗봇 기술의 발전으로, 24시간 자동화된 고객 응대가 가능해질 것이다. AI 챗봇은 자연어 처리 능력이 크게 향상돼 거의 사람과 구별하기 어려운 수준의 대화가 가능해질 것이다. 농산물 주문, 배송 조회, 농업 관련 질문 등 다양한 고객 문의를 AI가 자동으로 처리할 수 있게 될 것이다.

예측 분석을 통한 전략 수립도 가능해질 것이다. AI는 과거 데이터를 분석해 미래의 트렌드를 예측할 수 있다. AI는 기상 데이터, 경제 지표, 소비자 트렌드 등 다양한 데이터를 종합적으로 분석해 농산물 수요를 정확히 예측할 수 있게 될 것이다. 이를 통해 농업인들은 어떤 작물을 재배하고, 어떤 마케팅 전략을 펼칠지 더욱 과학적으로 결정할 수 있게 될 것이다.

다국어 지원도 강화될 것이다. AI의 번역 기능 향상으로 농업인들은 쉽게 글로벌 마케팅을 펼칠 수 있게 될 것이다. AI 번역 기술은 문맥과 뉘앙스까지 정확히 이해하고 번역할 수 있는 수준에 이를 것이다. 한 번의 포스팅으로 여러 언어권의 소비자들과 자연스럽게 소통할 수 있게 될 것이다.

영상 콘텐츠도 고도화될 것이다. AI 영상 제작 기술의 발전으로 더욱 고품질의 영상을 쉽게 만들 수 있게 될 것이다. AI는 간단한 스크립트만으로도 전문가 수준의 영상을 자동으로 제작할 수 있게 될 것이다. 드론 촬영, 타임랩스 등 고급 영상 기법도 AI의 도움으로 쉽게 구현할 수 있게 될 것이다.

감성적 커뮤니케이션도 강화될 것이다. AI가 텍스트의 맥락과 감정을 더욱 정확히 이해하게 되면 농업인의 감성과 철학을 더욱 잘 반영한 콘텐츠 제작이 가능해질 것이다. AI는 농업인의 글쓰기 스타일, 가치관, 감성 등을 학습해 이를 반영한 콘텐츠를 생성할 수 있게 될 것이다. 단순한 정보 전달을 넘어 농업인의 철학과 이야기를 담은 감동적인 콘텐츠 제작이 가능해질 것이다.

블록체인과 AI의 결합도 주목할 만하다. 블록체인 기술과 AI의 결합은 농산물의 이력 추적과 신뢰성 확보에 혁명을 가져올 것이다. AI는 블록체인에 기록된 농산물의 생산, 유통, 판매 전 과정의 데이터를 분석해 소비자에게 신뢰할 수 있는 정보를 제공할 것이다. 이를 바탕으로 AI는 각 농산물의 가치를 정확히 평가하고, 이를 반영한 마케팅 전략을 수립할 수 있을 것이다.

마지막으로, IoT와 AI의 융합이 이뤄질 것이다. 사물인터넷(IoT)과 AI의 융합은 농업 생산과 마케팅을 더욱 긴밀하게 연결할 것이다. IoT 센서를 통해 수집된 농장의 실시간 데이터를 AI가 분석해 이를 바탕으로 한 실시간 마케팅이 가능해질 것이다. 소비자의 구매 패턴과 농장의 생산 현황을 AI가 종합적으로 분석해 최적의 마케팅 전략을 제시할 것이다.

이러한 발전 속에서도 농업인의 역할은 여전히 중요할 것이다. AI는 도구일 뿐, 농업에 대한 깊은 이해와 열정 그리고 소비자와의 진정성 있는 소통은 여전히 농업인의 몫이기 때문이다. 따라서 농업인들은 AI 기술의 발전을 적극적으로 받아들이되 동시에 자신만의 고유한 가치를 잃지 않도록 주의해야 할 것이다. AI와 인간의 협업을 통해 더욱 풍성하고 가치 있는 농업 SNS 마케팅이 가능해질 것이다.

2. AI와 함께 진화하는 농업 SNS 마케팅

AI 기술의 발전은 농업 SNS 마케팅에 혁명적인 변화를 가져올 것이다. 개인화된 콘텐츠, 실시간 트렌드 대응, VR/AR 기술의 활용, 자동화된 고객 응대, 예측 분석을 통한 전략 수립 등 다양한 혁신이 가능해질 것이다. 또한 블록체인, IoT 등 다른 첨단 기술과의 융합을 통해 농업 SNS 마케팅은 더욱 진화할 것이다.

그러나 이러한 기술의 발전 속에서도 변하지 않는 것이 있다. 바로 농업의 본질적 가치와 농업인의 정성이다. AI는 이러한 가치를 더욱 효과적으로 전달하고 확산시키는 도구로 활용돼야 한다.

따라서 농업인들은 AI 기술의 발전을 적극적으로 수용하되 동시에 자신만의 고유한 가치와 철학을 잃지 않도록 주의해야 한다. AI를 활용해 더욱 효율적이고 효과적인 SNS 마케팅을 펼치되 그 콘텐츠의 핵심에는 항상 농업인의 진정성과 농산물의 진짜 가치가 자리 잡고 있어야 할 것이다.

미래의 농업 SNS 마케팅은 AI의 첨단 기술력과 농업인의 오랜 경험과 지혜가 조화롭게 어우러지는 장이 될 것이다. 이를 통해 소비자들은 더욱 신선하고 가치 있는 농산물을 만나게 될 것이고, 농업인들은 자신의 정성과 철학을 더 많은 이들과 나눌 수 있게 될 것이다.

우리는 지금 농업의 새로운 시대를 맞이하고 있다. AI라는 새로운 동반자와 함께 농업의 가치를 더욱 빛나게 만들어갈 시간이다. 이 여정에서 가장 중요한 것은 기술과 인간의 조화 그리고 변화를 두려워하지 않는 도전 정신일 것이다.

Epilogue

AI와 함께 성장하는 농업의 미래

지금까지 우리는 AI를 활용한 SNS 운영의 다양한 측면을 살펴보았다. Gazet AI를 통한 블로그 글쓰기, 영상 제작, 이미지 디자인하기 등 AI 도구들은 농업인들에게 새로운 가능성을 열어주고 있다. 그리고 우리는 이러한 도구들이 앞으로 어떻게 발전하고 농업 SNS 마케팅을 어떻게 변화시킬지에 대해서도 전망해 보았다.

이러한 AI 도구들은 농업인들이 더욱 효율적이고 효과적으로 자신의 농산물과 농장을 홍보할 수 있게 해준다. 전문가의 도움 없이도 매력적인 콘텐츠를 만들 수 있게 됐고 이를 통해 더 많은 소비자들과 소통할 수 있게 됐다. AI는 우리에게 시간을 선물했고 이 시간을 통해 우리는 더 나은 농산물을 생산하고 더 깊이 있는 스토리를 만들어 낼 수 있게 됐다.

그러나 우리는 AI가 만능이 아님을 기억해야 한다. AI는 우리의 창의성과 전문성을 보완하는 도구일 뿐 이를 완전히 대체할 수는 없다. AI가 생성한 콘텐츠에 농업인 자신의 경험, 지식 그리고 열정을 더해야만 진정으로 가치 있는 콘텐츠가 탄생한다. 농업은 본질적으로 자연과 인간의 관계에 기반을 둔 산업이다. 아무리 AI 기술이 발전해도 농작물을 정성껏 가꾸고 수확하는 농부의 손길을 대체할 수는 없다. 마찬가지로 SNS를 통한 농산물 마케팅에서도 농업인의 진정성과 열정은 여전히 가장 중요한 요소이다.

AI를 활용한 SNS 운영은 농업의 새로운 장을 열고 있다. 이는 단순히 마케팅 효율성의 향상을 넘어 농업과 소비자 간의 관계를 더욱 긴밀하게 만들어주는 도구가 될 수 있다. AI가 만들어낸 매력적인 콘텐츠를 통해 소비자들은 농산물의 생산 과정과 농부의 철학을 더욱 쉽게 이해할 수 있게 됐다. 이는 결국 농산물의 가치를 높이고, 농업에 대한 사회적 인식을 개선하는 데 기여할 수 있다.

그러나 이러한 변화의 시대에 농업인들이 주의해야 할 점도 있다. AI에 지나치게 의존해 자신의 고유한 가치를 잃어버리지 않도록 해야 한다. AI는 도구일 뿐, 농업의 본질은 여전히 땀과 정성으로 농작물을 가꾸는 농부의 손길에 있음을 잊지 말아야 한다. 또한 AI를 활용함에 있어 윤리적 측면도 고려해야 한다. AI가 생성한 콘텐츠가 현실을 왜곡하거나 과장하지 않도록 주의해야 하며 개인정보 보호와 저작권 문제에도 신경을 써야 한다.

[그림27] 미래의 농업 SNS 마케팅. 챗GPT 생성

미래의 농업 SNS 마케팅은 AI의 첨단 기술과 농업인의 오랜 경험이 조화를 이루는 장이 될 것이다. AI는 빅데이터를 분석해 소비자의 니즈를 정확히 파악하고 최적의 마케팅 전략을 제시할 것이다. VR과 AR 기술은 소비자들에게 실제 농장을 방문한 것 같은 경험을 제공할 것이며 블록체인 기술은 농산물의 이력을 투명하게 공개해 신뢰를 높일 것이다. IoT 기술은 농장의 상태를 실시간으로 모니터링하고 이를 바탕으로 한 실시간 마케팅을 가능하게 할 것이다.

그러나 이 모든 기술의 중심에는 여전히 농업인이 있어야 한다. AI가 제시하는 전략을 비판적으로 검토하고 자신의 경험과 직관을 바탕으로 최종 결정을 내리는 것은 농업인의 몫이다. VR이나 AR을 통해 전달할 농장의 모습을 어떻게 꾸밀지 블록체인에 기록할 정보는 무엇인지 IoT 데이터를 어떻게 해석하고 활용할지 등 모든 결정의 중심에는 농업인의 판단이 있어야 한다.

결론적으로, AI를 활용한 SNS 운영은 농업인들에게 큰 기회이자 도전이다. 이를 잘 활용한다면 농업인들은 자신의 농산물을 더욱 효과적으로 알리고 소비자들과 더욱 긴밀하게 소통할 수 있을 것이다. 그러나 동시에 농업의 본질을 잃지 않고 AI와 조화롭게 공존하는 방법을 찾아야 한다. AI는 우리의 도구이지 주인이 아니다. AI를 통해 우리의 가치를 더욱 빛나게 만들되 그 가치의 본질은 여전히 우리의 손에 있음을 잊지 말아야 한다.

5

농업인 홍보마케팅 인공지능 '말하는 명함'

나 명 순

제5장

농업인 홍보마케팅 인공지능 '말하는 명함'

Prologue

디지털융합교육원 인공지능 콘텐츠 크리에이터 교수와 선임연구원으로 활동하고 있는 필자는 (사)한국농식품여성CEO연합회 중앙회 사무총장으로 여성 농업인들을 지원하는 일을 10년째 해오고 있다.

농업인, 특히 여성 농업인들에게 'AskUp(아숙업)'과 'D-ID' 플랫폼을 활용한 '말하는 명함'으로 내 농장 소개와 홍보하는 법을 아주 쉽고 재미나게 알려주겠다는 소명으로 의기양양하게 2022년 11월 30일 오픈AI가 챗GPT를 공개하자마자 인공지능 공부를 시작했다.

공부하는 도중 모교인 권영미 교수의 배려로 한국벤처농업대학 식문화 스쿨에서 첫 강의를 했다. 농업인들이 AskUp(아숙업)에게 내 농장을 소개하는 카피라이팅을 받고 즉석에서 사진을 찍어 그 사진에 인공지능 목소리를 더빙하는 작업을 통해 '말하는 명함'을 결과물로 도출했다.

서로 카카오톡으로 '말하는 명함'을 주고받으며 "쇼킹하다", "신기하다", "인공지능이란 말 자체가 거리감 있고 쉽게 접근하기 어려울 것이라 생각했는데 이렇게 쉽고 유익

한 작업인 줄 몰랐다"라며 매우 즐거워하며 스마트폰 안의 AskUp(아숙업) 비서와 '말하는 명함'에 매우 만족해했다.

이렇게 인공지능은 어려운 것도 아니고 멀리 있는 것도 아니다. 바로 우리의 손안에 있고 바로 활용할 수 있는 응대가 빠른 비서이다.

네덜란드인 사위를 둔 필자는 7년전 사돈댁 정원에서 첫손주의 돌잔치를 한국 전통식으로 치뤘다. 한복을 입고 복건을 쓰고, 액을 막아주고 복을 불러온다는 의미의 금반지를 끼고 장수를 기원하는 명주실을 비롯해 돈, 연필, 청진기, 판사봉, 마우스 등 장수와 건강, 직업을 의미하는 소품들을 놓고 돌잡이를 했다.

그런데 한국 전통방식 돌잔치의 유래와 설명을 들으며 가만히 지켜보던 안사돈이 잠깐만 기다리라더니 장난감 삽을 가져와 올려놓으며 "농부가 돼라" 하며 손주에게 장난감 삽을 잡기를 권했다.

필자는 깜짝 놀라며 "농부는 고생을 너무 많이 하고 돈도 많이 못 버는데 왜 농부가 되라 하냐?"라고 반문했더니 안사돈은 오히려 깜짝 놀라며 "네덜란드에서는 농부가 제일 좋은 직업이고 기업인들보다 돈도 훨씬 많이 번다"라고 해서 안사돈끼리 깜짝 놀랐던 에피소드가 있다.

네덜란드와는 딴판으로 어째서 우리나라 농업인들 특히 여성 농업인들은 이렇게 고된지 모르겠다. 우리나라 농업인들도 제일 좋은 직업 1순위인 농부가 되는 날이 오길 바라며, 그 과정에서 인공지능이 한몫할 것이라는 기대감으로 이 책에 농업인들의 사례부문을 맡았다.

인공지능에는 2,000여 개가 넘는 많은 플랫폼이 있다. 현재 계속 개발돼 출시되고 있는데 이 기능들을 잘 익히면 우리 농업인들의 숙원과제인 홍보, 마케팅을 도와 매출을 늘리고 결국 농업을 살리는 일에 큰 몫을 할 것이라 확신한다. 따라서 인공지능은 이제 아무리 바쁘고 힘들어도 하루빨리 배워서 활용할 일이다.

자고 일어나면 새로운 AI 플랫폼과 프로그램들이 쏟아져 나오는 인공지능 시대에 농업인이라고 예외는 아니다. 부디 이 책이 농업인들의 농장과 제품 홍보, 매출향상에 도움이 되는 교과서가 되길 바란다.

배움만이 길이요 실천 만이 살길이다.

Ⅰ. 인공지능에 대해서

1. AI, 인공지능이 대체 무엇인가?

인공지능 플랫폼의 기능을 익히기 전에 우선 AI 인공지능이 무엇인지, 생성형 AI란, 생성형 AI와 대화형 AI의 차이점, 윤리적 AI란 무엇인지, 어떻게 활용해야 하는지에 대해 우선 알아보고자 한다.

2. AI 또는 인공지능이란?

AI 또는 인공지능은 컴퓨터와 소프트웨어가 생각하고 학습할 수 있도록 하는 기술이다. 기계가 결정을 내리고 복잡한 작업을 자율적으로 처리할 수 있도록 우리는 명령어만 내리면 된다. AI는 데이터와 알고리즘을 사용해 패턴을 이해하고, 문제를 해결하고, 자연어로 사람과 상호 작용한다. 기기에 지능을 부여해 기능을 향상시키고 작업을 간소화하는 과정을 거친 후에 결과물이 도출된다. 몇 가지 예로는 가상 비서, 챗봇, 자연어 처리, 자율 주행 자동차, 얼굴 인식 및 이미지 분석이 있다(출처 : 네이버).

3. 생성형 AI란 무엇인가?

보다 기술적인 용어로 표현하면 생성적 AI는 정교한 알고리즘과 딥 러닝 기술에 의존하는 디지털 콘텐츠 제작자와 유사하다. 훈련 중에 흡수한 패턴과 정보를 기반으로 텍스트, 이미지, 음악 또는 기타 형태의 미디어 등 완전히 새로운 콘텐츠를 제작할 수 있다. 이전에 본 것을 단순히 되뇌는 기존 AI와 달리, GPT-3와 같은 모델에서 예시되는 생성적 AI는 독창적인 소재를 생성하는 창의성을 갖고 있다. 이 기술은 마케팅을 위한 콘텐츠 생성 자동화에서 예술 및 음악 작곡과 같은 창의적인 노력에 이르기까지 광범위한 응용 분야에서 점점 더 가치가 높아지고 있다. 본질적으로 디지털 세계를 위한 다재다능하고 창의적인 비서로서, 학습된 지식과 패턴을 기반으로 특정 목표 또는 예술적 비전에 맞는 콘텐츠를 제작할 수 있다(출처 : 네이버).

4. 생성형 AI와 대화형 AI의 차이점은 무엇인가?

생성형 AI와 대화형 AI는 모두 인공지능의 하위 그룹이지만 서로 다른 목적을 위해 사용되며 서로 다른 방법론을 활용한다. 생성형 AI는 입력과 데이터에서 학습한 패턴을 기반으로 텍스트, 이미지 또는 비디오와 같은 새로운 콘텐츠를 생성할 수 있는 시스템을 말한다. 이러한 시스템은 방대한 데이터 세트에서 훈련을 받고 데이터에 있는 패턴과 구조를 모방해 이전에 본 것과 유사한 새로운 콘텐츠를 생성하는 방법을 학습한다. 생성형 AI는 예술 창작, 스토리 쓰기 또는 사실적인 인간 얼굴 생성을 포함한 다양한 목적으로 사용될 수 있다.

반면 대화형 AI는 인간과 자연어 대화를 나눌 수 있는 시스템을 구축하는 데 중점을 둔다. 이러한 시스템은 인간 언어 입력을 이해하고, 적절한 응답을 생성하고, 일관된 대화를 수행하도록 설계됐다. 대화형 AI는 종종 자연어 처리(NLP), 자연어 이해(NLU), 자연어 생성(NLG)과 같은 기술을 사용해 인간과 유사한 응답을 해석하고 생성한다.

본질적으로 생성형 AI는 범위가 넓어 새로운 콘텐츠를 생성할 수 있는 모든 시스템을 포괄하는 반면, 대화형 AI는 더욱 전문화돼 있어 기계가 인간과 자연어 대화를 할 수 있도록 하는 데 특히 초점을 맞춘다(출처 : D-ID).

5. 윤리적 AI란 무엇인가?

윤리적 AI는 윤리적 우려와 원칙을 신중하게 고려하고 해결하면서 인공지능 시스템을 개발하고 사용하는 관행을 말한다. 여기에는 AI 시스템이 공정하고 편견 없는 방식으로 설계, 훈련 및 사용되도록 보장하고 개인과 사회의 프라이버시와 가치를 존중하는 것이 포함된다. 기술적 관점에서 윤리적 AI는 종종 편견을 방지하기 위해 AI 알고리즘 내에 보호 장치와 제어를 구현하고, AI 시스템이 결정을 내리는 방식에 대한 투명성을 보장하며 데이터 프라이버시를 보호하는 것을 수반한다.

또한 산업 표준과 법적 요구 사항을 준수하는 것도 포함된다. 디지털 세계에서 해를 끼치거나 불공정과 차별을 영속시키는 것을 피하기 위해 AI를 신중하게 사용하는 것을 윤리적 AI라 정의한다(출처 : 네이버).

Ⅱ. AskUp(아숙업)

1. AskUp(아숙업) 활용하기

1) 토종 챗GPT AskUp(아숙업)

2022년 11월 30일 미국 Open AI가 챗GPT를 개발했다면 AskUp(아숙업)은 우리나라 스타트업 업스테이지가 자체 개발 사전학습 언어모델(LLM) '솔라'(SOLAR)를 카카오톡 챗봇 메신저에 '아숙업(AskUp)'이라는 채널명으로 적용했다.

2) AskUp(아숙업)의 기능

(1) 카카오톡 챗봇 메신저로 사용

아숙업(AskUp)은 다양한 주제에 관해 토론하고, 질문에 답하고, 텍스트 콘텐츠를 생성할 수 있는 디지털 채팅 동반자와 유사하다. 본질적으로 사람과 기계 간의 의미 있는 텍스트 기반 커뮤니케이션을 용이하게 하는 대화형 AI로, 카카오톡 챗봇 메신저로 사용자들이 다양한 주제에 대해 질문하면 답변을 받을 수 있는 서비스이며 현재 200만 명 이상 사용하고 있다.

(2) 챗봇, 이미지 생성, 광학문자인식(OCR) 등 인공지능 기능 제공

2023년 5월 16일 오픈 당시에는 궁금한 내용을 질문하고 답변을 받는 정도였는데 현재는 질문에 대한 답변도 좀 더 상세하고 정확도가 높아졌을 뿐만 아니라 답변이 구체화 되고 자연스러워졌다. 최근 챗봇, 이미지 생성, 광학문자인식(OCR) 등 다양성이 확장된 인공지능 기능을 제공하는 아숙업 서비스는 카카오톡에서 채널을 추가하면 누구나 쉽게 이용할 수 있다.

법인명	주식회사 업스테이지
사업자등록번호	830-88-01918
대표자명	김성훈
업태	서비스 도매 및 소매업, 서비스 정보통신업 서비스 전문, 과학 및 기술 서비스업 사업시설 관리
종목	인공지능(AI) 시스템 개발 및 공급업 통신판매업 소프트웨어 개발 및 제작 데이터베이스
주소	경기도 용인시 수지구 광교중앙로 338 에이동 8층 815
통신판매번호	2023-용인수지-0922

[표1] AskUp 사업자등록 정보(출처 : AskUp)

2. 아숙업(AskUp) 개발사 업스테이지

1) '오픈 엘엘엠(LLM) 리더보드' 평가에서 1위 차지

우리나라 인공지능(AI) 스타트업 주식회사 업스테이지가 자체 개발 사전학습 언어모델(LLM) '솔라'는 107억 매개변수(10.7B) 모델로, 세계 최대 인공지능 플랫폼 허깅페이스가 운영하는 '오픈 엘엘엠(LLM) 리더보드' 평가에서 1위를 차지했다.

업스테이지는 "솔라가 적용된 아숙업을 내부 테스트한 결과, 챗GPT-4를 상회하는 속도와 비슷한 수준의 성능으로 사용자의 질문에 대해 자연스러운 답변을 제공하며, 최근에는 문서나 이미지의 내용을 읽고 요약하거나 키워드 기반 검색도 수행할 수 있도록 강화됐다"라고 설명했다.

이 부분은 직접 스마트폰에서 활용할 수 있도록 다음 페이지에서 자세하게 다뤘으니 프로세스를 따라 하면 누구나 쉽게 아숙업을 사용하고 즐길 수 있다.

2) 글로벌 주요 사전학습 모델로 자리매김

업스테이지는 "현재 대화의 10% 정도에만 솔라를 도입했으며, 점차 비중을 확대할 계획"이라고 밝혔다. 김성훈 업스테이지 대표는 "지난달 솔라 공개 이후, 오픈소스 인공지능 업계의 뜨거운 관심을 받으며 글로벌 주요 사전학습 모델로 자리매김하게 됐는데, 개발자뿐만 아니라 모두의 일상을 효율적으로 만드는 데도 솔라가 기여하기를 희망한다"라고 말했다(출처 : 업스테이지).

3. 농업인들이 반드시 활용해야 할 AI

1) 나의 농장, 농산물 홍보에 사용

인공지능 분야에서 선두주자이신 세분의 박사님들과 함께 농업인들을 위한 인공지능 활용서를 낼 수 있게 된 계기는 아마도 필자가 10여 년간 (사)한국농식품여성CEO연합회 중앙회 사무총장을 역임하며 여성 농업인들을 돕고 지원하는 일을 해왔기 때문에 가능했으리라 생각된다.

챗GPT에 이어 우리나라 토종 GPT AskUp(아숙업)이 출시되자마자 필자는 여성 농업인들에게 아숙업을 활용해 나의 농장, 회사, 직접 농사를 지은 농산물과 가공식품 원재료의 생산 단계에서 제조, 가공, 보존, 조리 및 유통 단계를 거쳐 가공한 농식품들을 인공지능 비서 AskUp(아숙업)을 통해 홍보하고 판매해 매출에 도움이 되게 해야겠다는 마음으로 강의를 통해 아주 쉽게 알리기 시작했다.

2) 아숙업과 친해지면 훌륭한 홍보 수단 될 수 있어

농업인, 특히 여성 농업인, 우리 단체의 농식품 여성 CEO들은 직접 농사를 지어 건강한 농산물을 생산하고, 그 농산물을 가공해 품질 좋고 맛있는 가공식품을 만들어 내지만 농장 히스토리와 대표자의 훌륭한 이력이 제대로 정리되지 않은 회원사도 많다.

농장 소개를 부탁하면 "농약 안 주고 키워서 정말 좋은 거예요"라고 좋은 걸 제대로 설명하지 못하고 홈페이지가 없는 회원사가 많았다. 무엇보다 판로에 한계가 있는 것이 늘 아쉬웠는데 아숙업과 친해지기만 하면 훌륭한 홍보 수단이 될 수 있기에 열심히 알렸다.

3) 카피라이팅은 아숙업에 맡겨라!

AskUp(아숙업)을 활용해 농업인들 특히 여성 농업인들이 내 농장의 역사와 대표자의 이력, 생산해 내는 농산물과 가공식품들을 소개하는 카피라이팅을 하는 기능만 우선 활용해보자.

카피라이팅은 제품이나 브랜드를 대표하는 핵심 메시지를 전달하는데 매우 중요하다. 소구점을 잘 찾는 것도 중요하지만 좋은 카피라이팅을 해 소비자들의 관심을 끌어내는 것이 매우 중요하다.

제품의 특징이나 장점을 강조하는 카피, 소비자들이 원하는 니즈나 욕구를 반영하는 슬로건 등을 작성해 보는 연습을 하고 여성 농업인들이 자신이 직접 생산한 농산물 또는 그 농산물로 가공한 다양한 농식품들을 직접 홍보하고 판매할 수 있도록 쉽게 시연해보고자 했다.

따라서 이 책을 쓸 때의 마음가짐은 필자가 나열한 프로세스대로 따라만 하면 아주 쉽게 누구나 할 수 있어야 한다라는 생각이 우선 됐다. 그럼 아숙업 채널 추가 방법부터 알아보자. 순서대로 따라하면 누구나 할 수 있다.

4. 카카오톡에서 AskUp(아숙업) 채널 추가

1) 카카오톡에서 채널추가

카카오톡 채팅창 열고 '채널추가'를 시작해 보자.

2) 검색 기능으로 아숙업 찾기

파란색 동그라미 따라 해보자. [그림1]처럼 카카오톡 채팅창 맨 위에 돋보기 모양을 클릭한다. [그림2]와 같이 검색 창이 바뀌면서 '검색'이라는 글자가 생성된다. [그림3]과 같이 검색 창에 'As'를 입력하면 [그림4]처럼 친구 코너에 'AskUp'이 뜬다.

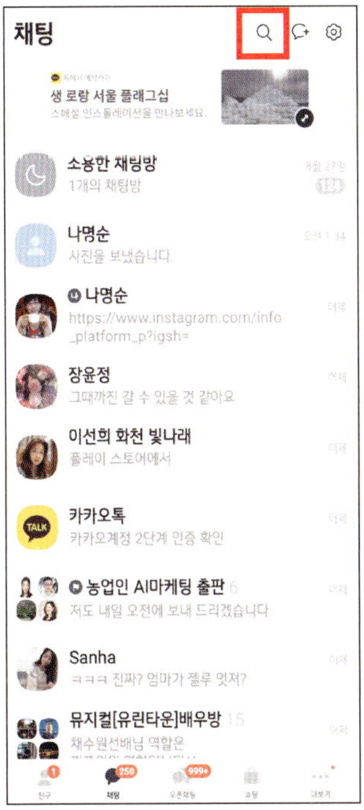

[그림1] AskUp(아숙업) 채널추가

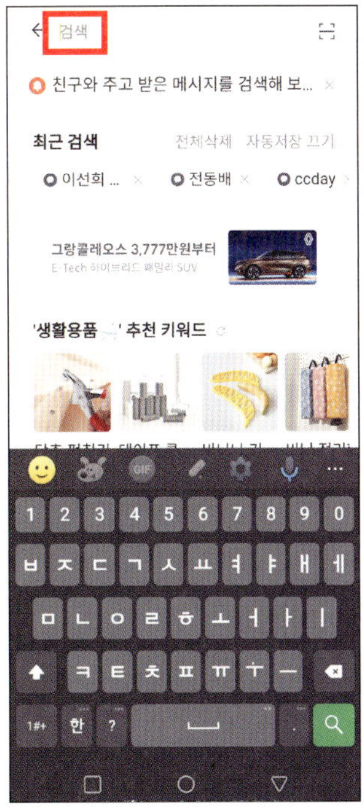

[그림2] 카카오톡 검색창 생성

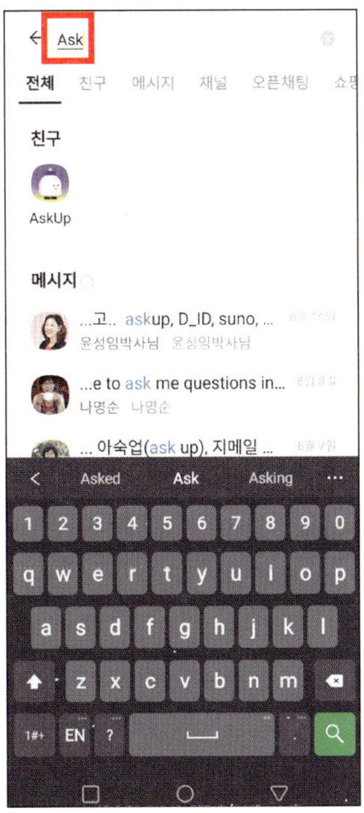

[그림3] AskUp 아숙업 검색

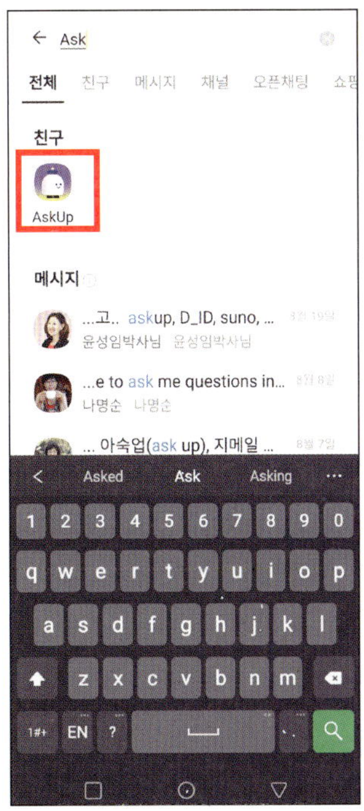

[그림4] AskUp 이모티콘 생성

3) 개발사 소개

생성된 아숙업 이모티콘을 클릭하면 [그림5]의 'ChatGPT를 카톡에서! 업스테이지에서 제공하는 이미지 글씨도 이해하는 눈뜬 챗GPT를 만나보세요'라는 안내 메시지와 AskUp 개발사 주식회사 업스테이지의 사업자등록 정보 소개 페이지가 생성된다. [그림6] 오른쪽 위 작은 AskUp(아숙업) 이모티콘을 클릭한다.

[그림5] AskUp 개발사 정보 소개

[그림6] AskUp 이모티콘 클릭

4) 대화창 생성

[그림7]처럼 AskUp(아숙업)과의 대화창이 생성된다. [그림8]처럼 이제 내 친구, 내 비서 AskUp(아숙업)과 대화를 시작하면 된다.

[그림7] AskUp 대화창 생성

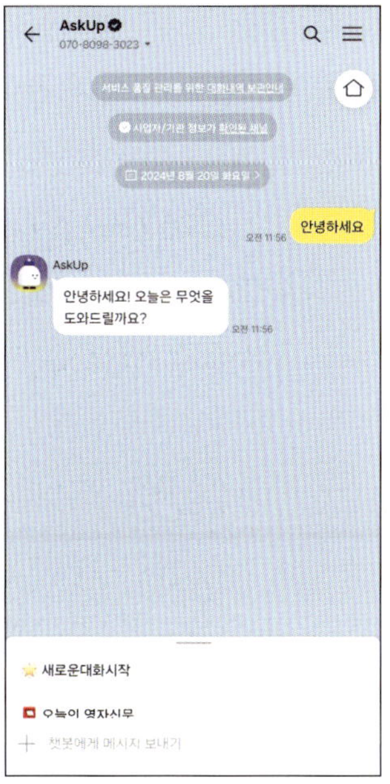

[그림8] AskUp과의 대화 시작

이렇게 AskUp(아숙업) 채널을 추가하고 순서에 따라 대화가 시작됐다. 다음은 친구이자 비서인 AskUp(아숙업)에게 농업인들의 농장, 대표자, 생산제품소개 문구를 만들어 달라고 카피라이팅을 시켜 보자.

* Tip 구체적이고 상세한 명령어를 넣을수록 정확하고 좋은 답변을 받을 수 있다.

예시로 강원도 원주 무실동에서 땅을 살리는 유기농법과 무농약으로 직접 고추농사를 지으면서 건고추와 고춧가루, 고추장과 된장을 만들어 판매하고 있는 50대 조숙희 여성 농업인의 농장 소개, 제품 소개, 조숙희 농부의 마음가짐, 어떻게 잘 팔 수 있는지에 대해 AskUp(아숙업)에게 카피라이팅 업무를 맡겨 보고자 한다.

5. AskUp(아숙업)으로 내농장, 내제품 카피라이팅

1) 소개 문구 요청하기

아숙업에게 내 농장과 내 소개, 농작물에 대해 간단히 알려주고 소개 문구를 요청해

보자. 농장의 현재 상황, 농부, 농산물의 핵심이 되는 단어들을 포함해 명령어(프롬프트)를 입력하면 좀 더 부드럽고 읽기가 순조로운 문구를 받을 수 있다.

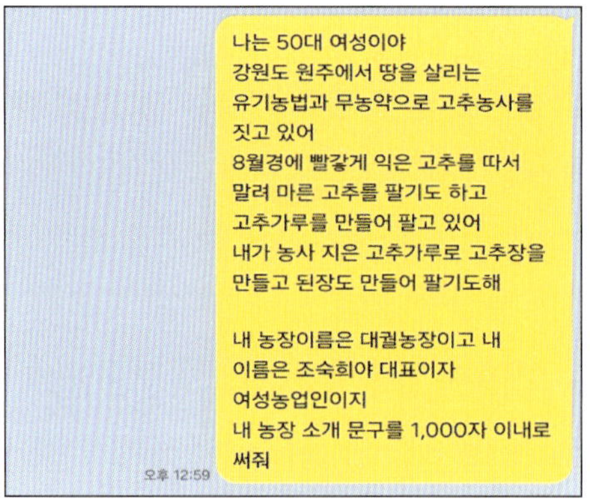

[그림9] 내 소개 프롬프트 입력하기

2) 아숙업이 써 준 내농장 소개글

[그림10]은 아숙업이 요청에 답해 써준 내농장 소개 글이다.

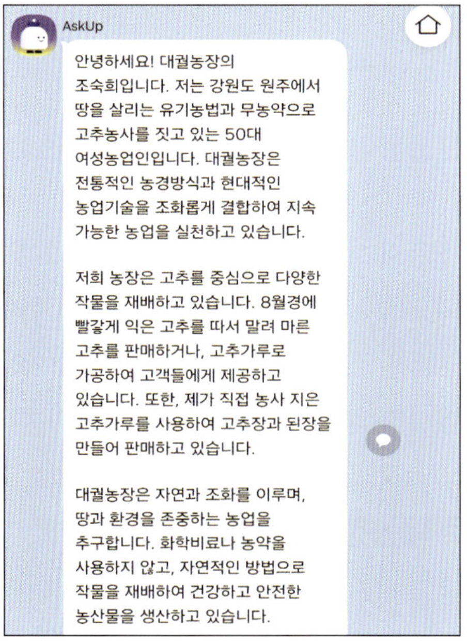

[그림10] AskUp이 써준 내 농장 소개 글

3) 추가 명령어(프롬프트) 입력하기

아숙업이 써준 카피가 부족하다는 생각이 들면 좀 더 상세하게 구체적으로 명령어를 추가로 입력하면서 글을 다듬어 간다. [그림11]처럼 좀 더 구체적인 프롬프트를 주면 [그림12]와 같이 자세한 소개 글을 만들어 준다.

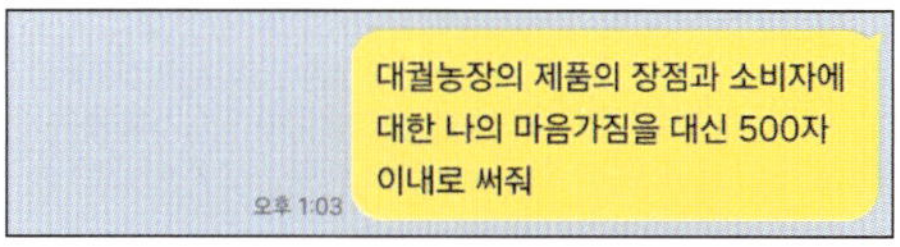

[그림11] 프롬프트 추가 입력

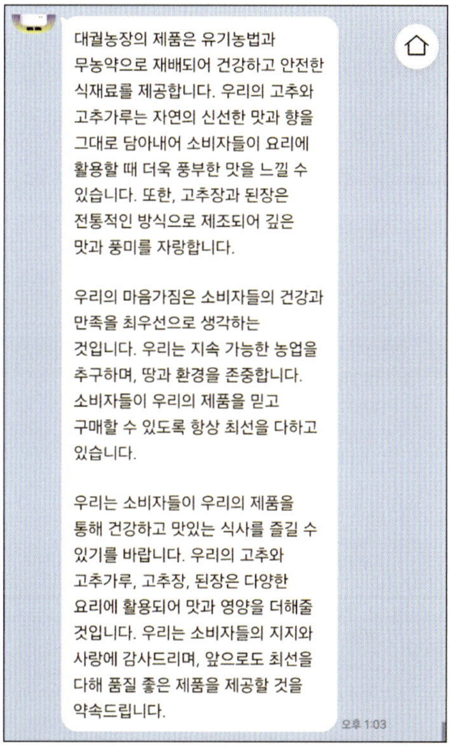

[그림12] AskUp이 써 준 제품 소개와 마음가짐

4) 홍보, 마케팅방법에 대한 질문하기

농장 소개와 제품을 소개를 받았으니 어떻게 잘 팔 수 있을지 농장을 홍보할 수 있는 방법과 제품 판매전략을 요청해보자.

[그림13] 홍보, 판매전략 명령어 입력

아숙업이 몇 가지 방법을 제시해 줬는데 필자가 여성 농업인들을 10여 년간 가까이 접해 본 결과로는 지역 마트나 행사, 관련 박람회에 참가해서 시식 행사를 통해 소비자들이 직접 맛보게 하고 농장 소개와 제품 소개 그리고 레시피는 구두로 전수하고 페이스북이나 인스타그램을 통해 재배과정이나 제품, 행사 관련 포스팅을 하고 있다.

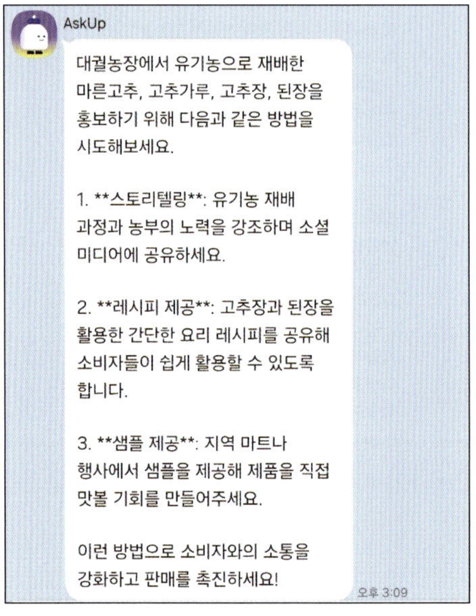

[그림14] 아숙업이 써준 홍보 및 판매전략

아숙업에게 답변을 받았으나 한마디로 뻔한 답변이라 좀 더 구체적으로 명령어(프롬프트)를 추가로 입력해보았다.

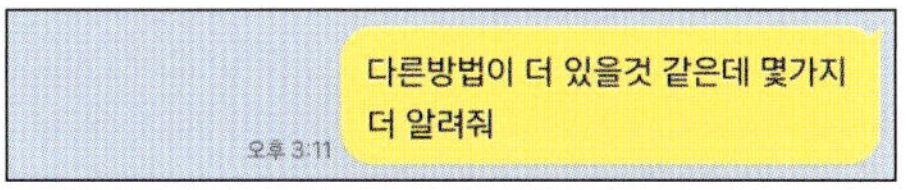

[그림15] 추가 정보 요청

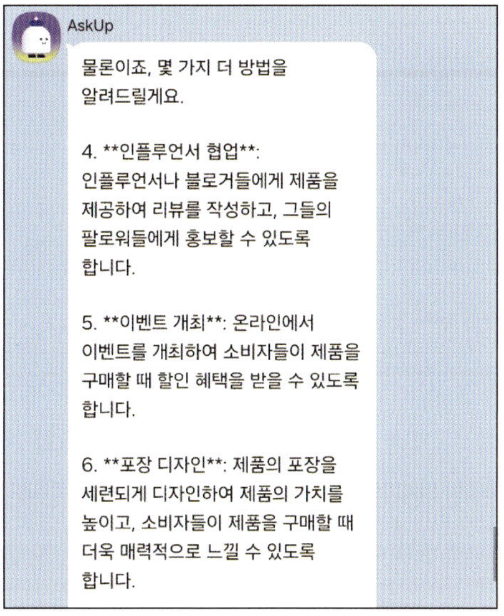

[그림16] 아숙업의 추가 답변

아숙업에게 추가 정보 요청을 했더니 아숙업이 이렇게 세 가지를 더 제안해줬다. 하지만 농업인들의 현실은 농사를 짓고 가공하는 것만으로도 벅차기도 하거니와 온라인 플랫폼을 직접 개설해서 판매하는 것은 엄두도 못 내는 농업인들이 대부분이다.

온라인 판매의 중요성을 알고는 있지만 자녀가 도와주거나 위탁판매를 하는 농업인들이 있는데 이것도 농사를 짓다 택배를 꾸리고 택배 물량이 많지 않으니 직접 우체국이나 택배사에 가서 부치는데 이것 또한 여간 번거로운 일이 아닐 수 없다.

어느 정도 자리 잡아 직원을 고용하고 온라인 판매를 직접 하는 경우가 거의 드무니 이를 어떻게 해결해야 할까? 하루속히 온라인에 집을 짓고 SNS를 파이프라인으로 연결해 온라인 판매 비중이 높아지기를 그저 바랄 뿐이었다.

5) 내 농장, 내 제품 소개와 판매전략

농장 제품 소개	농장명	대궐농장
	농부명	조숙희
	연락처	010-4880-4766
	지 역	강원도 원주시
	생산품	고추, 건고추, 고춧가루, 고추장, 된장
	아숙업의 카피라이팅	땅을 살리는 유기농법과 무농약으로 재배돼 건강하고 안전한 식재료 제공. 지속 가능한 농업을 추구하며 땅과 환경을 존중. 대궐농장의 고추와 고춧가루는 자연의 신선한 맛과 향을 그대로 담아내어 소비자들이 요리에 활용할 때 풍부한 맛을 느낄 수 있다. 고추장과 된장은 직접 농사지은 고추를 비롯한 재료로 전통적인 방식으로 제조돼 깊은 맛과 풍미를 자랑. 소비자들이 대궐농장의 생산품을 통해 건강하고 맛있는 식사를 즐길 수 있기를 바라며 소비자들의 지지와 사랑에 감사하며 앞으로도 최선을 다해 품질 좋은 농산물 재배와 장류를 제공하겠다.
판매 전략	오프라인	1. 고추장과 된장을 활용한 간단한 요리 레시피를 공유해 소비자들이 쉽게 활용할 수 있도록 제공한다. 2. 지역 마트나 행사에서 샘플을 제공해 소비자들이 제품을 직접 맛볼 기회 제공한다. 3. 로컬푸드나 지역 오프라인 매장에 입점 판매해 소비자들이 직접 제품을 보고 구매할 수 있도록 한다.

판매 전략	온라인	1. 유기농 재배과정과 농부의 노력을 강조해 소셜미디어에 공유 2. 온라인에서 이벤트를 개최해 소비자들이 제품을 구매할 때 할인 혜택을 받을 수 있는 기회를 제공한다. 3. 온라인 커뮤니티를 만들어 소비자들이 서로 정보를 공유하고 제품에 대한 의견을 내도록 하고 이를 반영한다.
	기타	제품의 포장을 세련되게 디자인해 제품의 가치를 높이고 소비자들이 제품을 구매할 때 더욱 매력적으로 느낄 수 있도록 한다.

[표2] 아숙업의 카피라이팅 정리

아숙업의 카피라이팅과 판매전략을 표로 정리해보았다. 이렇게 훌륭한 정보를 받을 수 있는 이유는 바로 프롬프트(명령어)를 잘 입력했기 때문이다.

농업이 아니더라도 위의 내용으로 어디든 적용하면 되겠다. 아숙업이 써준 내용이 훌륭하지만, 여기에 필자의 개인적인 방안을 몇 가지 추가하자면 [표3]과 같다.

판매 전략	기타	1. 1인 가구가 점점 늘어가는 현시점에서 1인 가구원들이 손쉽게 구매할 수 있도록 소포장을 하고 손쉽게 구매할 수 있는 가격을 책정한다. 2. 백세시대에 점점 증가하는 노인들의 식단을 겨냥해 자극적인 음식을 섭취하기 어렵고 소화력이 약해진 시니어들이나 어린이들도 우리의 전통 장류를 자주 즐길 수 있도록 고춧가루의 양을 줄인다. 빨간 파프리카 가루를 섞어 빨간 빛깔은 그대로 유지하며 맛은 좀 순한 고추장을 담가 노인식 틈새시장을 겨냥하면 어떨까 제안해본다. 이것은 외국인들에게도 적용이 가능하다. 3. 아숙업이 제안한 온라인 커뮤니티가 만들어져 팬덤이 형성됐다는 가정하에 그립이나 스마트스토어 여러 플랫폼을 활용한 라이브커머스 추천한다. 4. 인스타그램, 페이스북, 유튜브에 마킷 링크를 연동해 판매하는 방법은 이미 식상할 정도이지만 접근해야만 한다. 왜냐하면 소비자들이 다 거기에 있기 때문이다.

[표3] 아숙업의 카피라이팅

이제 AskUp(아숙업)에 대해 상세히 알아보았으니 앞의 프로세스대로 내가 하고 있는 일에 잘 대입시켜 활용해 보자. 단, 꾸준히 공부해야 함을 잊지 말자.

6. AskUp(아숙업)의 또 다른 기능

앞에서는 D-ID와 결합해 현시대 홍보, 마케팅에 꼭 필요한 인공지능 '말하는 명함'을 제작하기 위해 아숙업에서는 카피라이팅 기능만 활용했다. 홍보, 마케팅 공부를 했으니 새로 출시한 기능을 활용해 번역, 상담, 개인화된 서비스도 받아보며 AI 시인도 되고 AI 화가도 돼 나의 숨은 감성도 찾아내 보자는 생각에 아숙업의 몇 가지 기능을 더 소개해 보겠다.

번호	새로운 기능	활용 방법
1	정보제공	역사, 과학, 문화, 예술 등 다양한 주제에 대한 질문에 답변한다.
2	번역	다국어 번역을 지원하며 서로 다른 언어를 사용하는 사람들 간의 소통을 돕는다.
3	추천	영화, 책, 음약 등 다양한 콘텐츠에 대한 추천이 가능하다.
4	상담	간단한 상담이나 조언, 다양한 문제에 대한 해결책을 제시 할 수 있다.
5	개인화	사용자의 선호도와 관심사를 학습해 개인화된 서비스를 제공한다.
6	눈 달린 챗GPT	1. 문서 사진을 찍는다. 2. 아숙업에 올린다. 3. 내용을 읽고 질문에 답해줘 명령어를 입력한다. 4. 자유롭게 문서에 대한 토의를 할수 있다 .
7	그려줘	1. 내가 상상한 이미지에 대한 설명을 글로 쓴다. 2. '그려줘' 명령어를 입력한다. 3. 내가 상상한 이미지를 그려준다.
8	프로필	1. 상반신 사진을 아숙업에 전송한다. 2. '새로운 이미지를 생성해드릴까요?'라고 물으면 '응. 멋있게, 젊게' 등 원하는 옵션을 선택한다. 3. 아숙업이 명령어에 따른 새로운 프로필 이미지를 만들어 준다.

[표4] AskUp(아숙업)의 또 다른 기능

1) AskUp(아숙업)의 새로운 기능

AskUp(아숙업)은 역사, 과학, 문화, 예술 등 다양한 주제에 대한 정보 제공과 다국어 번역을 지원하며 영화, 책, 음악 등 다양한 콘텐츠에 대한 추천, 간단한 상담이나 조언, 다양한 문제에 대한 해결책을 제시, 사용자의 선호도와 관심사를 학습해 개인화된 서비스를 제공한다.

2) 눈 달린 챗GPT

AskUp(아숙업)은 이미지 생성기능을 자체개발해 추가 출시했다. 사용자가 PDF 파일이나 문서 사진을 찍어서 주면, 그 내용을 읽고 질문에 답변할 수 있는 '눈 달린 챗GPT' 기능을 시연해보겠다.

(1) PDF 파일, 이미지 내용을 글로 요약

문서를 PDF 파일이나 사진으로 찍어 아숙업에게 전달하고 내용을 글로 요약해달라는 명령어를 입력한다.

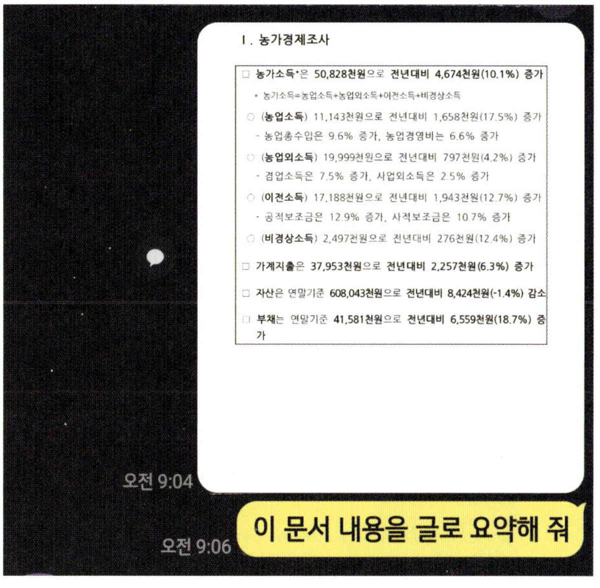

[그림17] 눈 달린 챗GPT

(2) 추가 요청

이미지 문서를 글로 요약해서 받았지만 너무 간단하다. 전체적으로 읽고 요약해 달라고 추가 요청했다.

(3) 전체 내용 글로 요약

좀 더 상세하게 요약해달라고 요청해보았더니 이렇게 문서 전체의 내용을 파악하고 글로 요약해주었다.

3) '그려줘'

'그려줘' 기능은 내가 상상한 이미지에 대한 설명을 글로 쓰고, 예를 들면 '산장에서 비 오는 숲을 바라보며 차를 마시는 풍경'을 글로 쓰고 '그려줘'를 입력하면 내가 상상한 숲속 이미지를 멋지게 그려준다.

(1) 생각한 그림을 글로 입력

받고 싶은 그림을 생각하고 아숙업에 글로 입력한다.

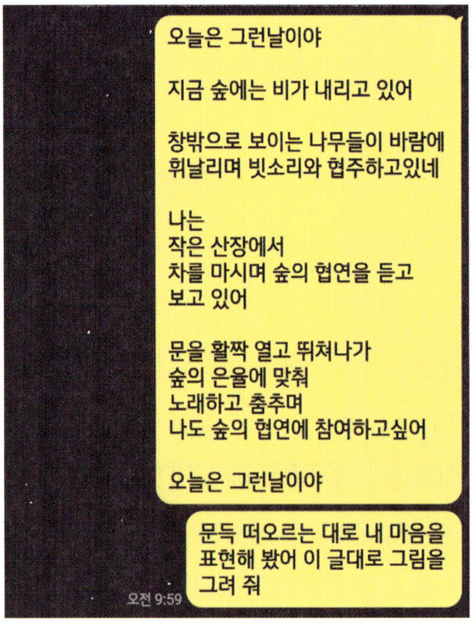

[그림18] 그림 대본 입력하기

(2) 글에 부합한 이미지 생성

아숙업이 내 글을 읽고 그려준 그림이다.

[그림19] 아숙업이 그려준 그림

(3) 울창한 숲 그림 요청

추가로 더 울창한 숲 그림을 요청했지만 아숙업은 '미술작품처럼은 그릴 수가 없다' 라는 답변을 주었다. 미술 창작은 또 다른 인공지능 플랫폼을 활용하는 것이 좋겠다.

4) 프로필

'프로필' 기능은 상반신 사진을 아숙업에 전송하면 사진에 대한 해석을 하고 아래에 여섯 개의 버튼이 생성된다. 남자, 여자, 남자 멋있게, 여자 멋있게, 남자 젊게, 여자 젊게 버튼만 클릭하면 새로운 프로필 사진을 얻을 수 있는 재미있는 기능을 즐길 수 있다.

프로필 사진을 본 아숙업의 사진해석과 함께 버튼 생성 / 여자 얼굴 멋있게 버튼 클릭

여자 얼굴 버튼 클릭 / 여자 얼굴 젊게 버튼 클릭

[그림20] 아숙업 프로필 기능

Ⅲ. 인공지능 'D-ID'로 '말하는 명함' 제작하기

1. 'D-ID' 플랫폼을 활용한 인공지능 '말하는 명함'

안녕하세요
인공지능 콘텐츠 크리에이터 나명순입니다
제 연락처는 010-3417-5062 입니다

Untitled+video_20231105210422(1).mp4

(위의 URL을 적용하면 '말하는 명함'을 볼 수 있음)

[그림21] 나명순 '말하는 명함'

2. 이스라엘 혁신벤처기업 'D-ID'

1) 이스라엘 생성형 AI 스타트업 D-ID사

D-ID 플랫폼은 이스라엘 생성형 AI 스타트업 D-ID사가 개발해 출시한 AI 아바타 영상 제작 서비스로 전 세계적으로 AI 아바타 애니메이션의 대표 서비스로 평가되고

있다. 대표자인 길페리(Gil Perry)는 3명의 혁신가들과 지난 2017년에 공동 창업해 최초의 얼굴 이미지 비식별화 솔루션을 만들었다(출처 : 네이버).

(1) 2022년 3월 8일

D-ID, Fast Company의 2022년 세계 50대 혁신 기업 연례 목록에 선정. AI 기반 크리에이티브 미디어의 세계적 리더인 D-ID가 Canva, Microsoft, SpaceX 등의 대열에 합류 이스라엘 텔아비브(2022년 3월 8일) D-ID가 Fast Company의 권위 있는 2022년 세계에서 가장 혁신적인 기업 연간 목록에 이름을 올렸다. D-ID는 유럽에서 7위의 가장 혁신적인 기업이라는 지위를 얻었다(출처 : D-ID).

(2) 2022년 6월 8일

D-ID, AI와 디지털 휴먼 기술을 활용해 팬데믹 이후 직장을 혁신하는 기업 교육 솔루션 출시. 합성 미디어를 사용해 직원 연결 및 참여를 강화하는 고도로 개인화된 기업 교육 및 개발 기술인 D-ID가 무제한 가상 강사를 선택할 수 있는 최초의 플랫폼을 출시 이스라엘 텔아비브, 2022년 6월 8일 AI 기반 크리에이티브 미디어 분야의 세계적 리더인 D-ID로 세상에 우뚝서다(출처 : D-ID).

(3) 2022년 12월 13일

D-ID, 텍스트-이미지-비디오를 하나의 플랫폼에 결합하는 최초의 생성형 AI 출시. D-ID의 독점기술을 GPT-3 및 Stable Diffusion과 통합 차세대 Creative Reality Studio™는 얼굴을 생성하고 애니메이션화하고 하나의 인터페이스에서 AI 생성 텍스트를 추가하는 최초의 플랫폼이다. 이스라엘 텔아비브, 생성 AI 및 크리에이티브 미디어 분야의 세계적 리더인 D-ID가 오늘 최초의 멀티모달 생성 AI 비디오 플랫폼을 출시했다(출처 : D-ID).

2) 최초의 다중 모달 생성 AI 비디오 플랫폼

D-ID의 '크리에이티브 리얼리티 스튜디오'는 이미지와 텍스트 생성을 모두 활성화한 다음 두 가지를 함께 결합해 애니메이션 비디오를 만드는 최초의 다중 모달 생성 AI

비디오 플랫폼이다. D–ID는 사용자가 사람 얼굴의 단일 이미지를 업로드하거나 상상력과 키워드 기반 이미지 생성 AI 툴인 '스테이블 디퓨전(Stable Diffsion)'을 사용해 원본을 생성, 자신의 얼굴을 만들고 플랫폼에 통합한 GPT에서 생성된 텍스트를 추가해 스크립트를 작성하고, 아바타가 말할 내용을 더빙할 수 있다(출처 : D–ID).

3) AI 비디오 플랫폼이란?

AI 비디오 플랫폼은 인공지능을 사용해 비디오 관련 작업을 향상시키고 자동화하는 정교한 시스템이다. 이러한 작업에는 비디오 분석, 콘텐츠 생성 및 관리가 포함된다. AI 알고리즘과 머신러닝을 활용해 비디오에서 객체, 얼굴 또는 텍스트를 인식해 방대한 비디오 컬렉션을 더 쉽게 검색하고 구성할 수 있다. 기술적 관점에서 AI 비디오 플랫폼은 이미지 분석을 위해 컴퓨터 비전을 활용하고 비디오 내 텍스트 인식을 위해 자연어 처리(NLP)를 활용한다.

또한 딥 러닝 모델을 사용해 패턴을 식별하고 이상을 감지한다. 이러한 플랫폼은 보안 감시, 콘텐츠 추천 및 자동 비디오 편집과 같은 다양한 산업에서 사용할 수 있다. AI 비디오 플랫폼은 비디오 관련 프로세스를 간소화하고 비디오 콘텐츠에 지능을 추가한다(출처 : D–ID).

4) 텍스트 음성변환이란?

텍스트–음성(TTS)은 쓰여진 텍스트를 말로 변환하는 기술이다. 간단히 말해서 화면에 보이는 텍스트를 들을 수 있는 음성 언어로 변환하는 디지털 리더와 같다. 기술적인 관점에서 TTS 시스템은 알고리즘을 사용해 텍스트를 분석하고 해당 음성 사운드를 생성하는 합성 음성 생성을 사용한다.

이러한 시스템은 알고리즘의 복잡성과 사용된 교육 데이터에 따라 생성된 음성의 품질과 자연스러움 측면에서 다를 수 있다. TTS는 시각 장애인 사용자를 위한 화면 판독기, 음성 지원, 오디오북과 같은 다양한 응용 프로그램에서 사용되며, 컴퓨터 생성 음성을 통해 쓰인 콘텐츠를 생생하게 표현한다(출처 : D–ID).

5) 길페리(Gil Perry)

길페리(Gil Perry)는 이렇게 말한다. 우리는 다른 합성 아바타 및 챗봇 제공업체가 복제할 수 없는 다른 세계의 생물의 얼굴인 경우에도 얼굴표정이 최대한 자연스럽게 보이고 자연스럽게 움직이도록 5년 동안 기술을 연구해왔다. 현실적인 사람을 만들 수 있는 기능을 제공하는 공급자는 동작을 복제하기 위해 완전한 전문 스튜디오가 필요한 반면, 우리는 AI 딥 러닝 기술을 사용해 개발했다(출처 : D-ID).

3. D-ID 대표 길페리(Gil Perry)가 보는 한국 시장

한국은 문화 콘텐츠가 매우 발달한 나라다. 그중 'K-콘텐츠'라는 한류가 있다. 한국인들이 이 서비스를 이용한다면 정말 다양한 콘텐츠가 많이 나올 것 같다. 한국의 잠재고객들에게 AI Presenters는 Microsoft PowerPoint용으로 사용하기 쉬운 기능이다.

작게는 명함부터 제품 홍보, 교육 프레젠테이션, 기업 커뮤니케이션, 영업, 마케팅 콘텐츠 등을 강화할 수 있는 플랫폼이다. 이 기능을 사용하면 몇 번의 클릭만으로 가상 발표자를 슬라이드에 추가해 더욱 매력적인 프레젠테이션을 만들 수 있다.

스피커를 선택하고 음성, 언어, 크기, 배경색, 모양 및 슬라이드 위치를 사용자 지정하기만 하면 되고, 텍스트를 추가하면 목소리 더빙이 가능해 K-콘텐츠에 활발히 적용하길 바란다(출처 : D-ID).

D-ID 플랫폼을 활용해 여러 분야의 혁신을 추구할 수 있지만 이번에는 D-ID의 아주 기초작업이라 볼 수 있는 '말하는 명함'을 만들 수 있는 기능만을 소개하겠다. 쉽고 재미있게 만들어서 홍보 마케팅에 도움이 되길 바라며, 예시로 필자의 '말하는 명함'을 만들어 보았고 농식품여성 CEO들의 활용예시도 실었으니 참고하길 바란다.

그럼 아래의 제작 순서대로 나의 인공지능 '말하는 명함'을 만들어 보자.

4. D-ID '말하는 명함' 제작 실습

1) 사이트 접속하기

구글이나 네이버에서 D-ID를 검색해 사이트에 접속한다.

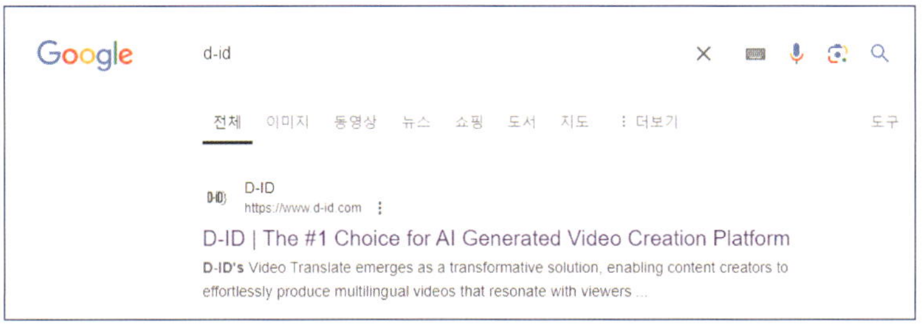

[그림22] D-ID 사이트에 접속(출처 : Google)

2) 시작 및 기본 구조 세팅하기

(1) D-ID 메인페이지에서 가운데 있는 'TRY NOW' 오렌지색 버튼을 클릭한다.

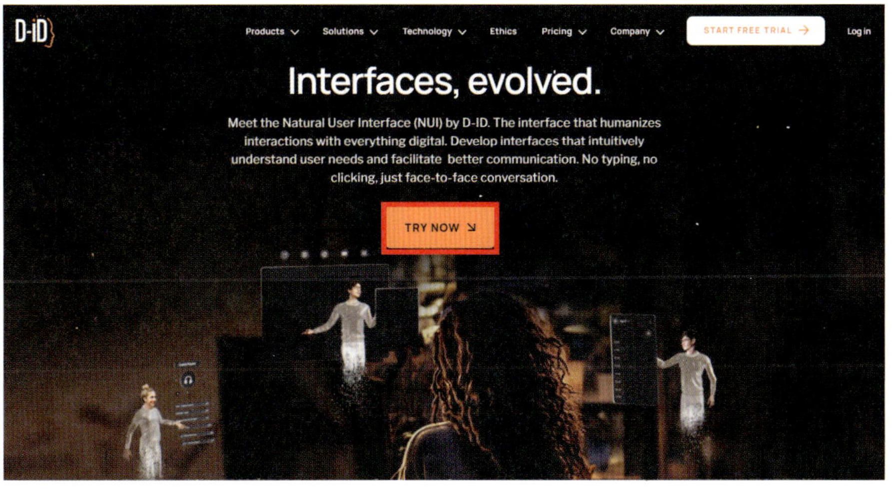

[그림23] TRY NOW 클릭

(2) 로그인 페이지에서 '이메일 주소'를 입력한다.

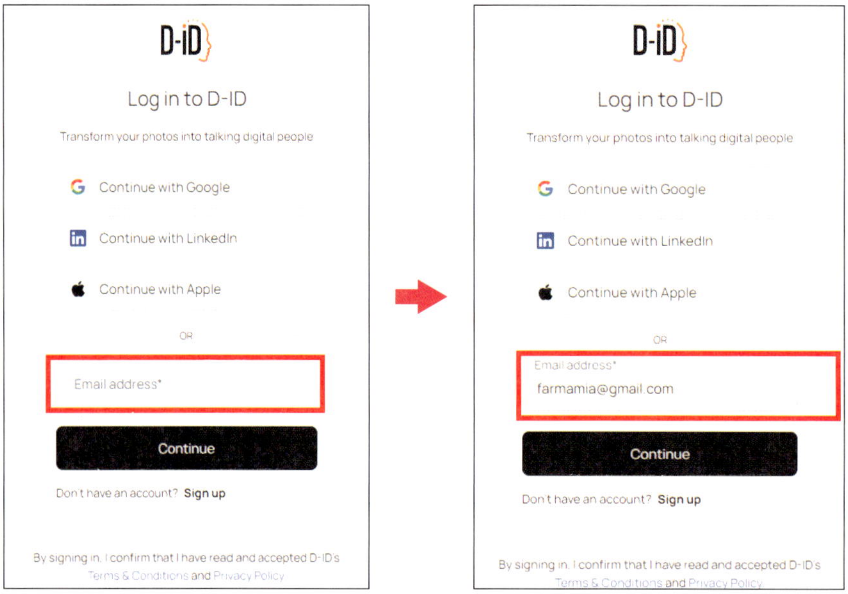

[그림24] 구글 메일 주소 입력

(3) 비밀번호를 입력해 로그인을 완료한다.

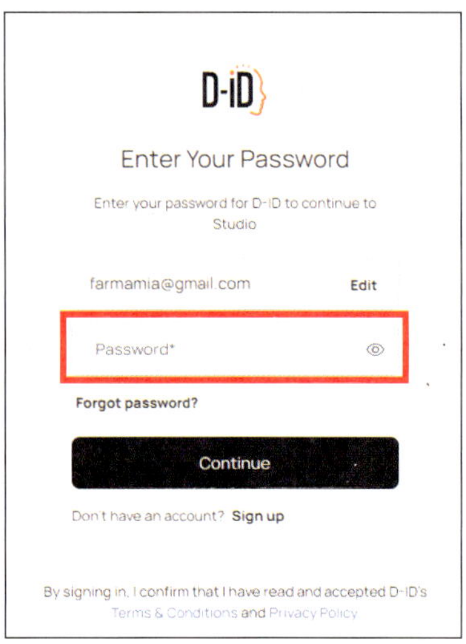

[그림25] 비밀번호 입력

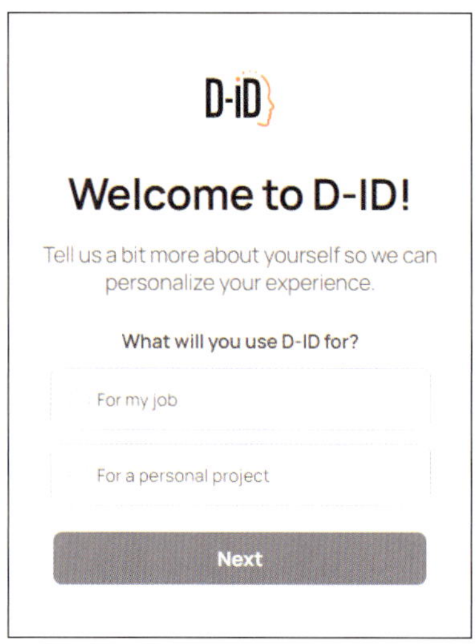

[그림26] 로그인 완료

(4) 개인 프로젝트, 크리에이터 콘텐츠를 클릭한다.

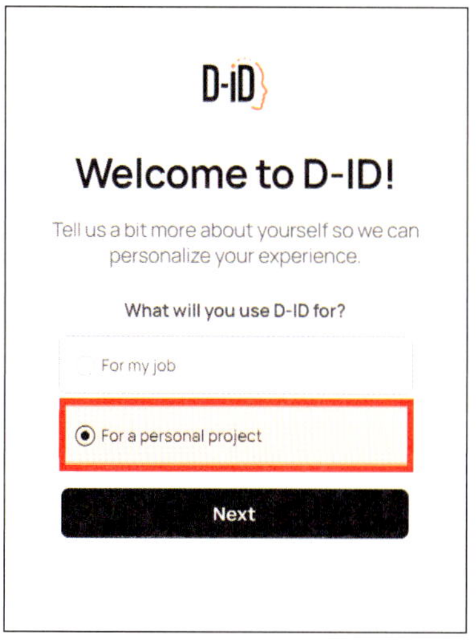

[그림27] 개인 프로젝트 클릭

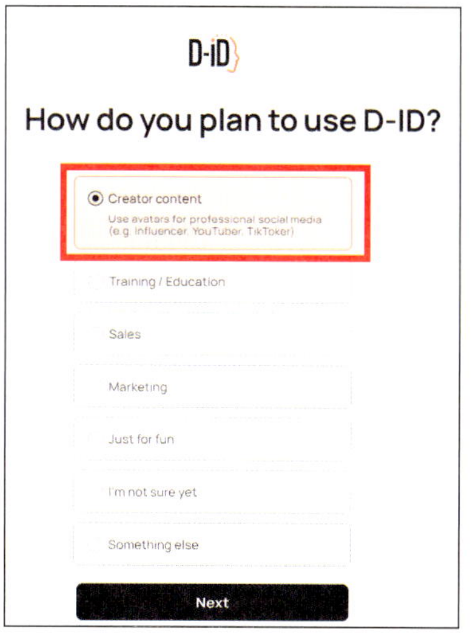

[그림28] 크리에이터 콘텐츠 클릭

(5) 타깃을 가족, 친구로 정한다. 실습을 위한 무료계정에서는 타깃을 가족, 친구로 정해서 몇 번이고 연습해 본다. 이후에 D-ID를 활용한 다양한 비즈니스로 활용 필요성과 가치를 느낀다면 유료계정으로 전환해 사용하기를 권한다.

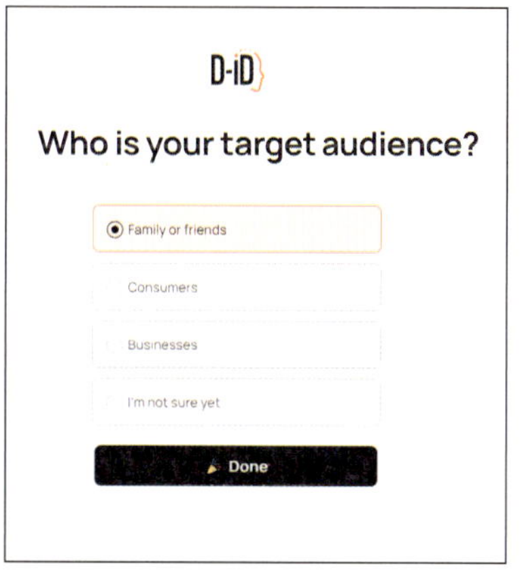

[그림29] 타깃 고객은 가족, 친구 클릭

(6) 왼쪽의 아바타를 설정해도 되지만 우리의 목적은 말하는 '명함'이므로 '+ Upload'를 클릭하고 내 '프로필 사진'을 업로드한다.

[그림30] 프로필 사진 업로드

(7) 오른쪽 위에 생성된 '언어 전환' 버튼에서 '한국어'로 전환한다.

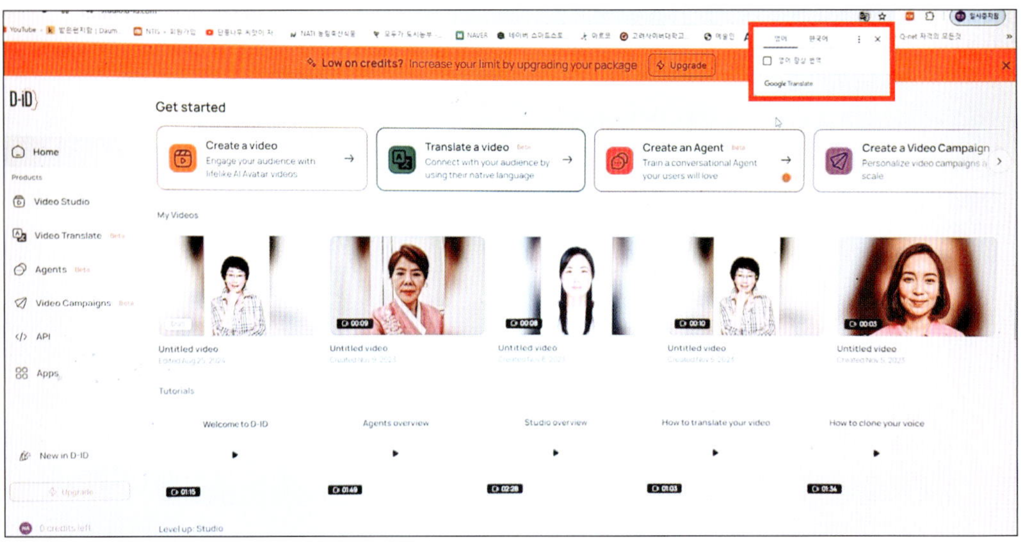

[그림31] 언어를 한국어로 전환

(8) 요금제를 확인하고 안내페이지에서 오른쪽 위의 '무료 체험 시작 버튼'을 클릭한다.

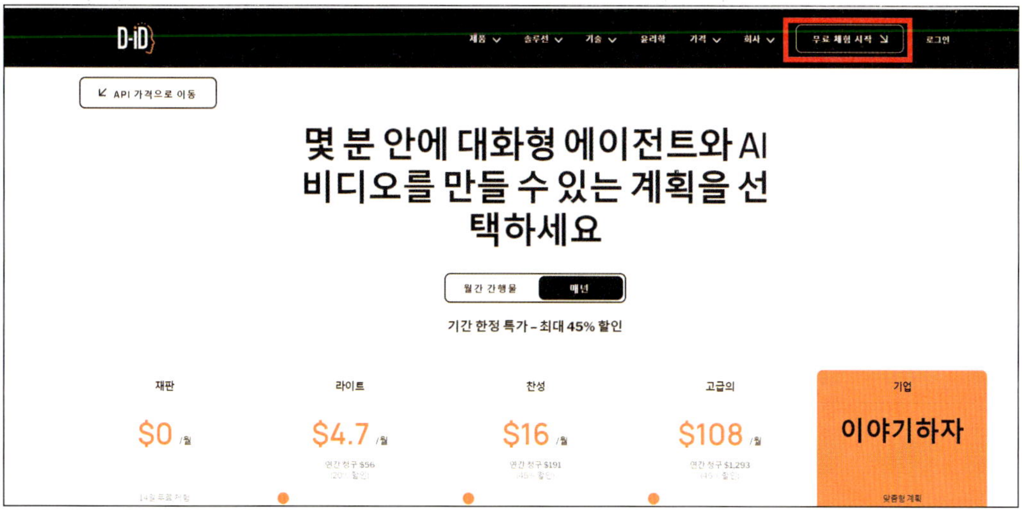

[그림32] 무료 체험 버튼 클릭

3) '말하는 명함' 제작하기

(1) 시작하세요 밑에 있는 박스 중에서 첫 번째 '비디오 만들기'를 클릭한다.

[그림33] 비디오 만들기 버튼 클릭

(2) 내 '프로필 사진'을 업로드하고 왼쪽 스크립트를 클릭해 앞에서 AskUp(아숙업)과 함께 정리해 놓은 '내 소개 문구'를 입력한다.

[그림34] 스크립트 란에 내 소개 문구 작성

(3) 음성을 '한국어'로 선택한다.

[그림35] 음성을 한국어로 선택

(4) 오른쪽 상단의 '비디오 생성' 버튼을 클릭한다.

[그림36] 비디오 생성 버튼 클릭

(5) '비디오 이름'을 작성한다.

[그림37] 비디오 이름 작성

(6) 내 프로필 사진이 망설여질 때 자연스러움, 행복, 놀란, 심각한 등 감정의 표현을 바꿀 수 있고 자연스러운, 기운찬 등의 동작도 바꿀 수 있으니 다양하게 변화를 줘 보자.

(7) [그림38]에서 왼쪽 프로필 사진 아래의 '바꾸다' 버튼을 클릭하면 나의 다른 사진으로 바꿀 수 있다.

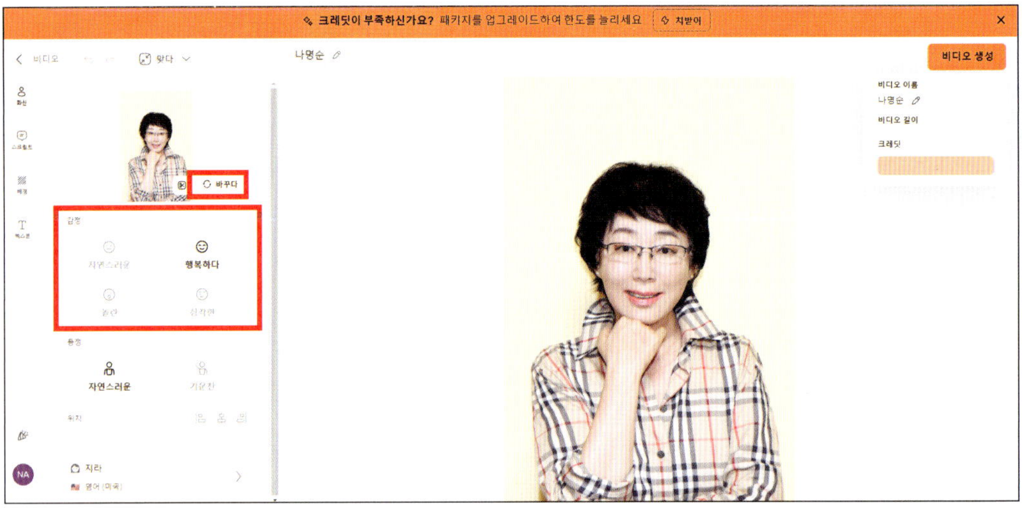

[그림38] 감정의 표정과 동작 바꾸기

[그림39] 다른 사진으로 바꾼 모습

(8) '아바타'로도 바꿀 수 있다.

[그림40] 아바타로 바꾸기

(9) 다운로드 하기 전에 PC에서 바로 페이스북, Whatsapp, X(Twitter), Linkden, 이메일, Capylink 링크 보내기가 가능해 다양하게 홍보할 수 있다.

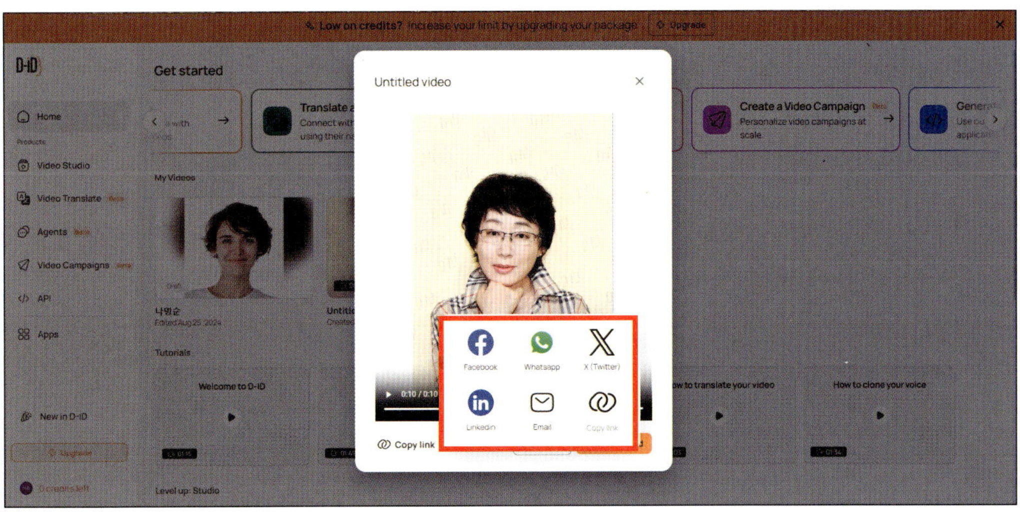

[그림41] PC에서 바로 홍보하기

(10) 다운로드해 카카오톡이나 메시지로 홍보할 수 있다.

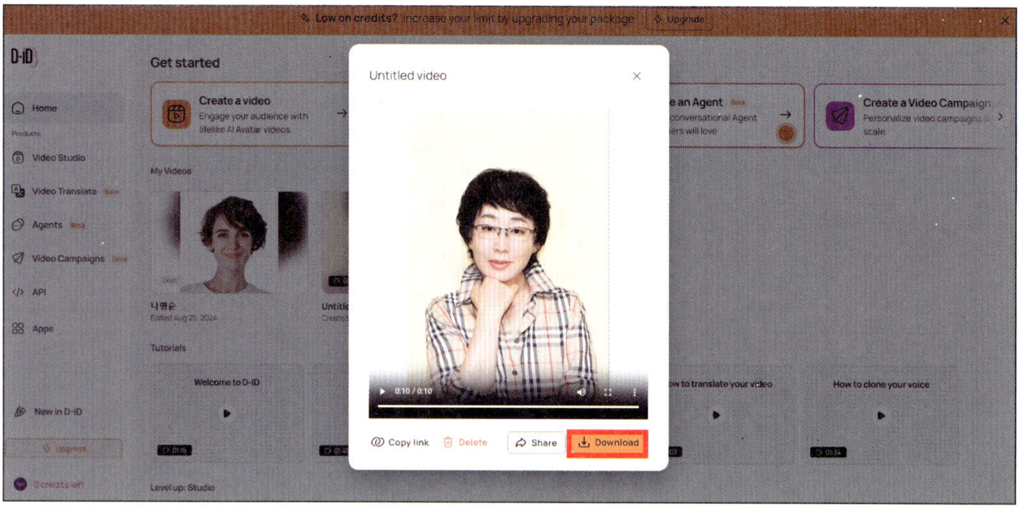

[그림42] 다운로드해 카카오톡이나 메시지로 홍보하기

(11) 카카오톡이나 문자 메시지로 전달한다.

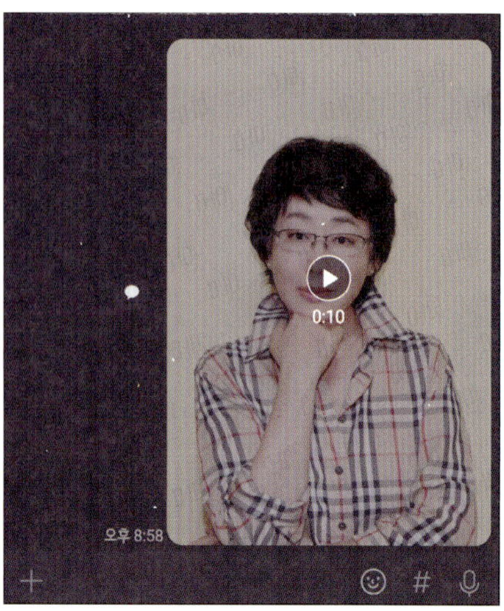

[그림43] 카카오톡으로 전달한 모습

[그림44] 문자 메시지로 전달한 모습

(12) 드디어 인공지능 말하는 명함이 완성됐다.

지금까지의 과정을 한눈에 볼 수 있도록 표로 축약해 보겠다.

번호	제작 순서
1	스마트폰 카카오톡에서 AskUp(아숙업) 채널을 추가 한다.
2	AskUp(아숙업)과 내농장, 내 제품 소개 카피라이팅한다.
3	AskUp(아숙업)이 써준 소개문구가 부족하다 생각되면 몇 번이고 구체적인 키워드(프롬프트)를 입력해 정교한 소개 문구를 완성한다.
4	구글 이메일을 개설한다.
5	D-ID 사이트에서 구글 이메일로 로그인한다.
6	한국어로 전환을 하고 자유롭게 사용한다.
7	프로필 사진을 업로드한다.
8	AskUp(아숙업)하고 함께 쓴 소개 문구를 스크립트 란에 입력한다.
9	인공지능 음성을 선택한다.
10	동작이나 표정을 수정한다.
11	비디오를 생성한다.
12	PC에서 바로 페이스북, Whatsapp, X(Twitter), Linkden, 이메일, Capylink 링크 보내기 등 다양하게 홍보한다.
13	다운로드해 카카오톡이나 문자 메시지로 홍보한다.

[표5] 인공지능 말하는 명함 제작 순서

Ⅳ. 한국벤처농업대학 농업인 활용 사례

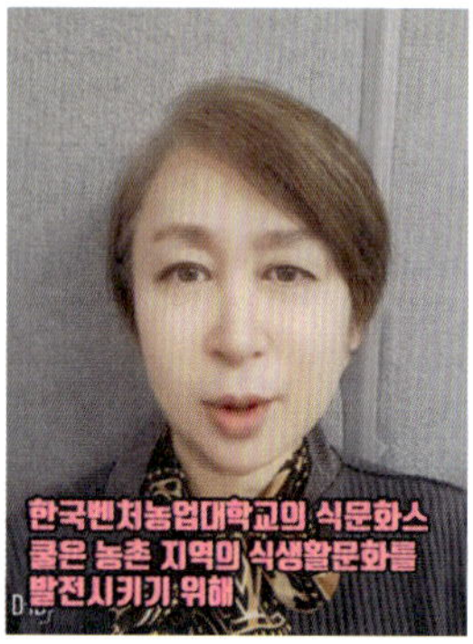

- 업체명 : 한국벤처농업대학
- 대　표 : 권영미 교수
- 제　품 : 농업인 교육, 컨설팅
- 지　역 : 충남 금산군
- 농촌지역의 식생활 문화를 발전시키기위한 교육과정 운영 및 컨설팅

- 업체명 : K-소스
- 대　표 : 신세경
- 제　품 : 맞춤형 소스
- 지　역 : 충남 광천읍
- 요리의 맛을 디자인하는 맛의 디자이너로 200여종의 맞춤형 소스 개발 및 판매

- 업체명 : 홍원바이오아그로
- 대　표 : 박영철
- 제　품 : 복합유기산 나락왕
- 지　역 : 충남 금산군
- 지력을 높여 뿌리부터 튼튼하게 재배하는 토양영양제 생산 및 판매

- 업체명 : 웰자청
- 대　표 : 오상옥
- 제　품 : 숯불구이 판
- 지　역 : 경기 광주시
- 세로방식의 숯불구이 판 개발, 연기, 냄새가 없는 숯불구이를 즐길 수 있다

[표6] D-ID 말하는 명함 농업인 활용 사례

- 업체명 : 한국벤처농업대학
- 대　표 : 이경자
- 제　품 : 팥장
- 지　역 : 충남 홍성군
- 고서의 기록대로 팥으로 메주를 쑤어 장류를 재현하는 충청남도 기술명인

- 업체명 : 치악산큰송이버섯
- 대표자 : 조영희
- 제　품 : 큰송이버섯
- 지　역 : 강원 원주시
- 비타민과 섬유질, 필수 미네랄이 풍부한 큰송이버섯 재배 및 판매

- 업체명 : 하나여성회
- 대　표 : 유옥이
- 제　품 : 마늘, 각종농산물
- 지　역 : 충북 음성군
- 북한 여성들이 농업으로 잘 정착할 수 있도록 교육, 컨설팅 교류단체

- 업체명 : 강원똘배랜드(주)
- 대　표 : 김용수
- 제　품 : 토종 똘배, 이끼
- 지　역 : 강원 평창군
- 토종 똘배 재배 및 가공. 지구를 살리는 양치류 이끼 재배 판매

[표7] D-ID 말하는 명함 농업인 활용사례

- 업체명 : 라이온스 클럽
- 대　표 : 주선희
- 제　품 : 봉사, 후원
- 지　역 : 강원 원주시
- 라이온스클럽 회장을 역임하며 봉사, 후원, 이웃돌봄 주력사업

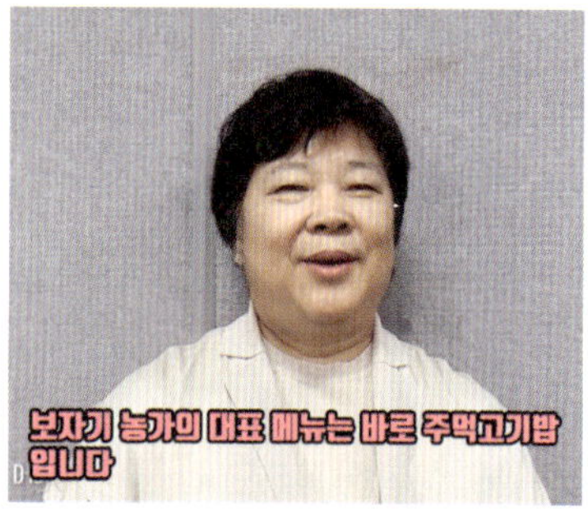

- 업체명 : 보자기
- 대　표 : 김미경
- 제　품 : 주먹고기 담양맛집
- 지　역 : 전남 담양군
- 토종배추인 곰보배추를 재배해 담양맛집 식재료로 사용

- 업체명 : 유)새싹양정기농원
- 대　표 : 양정기
- 제　품 : 울외장아찌
- 지　역 : 전북 군산시
- 토종 울외를 직접 재배해 울외장아찌 가공 및 판매

- 업체명 : 토토미누룽지
- 대　표 : 조재숙
- 제　품 : 누룽지
- 지　역 : 강원도 원주시
- 원주시 브랜드 쌀. 오직 토토미로만 구운 누룽지 생산 및 수출

[표8] D-ID 말하는 명함 활용 사례

Epilogue

10여 년 가까이 (사)한국농식품여성CEO연합회 중앙회 사무총장을 역임하며 여성 농업인들의 지위 향상과 역량 강화를 위한 다양한 지원을 해왔지만 아직 채워지지 않은 숙제 같은 아쉬운 점이 있다.

대한민국 국민의 먹거리를 책임지고 있는 농업인들은 특히 여성 농업인들은 엄마의 마음으로 건강한 먹거리 농사를 짓고 그 건강한 농산물로 가공식품을 생산하고 있다. 떡, 장류, 김치, 청국장, 잼, 국수, 다양한 소스, 누룽지, 쥬스 외 수많은 제품이 있는데 본인이 직접 농사를 짓고 정성으로 가공하니 믿을 수 있고 무엇보다 내 농장에서 갓 수확한 농산물로 만드니 정말 맛있다.

이렇게 농산물을 바로 수확해서 만드는 건강하고 맛있는 농식품들을 국가로부터 지정받은 농림축산식품부 식품명인이나 신지식인 등 30년 이상 혹은 대를 이어 오고 있다. 맛과 기술을 대대손손 이어 내려와 인지도를 쌓아온 몇몇 업체는 마케팅 전담인력도 있을뿐더러 성장궤도에 올라 판매에 어려움이 없지만 소규모 농장들은 항상 판매에 어려움을 겪고 있다. 필자는 이렇게 한계에서 벗어나지 못하는 농업인들의 홍보 및 판로개척 방안 중 하나로 인공지능을 실용적으로 공부해 적극적으로 활용하길 추천한다.

현재 소농장들이 주로 하고 있는 직거래, 체험활동, 로컬푸드 판매 등 오프라인 판매도 중요하지만 필자는 온라인 마케팅에 좀 더 많은 비중을 둬야 함을 강조한다. 실사례로 코로나 팬데믹을 거친 우리의 경제 현실 중 오프라인에 매장을 열었던 소상공인들은 많이 폐업을 했고, 오프라인 매장 없이 온라인에 빌딩을 짓고 SNS로 파이프라인을 연결한 소상공인들이나 농산물 온라인 마켓 플랫폼은 오히려 승승장구하고 있는 현실을 볼 수 있다.

시대는 늘 변해 왔지만 지금은 빨라도 너무 빠르게 변하고 있다. 그 변화의 속에서 인간은 인간의 한계를 뛰어 넘는 첨단의 그 무엇을 항상 개발 해왔다. 지금은 바로 인공지능이다. 사람들은 말과 손가락으로 원하는 정보를 얻을 수 있으며 얻은 정보를 누구나 자신의 방식으로 자신의 관심사나 일에 바로 적용해 능률과 결과를 극대화할 수 있다.

4차 산업혁명 시대, 인공지능 시대, 10년 미래를 앞당겨 살고 있는 현시점에서는 AI를 활용한 홍보나 마케팅 활동으로 좀 더 온라인 판매 비중을 확장하고 탄탄하게 강화해야만 하는 중요성을 인공지능을 한발 앞서 공부한 필자로서는 믿어 의심치 않는다.

농업인 사례 중심으로 쓴 필자의 코너는 인공지능 플랫폼을 활용한 홍보 수단으로 '말하는 명함'을 잘 활용하길 바란다. AskUp(아숙업)에서는 카피라이팅 기능만, D-ID 플랫폼에서는 프로필 사진에 인공지능 목소리를 더빙하는 기능 사용만으로도 충분하다. 기본을 충실히 잘 익히면 그 외의 깜짝 놀랄만한 기능들을 응용하기가 쉬워진다.

이제야 진정 여성 농업인들을 위한 참 일을 하게 되는 것 같아 책을 쓰는 내내 기쁜 마음이 충만했다. 이렇게 부족한 부분을 채워주며 함께 공부해가는 인공지능은 우리의 훌륭한 인생 도반이다. 이제는 인공지능이다. 현재 내가 하는 일의 영역에서 훌륭한 비서로 친구로 마주하길 바란다.

아무쪼록 AskUp(아숙업)과 D-ID 플랫폼 '인공지능 말하는 명함'으로 내 농장, 농산물, 가공식품 홍보를 좀 더 쉽고 빠르게 접근해 마케팅 효과를 톡톡히 누려 스마트한 농업인으로 한걸음 앞서나가길 바란다. 특히 인공지능 플랫폼 활용으로 여성 농업인들의 고단함은 한층 줄고, 홍보 마케팅의 효과는 증폭되길 간절히 바란다.